知行 高职高专"十三五"资源库精品教材·经管系列

会议组织与服务

——知识·技能·案例·实训

（第四版）

葛红岩　董　悦　主　编
王桂华　吴　美　副主编

上海财经大学出版社

图书在版编目(CIP)数据

会议组织与服务:知识·技能·案例·实训/葛红岩,董悦主编.
—4版.—上海:上海财经大学出版社,2020.8
(高职高专"十三五"资源库精品教材·经管系列)
ISBN 978-7-5642-3452-2/F·3452

Ⅰ.①会… Ⅱ.①葛… ②董… Ⅲ.①会议-组织管理学-高等职业教育-教材 Ⅳ.①C931.47

中国版本图书馆 CIP 数据核字(2020)第 042430 号

□ 责任编辑 李成军
□ 封面设计 钱宇辰

会议组织与服务
——知识·技能·案例·实训
(第四版)

葛红岩 董 悦 主 编
王桂华 吴 美 副主编

上海财经大学出版社出版发行
(上海市中山北一路 369 号 邮编 200083)
网 址:http://www.sufep.com
电子邮箱:webmaster @ sufep.com
全国新华书店经销
上海华教印务有限公司印刷装订
2020 年 8 月第 4 版 2020 年 8 月第 1 次印刷

787mm×1092mm 1/16 11.5 印张 294 千字
印数:22 501—26 500 定价:42.00 元

前　言

本书自2007年第一版发行以来，深受教育界与企业界广大读者的欢迎，被国内众多院校选用为文秘、管理等专业课程教材。这些学校的任课教师普遍认为这是一本适合高职高专教育的实用性教材。同时，他们也给我们提出了一些修订建议，这是对我们全体作者的支持与肯定，在此深表谢意。

根据全国教育工作会议精神和《关于组织开展“十三五”职业教育国家规划教材建设工作的通知》（教职成司函〔2019〕94号）的相关要求，全面贯彻以科学发展观为指导，以服务为宗旨，以就业为导向的精神，按照德育为先、能力为重、全面发展、系统培养的要求，培养学生职业道德、职业技能和继续学习能力的原则，充分发挥教材建设在提高人才培养质量中的基础性作用，有必要更新教材内容。修订教材时，继续发挥并提升教材的现有特色，如案例教学，突出应用性的特点，理论讲解与实例分析相结合、突出实践训练等。注重吸收行业发展的新知识、新方法，对接职业标准和岗位要求，丰富实践教学内容。基于上述情况，我们认为对本书做一次局部修订，以进一步提高其质量是非常必要的。

第四版修订的原则，一是保持和加强原书优点。如突出应用性的特点，理论讲解与实例分析相结合、体例新颖实用等。二是在内容上除旧更新。将一些最新的会议理论与应用方面的内容融入此版中，尤其是通过对案例的更新，使案例更具有说服力与时代性，有助于学生理解知识并提高办理会议的能力。

本书分别从会议概述、会议策划、会议筹备阶段的会务操作、会议进行阶段的会务操作、会议结束阶段的会务操作五个部分，介绍了办理会议所应该掌握的基本知识与技能。本书内容涵盖了人力资源和社会保障部秘书职业资格等级考试的相关知识点，可作为高职高专文秘、管理类专业教材及参加秘书职业资格等级考试的会务办理方面的辅导用书。本版突出以下四个方面的特点：

第一，遵循适用、够用、管用、好用的原则。

秘书专业所涉及的工作十分庞杂，所需要的各方面知识众多，受学时的限制肯定不能一一详细讲授，因此本教材在编写过程中，注意突出适用、够用、管用、好用的特点。在编写时使用了大量新颖典型、针对性强的案例，将理论知识深入浅出地阐释，注重案例分析和实践操作，以适应高职高专的特点，满足社会的需求。

第二，高效实用的教材内容。

一般教材侧重于理论知识，本书则紧扣会议实务，以市场为导向，紧扣时代对现代秘书尤其是对企业秘书关于办理会议的各方面的要求。注重实战技能的传授与演练，强调互动与实践，让读者边学边练，即学即用，步步提升，收益显著。用人单位要求高职高专毕业的学生能够尽快适应环境，顶岗工作，不可能给学生更多的时间进行适应和培训。身处市场经济环境中的学校必然把用人单位的要求作为培养人才的努力目标，也即各方面的工作要以市场为导向。要达到这个目标需要方方面面的配合，其中包括教材的配合。所以在编写本教材时，充分考虑了用人单位对高职高专秘书专业的学生关于会议组织与服务的知识和技能要求。在介绍基本理论的基础上，侧重于提高学生的实践技能。

第三，新颖实用的体例设计。

本教材采用新颖实用的编写体例，如下图所示：

引导案例 → 知识介绍 → 实用范例 → 实践训练 → 课外练习

- 引导案例。每章节均以案例导入，生动形象，引起学生的学习兴趣。
- 知识介绍。教材必须有系统的知识介绍，但太多的知识介绍会冲淡专业技能的传授与训练，对高职高专教育产生舍本逐末的结果，本教材通过将知识提炼简化，以期达到实用、够用的目的。
- 实用范例。贴切的示例，既丰富了教师的课堂教学，也对课堂的训练起到了示范作用，同时通过示例，加深了学生对知识与技能的了解。
- 实践训练。这部分内容既可以在课堂上训练，也可以在实训周训练。实践训练，包括背景材料、训练要求、操作指引及小结，使教师很容易地在课堂上指导学生进行情景训练。改变了传统的教师在课堂上长篇大论的填鸭式的教学模式，体现了一种全新的教学理念。
- 课外练习。每节的课外练习，都不是传统意义上的诸如“××的定义是什么？××的特点是什么?”等客观性强的题目。本教材均采用能激发学生主观能动性，强调实操性的案例分析、实践调研、情景模拟等题目，使学生将所学知识与技能在课外也能加以强化，多方位提高学生解决实际问题的能力。

通过以上体例安排，教师将理论讲授、情景模拟、实践训练等教学方式相融合，使学生在学习过程中通过不断强化和巩固，最终将学生的能力提升至国家标准和用人单位期望的水平。

第四，轻松愉快的学习体验。

不同于一般的会议类教材的繁复论述，本书力求语言简明通俗，内容设计尽可能做到互动化、人性化。传授知识与技能强调要点化、步骤化、图表化，间以精彩的案例分析。本书每节均设计1～2个课堂训练，丰富了教师的课堂教学，突出了全新的“练中学”与“学中练”的教学理念。让学生感到学习不再是被动的劳役，而成为主动参与、乐在其中的享受，符合高职高专的学生实际情况和教学规律。

全书编者均为从事秘书专业教学或曾在企业担任多年秘书工作的中青年教师，有较强的理论功底和娴熟的实务能力。本书共五章，第一、二章由上海建桥学院吴美老师编写，第三章由上海立信会计金融学院葛红岩老师编写，第四章由天津贵金属交易所培训部施剑南老师编写，第五章由上海电机学院王桂华老师编写。第四版教材所有案例的更新由董悦女士负责。葛红岩老师负责全书的体例设计与统稿工作。

为编好这本教材，我们的编写人员深入企业调研，付出了辛勤的汗水。在编写过程中，长城科技公司、中国银行等企业的秘书朋友给我们提供了许多宝贵的案例与建议，我们表示衷心的感谢。编写过程中集采众家之说，参考颇多，在此深表谢意，参考资料的来源及作者姓名，我们已在本书的参考文献中注明。有些资料我们是参考互联网站上发布或转发的信息，其中有些已经无法查明出处，在此编者向原作者所付出的辛勤劳动表示衷心感谢。

本教材是一本注重创新、强调实用、独具特色、紧扣时代脉搏的会议教材。我们衷心希望本教材能够得到广大读者的认同，能为读者们的学习、工作提供应有的帮助。由于我们水平有限，书中难免存在疏漏与不妥之处，敬请读者批评指正，以便在教材的修订时完善。

另外，为了方便教师的教学，上海财经大学出版社备有教师教学用的课件，如有需要，请致电或发电子邮件给上海财经大学出版社编辑李成军老师，电话：021－65904706；E - mail：littlelcj2@163. com。

编 者

2020 年 4 月

目　录

第一章　会议概述

学习目标

通过本章学习，你应能够：
了解会议的含义、作用和特点；
了解会议活动的基本要素；
把握会议的种类和工作原则。

第一节　会议的含义与特点

一、引导案例

心急如焚的刘秘书

红日公司准备在本市的东晨商务大厦召开大型新产品订货会。参会的有本单位人员，还有同行业的其他单位的相关人员。会上要放映PPT文件，介绍新产品的情况和操作步骤。公司没有投影仪，总经理让刘秘书负责去租借投影仪。会议的召开时间是6月6日上午9:00，刘秘书打电话给租赁公司，要求他们在6日上午8:30务必将投影仪送到东晨商务大厦。可是时间到了8:35，事先联系的投影仪却毫无踪影。刘秘书打电话去问，对方说投影仪已经送出来了。眼看各单位的来宾陆陆续续地进入会场，刘秘书心急如焚……

问题：

如果你是刘秘书，接下来该怎么做？

二、知识介绍

(一)会议的含义

会议是人类社会自古以来就有的一种社会现象。早在原始社会，人类为了生存和分配共同的劳动成果，就已经出现了“氏族议事会”，在议事会开会时，人民——男男女女——都站立在周围，按照规定的程序参加讨论。随着近代社会经济的发展，在人们社会交往实践中，会议作为一种重要的交流、管理手段逐渐发展、完善起来。在现今社会生活中，各类会议活动更是随处可见，已经成为一种经常性的社会活动形式。无论是各种国际组织、国家机关，还是企事业单位，无论是国家之间建立外交关系、达成协议，还是组织内部开展政务、经济事务、文化教育以及其他活动，都要通过召开会议来达到或集思广益、有效沟通，或传达信息、资源共享，或表彰先进、树立典范，或解决问题、推广经验等目的。

从字面含义上看，“会议”一词中“会”有聚集、见面、会合等意思，“议”是商议、讨论的意思。“会议”乃“会”而“议之”，“会”而“不议”则非会议。《韦氏新大学词典》关于“会议”的解释是：“会议乃一种会晤的行为或过程，是为了一个共同目的的集会。”《现代汉语词典》（修订本）对“会议”的释义是：“会议是有组织、有领导地商议事情的集会。”一些无领导、无组织、无目的的聚合议论、闲聊，则不能称之为会议。

可见，会议是一种围绕特定目标进行的、以口头发言或书面交流为主要方式的、有组织有计划的商议活动。会议有广义和狭义之分：狭义的会议是指至少有3人参加的集体性商议活动，即传统的会议；广义的会议还包括两人或双方之间的会见与会谈以及各种仪式。形成会议的主要条件是：有明确的指导思想、预期目标、具体议题；有明确的时间、地点；有主持人和参加人员。

（二）会议的作用

会议是人类在社会活动中形成的一种互动方式。随着社会的不断发展和信息流量的迅速增加，会议这种形式越来越受到人们的重视。不同的会议有不同的作用，概括起来主要有以下五个方面：

1. 集思广益、科学决策的作用

各机关、单位基本上都会通过会议的形式对一些重大问题进行决策，经过深入的分析研究，群策群力，最后得出结论性的意见，这样就体现了会议的决策作用。会议的召开便于各级领导充分掌握有关信息，充分发挥干部和群众的智慧，为决策的制定与实施奠定基础。同时，也可以在会议的讨论中，了解基层群众、下属员工的实际情况和思想动向，对领导认识上的差别可以及时纠正，对反映出来的问题可以具体分析和解决。召开会议的过程通常是把群众的智慧集中起来，变为领导的智慧、丰富领导思想、完善领导决策的过程。

微型案例

定期深入一线，倾听员工呼声

上海巴士集团工会建立的定期与员工对话的制度，成为企业与员工沟通交流的一个重要平台。自公司成立以来，巴士集团工会每年都定期召开座谈会。为了达到实际效果，每次座谈会采取提前公布、员工自愿报名的方式，出席人数一般在20人左右。出席会议的员工十分珍惜这种对话的机会，总是提前就座谈的课题和内容广泛征求身边同事的意见。在座谈会上集中反映员工的心声，内容涉及车辆修理、营运管理、干部作风、收入分配、奖惩考核等方面。目前，一线座谈会已经成为工会的“必修课”，在集团工会的积极推动下，巴士各成员单位工会都已建立定期到一线与员工对话沟通的制度。

2. 发扬民主、动员群众、宣传教育的作用

会议可以说是领导机关和各级领导密切联系群众的纽带。与会者来自不同单位、不同行业，召开会议可以认真听取与会者的意见和要求，了解各行各业的具体情况。有些会议经过对领导决策的讨论、领会，将领导意图转化为群众的思想和行动，起到了动员群众、组织群众的作

用；也有一些会议的作用，旨在思想教育、鼓舞斗志或者介绍经验，传授知识和技能，达到某种宣传和教育的目的。如积极分子典型事迹报告、先进集体和先进个人的表彰、重大历史事件的通报和形势报告、情况传达等，都可以采用会议的形式，起到宣传典型人物、教育广大干部群众的作用。

3. 传达信息、资源共享、学习交流、拓展思路的作用

各机关、单位担负着上情下达、下情上传的任务，需要召开各种会议，尽快地将信息上传下达。可以说会议是信息的“聚集地”，也是信息的“发散地”。各类经验交流会、汇报会、广播会、座谈会、调查会，通过汇报、交流、学习、讨论，可以达到沟通信息、交流情况、统一思想和协调工作的目的，使上下左右各方能够互相理解与支持。

在会议上，与会人员之间可以正面交换意见，信息共享，相互学习，对工作中经常出现的问题互相交流工作经验，以形成企业内的学习文化氛围。比如技术人员在会上可以交流技术或学习、研讨新技术，以获得经验总结、技术攻关对策以及技术创新的灵感。通过信息的交流以及相互学习，人们从新的角度和新的观点，也就是从更广阔的认识空间来思考问题，擦出思想的火花。因此，会议活动既是信息的共享过程，也是有效的智力开发过程。

4. 协调矛盾、统一思想、促进生产、推动工作的作用

会前，人们往往会对同一个问题的看法存在某些差异。在会议上，大家可以围绕一个共同的目标讨论、研究和论证，求同存异，最终达成共识、形成合力，从而起到推动工作的作用。许多公司或部门的常规会议的主要目的是为了监督、检查员工对工作任务的执行情况，了解员工的工作进度；同时，借助会议这种“集合”的、“面对面”的形式有效协调上下级以及员工之间的矛盾。

5. 国际交流、跨文化的沟通作用

当今社会，国际交往日益频繁，越来越多的会议发挥着国际交流和跨文化沟通的作用。如在山东省召开的第二届“植物文化与环境国际会议”，本次大会的主题为探索植物演化与环境变化的关系，以及植物与人类在长期选择与被选择过程中形成的共生关系和文化现象。来自英国、德国、日本和印度等国家以及我国共计 100 余位专家学者，就植物文化资源的发掘、使用和保护等重要课题展开了科学研讨。大会为中外学者搭建了交流合作的平台，进一步推动了植物文化与环境领域的科学研究，对促进植物文化及其相关学科的建设和发展具有重要意义。又如 2014 年 5 月在上海召开的“亚洲相互协作与信任措施会议第四次峰会”（简称“上海亚信峰会”），峰会主题为“加强对话、信任与协作，共建和平、稳定与合作的新亚洲”，上海亚信峰会是目前亚洲地区在安全领域最大的多边论坛，横跨亚洲各个区域，涵盖不同制度、不同文化、不同宗教、不同发展阶段的国家，具有广泛的代表性。通过这样的平台，亚洲各国可以加强对话沟通，共同探讨如何维护和促进亚洲安全。

（三）会议的特点

现代的会议形形色色，但仍存在着共同的特点：

1. 目的性。会议是为了某一明确的目的而开展的活动。无论在远古蒙昧时代，还是在当今国际经济一体化社会，举行任何一种形式的会议都有明确的目的，有的会议是布置任务、落实措施，有的是贯彻政策、互通信息，有的是总结工作、交流经验，还有的是为了宣传教育、表彰先进。比如，举行各级人民代表大会就是为了使各级国家权力机关及时、充分地发挥其职能，实现国家法制化和决策民主化。如 2014 年中国旅游景区管理经验交流会，这次会议的目的是为了帮助旅游行政管理人员、旅游景区管理人员和相关理论研究者更深入、更集中地了解国内

旅游景区的现状和发展趋势，为解决景区可持续发展过程中出现的问题搭建互动平台，从而使景区更快、更健康地发展。

2. 组织计划性。会议活动不仅要有明确的目标，而且要有一定的组织和计划。一般会议都设有会议主持人，一些大型的会议有时还要设立会议组织机构，包括主席团、秘书组、会务组等。组织一场会议，常常要经过确定会议目标、制定会议议题、选择会场、确定会议时间等一系列程序。会议活动只有具备高度组织性，才能使会议有序地进行，从而实现会议的目标。

3. 群体沟通性。会议是一种至少有 3 人以上参加的群体沟通活动。随着科技的迅猛发展，人们的沟通方式越来越多，现在人们可以通过电话、E-mail、多媒体等形式沟通。但是面对面的群体沟通，即会议这种方式，是任何其他沟通方式都难以替代的，因为这种方式最直接、最直观，也最符合人类原本的沟通习惯。

4. 交流方式多样性。传统的会议是以口头交流为主、书面交流为辅的活动方式。但是根据现代会议所采用的交流方式来看，在会场上还可以运用图表、电脑多媒体、影视或录像等方式交流。会议是一个集合的载体，大家聚集在一起共同讨论、交流。通过会议使不同的人、不同的想法汇聚一堂，相互碰撞，从而产生新想法、金点子。许多高水准的创意就是开会期间不同观念相互碰撞的产物。

三、实用范例

［例 1］

卓有成效的内部会议

万铭公司是一家新兴的高科技企业，经过几年的努力，已在华东、华中地区成立了多家分公司。当初公司刚刚组建时，公司总经理就曾希望能打造一支优秀的管理团队，让集体的智慧发挥作用，避免出现个人决策的随意性及失误。为此，万铭公司几乎每个星期都要召开一次跨区域的网络会议。在会议上，总部各部门的经理、总监都要与各分公司的经理、总监沟通和交流。在会上，大家一起讨论某些事情做还是不做、怎么做、先做什么、再做什么，经过多次讨论之后才形成一份集体的决议。有时公司也会召开会议，征求员工的意见，员工把意见提出来，通过讨论形成决议。因为是员工自己认同的，这也会鼓舞员工更好地做好工作。这种决策集合了上上下下全体员工的智慧，而不是公司单个领导坐在办公室里拍拍脑袋决定的。凭借其独特的管理方法，公司团队越来越具活力，公司发展也越来越红火。

由此可以看出：召开会议既可以集思广益、互通消息，也可以提高员工积极性、增强凝聚力，从而有效地推动公司发展。

［例 2］

草拟经理工作例会讨论稿

××房地产公司以前有时会出现信息不流通、问题解决不及时的情况。赵总经理刚刚走马上任，准备制定一套工作例会制度，旨在加强部门之间的沟通、联系和协作，建立监督机制，提高工作效率，进而推动公司逐步走向规范化管理。所以，赵总经理准备召开一次关于讨论制定工作例会制度的会议，他让秘书先草拟一份工作例会制度以便在会上讨论。秘书接到任务后，拟写了如下会议讨论稿：

1. 会议时间：每月 1 日至 5 日之间，具体时间会前通知。

2. 参会人员：公司领导、各部门经理。

3. 会议需提交的材料：各部门需于会前将上月的工作总结和本月的工作计划准备好。

4. 会议形式：原则上，各部门均需汇报工作。各部门可根据工作侧重点有选择地汇报。会上将根据部门存在的问题共同研究解决方案，公司领导根据各部门工作情况提出要求。

秘书拟好之后，请赵总经理审批。赵总经理看了之后，认为秘书拟写得太笼统，作为制度来讲也不够严密。赵总经理针对工作例会制度提出了如下要求：

1. 会议时间：每月 1 日至 5 日之间，具体时间会前通知。

2. 参会人员：公司领导、各部门经理(若部门经理出差可以委托副经理或一名代表参会)。

3. 会议需提交的材料：各部门需于会前将上月的工作总结和本月的工作计划以电子文档形式呈报给公司领导，并提供一份打印材料给分管领导。

4. 会议纪律：要求与会人员准时到会，开会期间不接听手机，并将手机设置为关机或静音状态。

5. 会议形式：各部门均需汇报工作。各部门可根据工作侧重点有选择地汇报，需重点汇报工作的部门将提前通知。会上将根据部门存在的问题共同研究解决方案，公司领导根据各部门工作情况提出要求。会后，总经理办公室将会议内容形成纪要，并发放到公司领导和各部门。

6. 会议决议的落实：各部门要及时贯彻落实会议精神，需要几个部门协调解决问题时，由总经理办公室协调、督促。

四、实践训练

1. 背景材料

宏达集团是一家富有创新性的高科技公司，秉承自主创新与追求卓越的传统，持续不断地在用户关键应用领域进行技术研发投入，将最新的研发成果从实验室带到市场，转化为生产力并改善人们的工作和生活。然而，最近接到关于冰箱产品的投诉呈上升趋势，宏达集团的董事长对此非常重视，让秘书通知集团的相关负责人在 1 号会议室召开紧急工作会议。与会者需要围绕相关议题和目标，结合本部门的自身情况，展开积极的讨论。

2. 实训要求

(1)将班级分成多个小组，让每组的学生分别扮演董事长和各相关负责人，围绕既定目的，按照上述危机处理措施各抒己见，展开热烈讨论。

(2)此外，每组选一名学生扮演秘书，记录与会者的发言。会后，记录员书面归纳各种意见和措施，与会议记录一起上交指导老师。

(3)指导教师随机抽取各小组的结论予以分析。

3. 实训小结

会议是一种围绕特定目标进行的、以口头发言或书面交流为主要方式的、有组织有计划的商议活动。本次会议起到了集思广益、科学决策、协调矛盾、统一思想的作用。

五、课外练习

1. 收集三个会议的实例，并指出每个会议召开的目的，以书面形式上交。

2. 学生可以利用课余时间，到校内或校外实习锻炼，参与会议的各项组织工作，收集会议计划、会议记录等,写一份关于会议工作的体会。

第二节 会议活动的基本要素

一、引导案例

"世界同芯"世界半导体大会2019年在南京成功举办

2019年5月17～19日,以"创新协作,世界同芯"为主题的世界半导体大会在南京国际博览中心成功举办。

本届大会主办单位是中国半导体行业协会、中国电子信息产业发展研究院、江苏省工业和信息化厅、南京江北新区管理委员会,承办单位是赛迪顾问股份有限公司、江苏省半导体行业协会、南京软件园,协办单位是国家集成电路封测产业链技术创新战略联盟、南京集成电路产业服务中心、北京芯合汇科技有限公司,支持单位是美国半导体行业协会(SIA)、欧洲半导体行业协会(ESIA)、日本电子信息技术产业协会(JEITA)、韩国半导体行业协会(KSIA)、SEMI协会。

南京市人民政府市长蓝绍敏、工业和信息化部总经济师王新哲、中国半导体行业协会副理事长于燮康以及美国信息产业机构(USITO)总裁 Christopher Millward 为大会发表致辞,江苏省工业和信息化厅厅长谢志成,中国电子信息产业发展研究院院长、中国半导体行业协会常务副理事长卢山,英国皇家工程院院士陆永青,新加坡工程院院士连勇等也莅临大会现场。

Christopher Millward 在发言中表示,中国是全球增速最大的半导体市场,过去10年,中国半导体市场的年复合增长率在13%左右,是很大的一个进口商,是半导体产业价值链非常重要的一部分,中国不仅是纯粹的半导体进口国或者消费国,还是创新国、开发国。

本次大会为期3天,以主论坛、平行论坛、专场活动和展览会4种多元化方式叠合呈现。主论坛着重梳理全球和我国集成电路产业发展和当今最新技术,剖析产业发展态势和政策引导机制,共同探讨未来半导体行业发展方向;平行论坛围绕半导体热点话题深入讨论,把握市场最新动态,解决当下热点难题,促进新型领域快速发展;专场活动将以半导体企业为中心,针对投融资环境、国际并购、产业链上下游合作、国际企业合作等方面进行交流,加快半导体产业全球化发展。

大会的召开加强半导体产业全球化协作,提升我国半导体产业核心竞争力,实现我国半导体产业链协调发展,推动南京江北新区"芯片之城"的建设,显著提升江北新区半导体产业的竞争力和全球影响力。

大会还公布了"第十三届(2018年度)中国半导体创新产品和技术项目",发布《世界半导体市场趋势展望白皮书》《中国半导体产业发展状况白皮书》等相关评选结果与专题报告。

问题:

1. 从上述材料可以看出,一个成功的会议应由哪些要素构成?
2. 各个要素对会议的成功召开有什么作用和意义?

二、知识介绍

会议活动的基本要素主要包括:会议人员、会议名称、会议议题、会议时间、会议地点、会议方式和会议结果。

(一)会议人员

会议人员是指参与会议整个过程的人员,可具体分为会议主体、会议客体以及其他与会议有关的人员。

1. 会议主体

会议主体是指主要策划、组织会议的人员,包括主办者、承办者、支持单位、赞助单位、协办单位等。

(1)会议的主办者是会议活动的具体组织者,其任务主要是根据会议的目标和规则制订具体的会议方案并加以实施,为会议活动提供必要的场所、设施和服务,确保会议的顺利进行。

(2)会议的承办者是指具体落实会议组织任务的机构或个人。

(3)支持单位是指为会议的召开给予全力支持的机构。

(4)赞助单位是指为会议的顺利召开提供经济帮助或设备、场地支持的机构。

(5)协办单位即协助安排、组织会议的机构。

(6)合作单位即对于会议的召开与会议主办者进行合作的机构。

(7)其他。

2. 会议客体

会议的客体,即参加会议的对象,包括正式成员、列席成员、特邀成员、旁听成员。与会者的数量是决定会议规模的主要因素,一般来说,与会者的人数越多,会议的规模就越大。

(1)正式成员:具有正式资格,有表决权、选举权和发言权的会议成员,也是会议活动的主要成员。

(2)列席成员:不具有正式资格,有一定的发言权,但无表决权和选举权的会议成员。是否需要列席成员参加会议,哪些对象应当作为列席成员,列席成员应该参加会议中的哪些活动,由会议的组织者根据会议内容的实际需要来确定。

微型案例

2019 年中国电机工程学会年会

2019 年中国电机工程学会年会于 11 月 12～15 日在北京亦创国际会展中心召开,会议以"清洁能源 智慧电力 美好生活"为主题。本次年会安排有主题活动、专题研讨会、论文宣讲和交流、技术参观及庆祝中华人民共和国成立 70 周年电力科技成就展。

主办:

中国电机工程学会

联合主办:

国家电网有限公司

中国华电集团有限公司

承办:

国网信息通信产业集团有限公司

南瑞集团有限公司

中国电力科学研究院有限公司
国电南京自动化股份有限公司
华电电力科学研究院有限公司
首席协办：
西门子（中国）有限公司
协办：
国网电子商务有限公司（国网金融科技集团）
国网通用航空有限公司
许继集团有限公司
平高集团有限公司
山东电工电气集团有限公司
上海思源电气股份有限公司
支持：
英大传媒集团有限公司
北京国宇出版有限公司

（3）特邀成员：由会议的主办者根据会议的需要而专门邀请的成员，如上级单位的领导人、特别来宾、报告人等。

（4）旁听成员：受邀请参加会议，但不具有正式资格，既无表决权，也无发言权的会议成员。

为了提高会议的高效性，邀请与会者时应考虑以下要素：第一，能够提供信息、提出意见、做出决定，直接有助于会议达到预期效果的人；第二，对于一些重要的会议，与会者必须具有合法的身份和法定的资格。比如人民代表大会的与会者必须是依法选举产生的人民代表；公司的董事会或股东大会的与会者必须是按照公司组织和公司章程正式确定的董事或股东。研讨会的与会者必须是对研讨的课题有深厚的专业知识背景，能够提出见解或解决方案的专家和实际经验者。

3. 其他与会议有关的人员

其他与会议有关的人员包括主持人、会议秘书人员和会议服务人员等。

主持人往往也可以被看作会议的召集人、组织者或引导者。对于一般的小型会议，主持人也可以是召集人；而对于一些大型的会议，主持人就有可能会充当更多的角色，既是会议的组织者，也是会议的引导者。主持人对会议的正常开展和取得预期效果起着领导和保证作用。

会务工作是秘书和秘书部门的经常性工作之一。从会议筹备到会议结束的整个过程中，会议秘书通常承担着一系列工作，如会场选择，制作会议证件，准备会议文件、材料，会议签到、报到工作，办妥后勤服务事宜等。

会议服务人员是指具体从事会场布置、设备支持、会场服务等方面的人员，以及负责会议生活服务的人员。

（二）会议名称

会议的名称要求能概括并能显示会议的内容、性质、参加对象、主办单位，以及会议的时间、届次、地点、范围、规模等。当然，具体的某一次会议不可能也没有必要将上述项目全部展示，应视会议的具体要求而定。如“可口可乐（中国）饮料有限公司 2019 年销售会议”显示了单位、时间、性质；于 2010 年 10 月在杭州举行的“第十二届西湖国际中小企业会议”显示了届次、地点、范围和性质；如“深圳开发科技股份有限公司第二十二次(2019 年度)股东大会”则显示了单位、时间、届次、范围、规模、性质、参加对象。

会议名称必须用确切、规范的文字表达，它既用于会议的“会议通知”，使与会者心中有数，做好准备，又用于会议的宣传、扩大会议的效果。大中型会议的会议名称做成横幅大标语，置于会议主场中的前方或后方，作为会议的标志，简称“会标”。会标必须用全称，不能随意省略，以免语意不顺或文理不通，产生误解。

(三)会议议题

会议的议题是根据会议目标来确定并付诸会议讨论或解决的具体问题，是会议活动的必备要素。举行会议首先要明确为什么而“议”和“议”什么。议题的产生通常有两种情况：一种是领导根据需要制定的；另一种是秘书经调查研究、综合信息之后反馈给领导，再由领导审批决定的。而有些重大的代表会议，先由代表提出“提案”，由大会秘书处汇总，再提交主席团审查通过，才能成为列入会议议程的会议议题。每一次会议的议题应尽可能集中，不宜过多，不宜太分散，尤其不宜把一些不相干的问题放在同一会议上讨论、研究。否则，就会分散与会者的注意力，不利于问题的解决。

议题的主要作用是：

1. 准确、具体地体现会议的目标，为目标服务

会议的目标有主次轻重之分。目标的主次轻重决定了议题的主次轻重。中心议题必须体现中心目标或主要目标。不能准确反映目标或者与目标无关的议题必须舍弃。

2. 引导和制约会议的发言

议题是会议交流的中心，与会者的报告、演讲应当紧紧围绕议题。一个好的议题往往能起到集思广益的作用；如果议题含糊不清，或者角度选择不当，就会造成议事困难，从而影响会议的效率。

微型案例

2019 夏季达沃斯论坛主题

2019 年 7 月 1～3 日，第十三届新领军者年会(2019 大连夏季达沃斯年会)在辽宁大连举行。本届年会主题为“领导力 4.0：全球化新时代的成功之道”。李克强总理在论坛开幕式上的致辞中提道：“中国改革开放 40 多年来，我们坚持在开放中与各国分享机会和利益，积极融入全球分工体系和产业链、创新链、价值链。我们认准经济全球化是不可逆转的大趋势，融入世界经济是不容改变的大方向，不管遇到多少困难都不动摇。”论坛聚集了来自政界、商界、学界及媒体界的 1 800 余名新领军者，共同探讨全球环境挑战、区域竞争、经济差距以及技术变革等问题。

(四)会议时间

会议时间包括会议的召开时间和会期两方面。会议的召开时间，指的是会议开始和结束的时间节点。会期通常是指会议期间聚会、活动一次以上的会议，从开始到结束之间所需的时间段。会议可短可长，少则几分钟、几十分钟，多则数小时、几天，甚至十几天。会议组织者应尽可能准确地预计会议需要的时间，在会议通知中写明，及时通知与会者，便于与会者有计划

地安排自己的相关事宜。

（五）会议地点

会议地点是指会议召开的举办地，也可具体指举行会议活动的场所。为了使会议取得预期效果，应根据会议的性质和规模，综合考虑会场的大小、交通情况、环境与设备是否适合等因素。而有些重要会议在选择会议地点时，还要考虑其政治影响或经济效果。

微型案例

沃尔玛的首次全球董事会为什么放在中国召开？

据报道，沃尔玛百货有限公司首次全球董事会会议在中国深圳召开。沃尔玛百货有限公司董事长罗伯·沃尔顿说："之所以把首次全球董事会放在中国召开，是因为中国对沃尔玛有着双重重要意义。首先，多年来我们一直依赖中国为我们提供优质商品。其次，我们从1996年开始在中国开设零售分店。我觉得董事会成员应该亲自到这些店来看看，了解中国这个市场对于沃尔玛的价值及重要意义。"

（六）会议方式

会议方式就是为了提高会议效率，实现会议目标而采取的各种形式或手段。如现场办公会、座谈会、观摩会、报告会、调查会、电话会等。随着电信媒体的广泛运用，有些企业已采用"虚拟实境会议"，也就是"视频会议"，还有的采用有线电视、卫星通信等手段，使得企业在开会方式上面临空前的发展。这些手段的运用除了注重人性的考虑，最重要的是使远距离沟通变得容易，不仅免除了舟车劳顿之苦及车旅费的开销，还能使各分公司与总公司紧密结合。招商银行就运用了视频会议系统，该系统帮助招商银行节省了会议时间和费用，促进了全国各地分支机构之间达成高效、及时的跨区域会议交流。

（七）会议结果

会议结果，即会议结束时实现目标的情况。会议结果可能会与预想的目标一致，也可能与预想目标有一定的差距。会议最好能达到会前预设的目标，如果不能，会议也要求至少要有会议结果，即使只是一个初步的决议或达成初步协议。会议结果通常可以会议决议、合同、条约、协定、声明等文件的形式记载下来，可以归档保存，也可以直接传达。

三、实用范例

海底捞将灾难变机遇

《法制晚报》于2017年8月25日发表了一篇名为《记者历时4个月暗访海底捞：老鼠爬进食品柜，火锅漏勺掏下水道》的报道，此报道一发出，立即引来社会关注，使得海底捞出现了前所未有的公关危机。报道中揭露海底捞后厨卫生条件糟糕：老鼠在后厨地上乱窜、打扫卫生的簸箕和餐具同池混洗、用顾客使用的火锅漏勺掏下水道……触目惊心。海底捞顿时被推上舆论浪尖，消费者对此事件众说纷纭。

但海底捞管理团队把握住了危机公关的黄金4小时，在负面消息流出后，立刻召开会议，详细商议后续调查、公关事宜。事件发生4个小时后，海底捞在其官方微博上发布致歉信——

《关于海底捞火锅北京劲松店、太阳宫店事件的致歉信》。7小时内，海底捞公司发布处理通报——《海底捞北京劲松店、北京太阳宫店事件处理通报》。后续的处理也相当公开透明。海底捞的迅速处理，再加上真诚、勇于担当的态度，扭转了此次事件的负面影响。消费者的怒火被熄灭了，海底捞的危机公关能力也得到了高度评价。

四、实践训练

训练一：

1. 背景材料

星期二上午，上海欣达贸易公司准备召开一个紧急会议。总经理让王秘书迅速通知人事部、财务部、销售部、进出口部等各部门的负责人，让他们于上午10:00准时在公司会议室开会。王秘书马上通知了参会人员。各部门的负责人虽然接到了通知，但个个心里纳闷："开什么会呢，这么紧急？也不知道要准备些什么会议材料。"有的部门负责人就打电话给王秘书，王秘书回答说："我也不知道啊，总经理让我这么通知的……"

2. 操作要求

(1)教师挑选一个小组分角色，将上述背景材料演练出来。

(2)另外的小组修改上述背景材料，将正确的处理方式演练出来。

3. 小结

会议的人员、名称、议题、时间、地点、方式与结果构成会议活动的7个基本要素。在上述背景材料中由于缺少会议议题这个最基本的要素，因此出现了尴尬的局面。

此外，遇到一些"特别会议"(指那些由于非常特别的情况而由主管经理临时召开或指派他人临时召开的内部工作性会议)时，虽然是在应急的情况下召开的，会议准备时间又很短，但对会议的安排仍然要尽可能做得完备、充分，不要仓促开会。如果经理就会议的背景、目标、问题和参加会议的人员名单做出明确的部署时，秘书人员可按照经理的要求一一办理。但是，如果秘书人员被告知就某一或某些事情召集会议时，而并没有获得对此次会议有关要素的授意，在这种情况下，秘书人员可有分寸地就以下6个方面的问题向主管经理进行探明，并迅速做好准备。

(1)为什么开会

这个会议是为什么开的？是为了说明什么情况，还是为了解决问题而获得结论呢？明确会议目的是使一些为突发情况而召开的会议获得成功的必要条件。

(2)议题是什么

会议的议题是什么，并获得最简洁、最明确的表述，这是确定会议进行的方式、确定出席会议人员以及相应准备会议材料的基础。

(3)谁参加会议

会议由谁来主持？有哪些人参加？其中关键的、不可缺少的人有哪些？

(4)什么时间开会

会议什么时间开始？预计什么时候结束？

(5)在什么地方开会

会场安排在哪里？对会场有什么特别的要求？是否需要安装特别的视听设备？

(6)会议怎么开

会议采取什么方式进行？是否需要与会者在前来参加会议时携带特别的资料？有什么需要特别注意的事项？

训练二：

1. 背景材料

上海惠达科技有限公司准备在 11 月 15 日上午召开一次咨询工作会议。公司拟邀请一些专家、学者以及其他企业单位的负责人共同探讨公司发展之路。为了能让与会者有充分的时间安排好工作，公司决定提前将通知发给有关与会者。秘书发出书面通知后不久，公司总经理突然指示："这次会议十分重要，应当还要邀请区科委有关领导也来参加，听听他们的意见，以便更好地推动公司工作发展。"可是经过联系，区科委的林主任 11 月 15 日正好在外地出差，要到 11 月 16 日才能回来。于是，秘书再次发补充通知，通知各位与会者会议时间改在 11 月 17 日召开。后来，林主任的秘书打来电话说："林主任在外地出差可能要延长几天，还要去当地一些企业视察工作。"于是，公司的咨询工作会议没有能确定下来，会议时间只能一拖再拖。

2. 操作要求

(1)分小组讨论造成会议出现这种结果的原因。

(2)班级讨论如何避免上述情况的出现。

3. 小结

会议的人员、名称、议题、时间、地点、方式与结果构成会议活动的 7 个基本要素。在上述背景材料中由于会议的人员与时间两个要素没有确定下来，因此导致会议不能如期举行。

五、课外练习

1. 以"会议的基本要素之我见"为题，写一篇不少于 1 000 字的文章，要求结构完整、论点明确、语言准确、格式规范。

2. 上海宏达公司准备下个星期召开季度销售会议，但是这个星期销售部经理在外地出差，要到下个星期二上午才回来。如果你作为销售部秘书，授权给你安排会议的日程，你该把这次会议安排在什么时候召开？

第三节　会议的种类与工作原则

一、引导案例

富有成效的内部会议

迪特尼·包威斯是一家拥有 12 000 余名员工的大公司，经过 20 多年的不断实践，该公司逐步完善了员工意见沟通系统。该公司的员工意见沟通系统主要通过每月召开的员工协调会议及每年举办的主管汇报和员工大会来体现。在员工协调会议中，管理人员和员工共聚一堂，商讨一些彼此关心的问题。在开会之前，员工可事先将建议和怨言反映给参加会议的员工代表，代表们在协调会议上把意见转达给管理部门，管理部门也可以利用这个机会，同时将公司政策和计划讲解给代表们听，双方开展广泛的讨论。员工可以通过会议了解详尽的管理信息资料。主管也可以通过召开会议来汇报公司发展情况、财务报表分析、员工福利改善、公司面临的挑战以及对协调会议所提出的主要问题的解答等。

问题：

1. 根据迪特尼公司取得的效果，谈谈会议的作用和重要性。

2. 召开会议要遵循什么样的原则？

二、知识介绍

（一）会议的种类

会议作为人们从事社会活动或各项工作的一种重要手段和方法，其应用十分广泛，因而可以从不同角度划分类型。

1. 按会议的规模划分

会议的规模是相对的，通常依据出席会议人数的多少可分为四类：

（1）小型会议。一般是指少则几人、多则几十人参加的会议，但往往不少于 3 人。两人会面、交谈通常不称为会议，如各种办公会、座谈会、现场会。小型会议一般安排在工作现场或小型会议室召开。

（2）中型会议。一般是指人数在几十人至数百人参加的会议，如节日慰问会、表彰会、学术交流会和大型企事业单位的职代会。中型会议根据与会人员数量，可安排在会议厅或礼堂召开。

（3）大型会议。一般是指人数在千人至数千人参加的会议，如全国人民代表大会、博览会、交易会。大型会议一般在礼堂、会堂或剧场、会议中心召开。

（4）特大型会议。一般是指人数在万人以上的集会，如大型节日集会、庆祝大会等。特大型会议一般在体育场、露天广场召开。

2. 按会议内容划分

（1）综合性会议。一次会议要讨论和研究多方面的问题，如各级人民代表大会、政府常务会议等。

（2）专题性会议。这类会议一次只集中解决一方面的问题，讨论研究一方面的事情或工作，如专题讨论会、年度销售会议等。

3. 按会议的性质划分

（1）决策性会议。决策性会议是指拥有立法权或决策权的领导机关或领导层，为了制定和颁布方针、政策、法规或商讨某些问题，对重大事项做出决策而召开的会议。决策性会议大致包括以下两种：

①代表性会议。是指按照法定的程序，为了制定颁布法律、法规，选举产生新一届领导班子等重大事项而召开的会议。如各级人民代表大会等。

②领导办公会议。是指由各级机关、企事业单位的领导班子内部定期召开的，研究日常工作中重要事项，并做出决策的会议。如各级领导机关的领导办公会议、董事会议等。

（2）非决策性会议。非决策性会议是指不产生需要贯彻执行的政策、法规或不做出决策的会议。非决策性会议又可分为以下几种：

①日常办公会议。通常是指根据本单位、本部门的工作职能，具体研究、讨论日常工作的会议，如工作例会、办公会议等。

②咨询性会议。通常是指在做出重大决策、具体开展工作之前，邀请有关专家对决策目标和方案进行可行性的咨询、论证的会议，如投资咨询会等。

③总结交流会议。通常是指在工作任务完成之后，对工作中的情况和问题、经验和教训开展总结交流的会议，如经验交流大会、工作总结大会等。

④洽谈谈判性会议。通常是指围绕商业活动达成合作事宜，签订合同协议的会议，如订货会、商务洽谈会等。

⑤进修培训会议。通常是指为了提高员工业务水平，强化理论知识，加强专业技能而召开的会议，如公文写作培训会议等。

⑥庆典性会议。通常是指为了庆祝重要节日、重大事件或工作取得重大成果而召开的会议，如联欢会、庆祝大会、周年庆等。

⑦商品展示和推介性会议。通常是指由商品生产单位举办的，在某一场所和一定期限内，用展示的形式，向专业群体和消费者介绍和推广自己的新产品，如新产品发布会等。

4. 按会议所跨的地域范围划分

(1)国际性会议。指会议的内容涉及不同国家和地区，与会者来自不同国家和地区的会议，如联合国大会、国际经济发展会议、南北对话、西方国家首脑会议和亚太经济合作组织领导人非正式会议等。

(2)全国性会议。指会议的内容涉及全国性问题，参加会议的人员来自全国各个地区的会议，如全国人民代表大会。

(3)地区性会议。指省、市、县或其他地区性的会议，如市政府常务会议等。

(4)部门性会议。根据部门的工作职能而召开的会议，如部门员工例会、业务洽谈会、新产品推介会、销售会议、培训会议、客户咨询会、奖励会议等。

5. 按会议的目的划分

根据会议的具体目的，大致可以分为以下几类。但在实际操作中，同一个会议常常包含其中之一或更多的目的。

(1)说明会议。主要是以信息的传递为目的。说明会议是把上层做出的决策，单方面地传递给下层的会议，可以有提问和回答，但是没有讨论、表决。

(2)研究会议。主要是以信息的交换和相互启发为目的。相互启发就是对于一些个人未能注意的问题，彼此交换看法和经验。会议上虽然会有讨论，但不以表决的方法做出决定。

(3)解决问题会议。主要是以做出决定为目的。针对某些特定问题或议案，通过参加者的讨论、表决的方式，获得解决问题方案的会议。会议上，有时以原方案为基础，请参加会议的人员想出改善方案。这既能收集与会者的智慧，同时又能让每个人都有参与感。

(4)沟通协调会议。主要是以沟通信息、调解矛盾为目的。在一个企业中，往往会出现部门与部门之间、员工与员工之间意见分歧、产生矛盾的情况，甚至影响工作的整体进展。有时候就需要让双方坐在一起，消除误会、沟通信息、进行协调工作。

(5)创意会议。主要是以收集创意为目的，由参加会议者自由发挥想象力，借以收集、开发更多创意，所以也称开发型会议。许多广告公司、媒体公司有时会开一些开发创意的会议，通过举行会议，形成新的构思，并且论证新构思，使其具有可行性。

6. 按会议的形式划分

(1)圆桌会议。这是指 10～20 名的人员，围着圆桌而坐，各自以平等的地位自由发言的会议。在某些国际会议中，主席和各国代表的席位不分上下尊卑，可避免其他排座方式可能出现的一些代表席位居前、居中，另一些代表居后、居侧的矛盾，更能体现各国平等原则和协商精神。“圆桌会议”已成为平等交流、意见开放的代名词，是国家之间以及国家内部一种重要的协商和讨论形式。

(2)公开讨论会议(forum)。古罗马时期，人们集会用的广场称为“forum”，由此衍生出的名称，指大家就某一个公开的议题各抒己见，热烈讨论的会议。

(3)代表人会议。这是指从参加者当中选出两名以上的代表人，在全体人员面前彼此讨论特定的议题，接着由全体人员公开讨论并质询的会议。

(4)演讲型讨论会议。由几位专门人员，在全体人员讨论之前，从各自的立场发表对特定议题的意见，再由全体人员公开讨论并质询。

(5)小组讨论。参加者人数太多时，事先将全体人员分成几个小组，分别由各个小组讨论不同的议题，再由小组推派的代表整理小组的意见。小组讨论时，有时像打翻蜂窝般的嘈杂，所以也称蜂音会议(buzz session)。

(6)议会型讨论。这是在预先分发有关议题的详细资料，使参加者对内容都熟知的前提下，让赞成者和反对者各自发表意见，而省略全体的讨论，并付诸表决。这是一种重视表决胜于讨论的会议。在股东会议时，如果人数太多而且时间有限，也可采用这种方式。

(7)头脑风暴会议。这是以自由畅想、收集较多的创意为目标的会议。对所提出的创意，不在当场予以批评。所收集的创意、点子，应当另外开会整理、评估、汇集，并使之具体化。

(8)远程电信会议。利用计算机、传真、电子黑板及各种人机通信系统召开的会议。这种形式的会议有多种，有的只涉及声频通信(电话会议)，有的则提供了视频传输(电视会议)。不仅可以通过声音或声像组合的方式相互通信，而且计算机和传真也可以在没有通信者现场参与的情况下相互通信(发送和接收电文或图形)。与会者避免了费时又费钱的远程旅行。

微型案例

创维集团的视频会议

创维集团组织机构庞大，日常业务流程复杂，现有的管理模式已不能满足有效、快捷地处理企业经营中产生的大量信息数据的需求，如何根据市场竞争的要求改善公司内部沟通，以及时响应外部的市场竞争需求呢？创维集团最终决定采用视频会议来加强企业内部信息的共享性、信息流动的时效性，从而提升企业管理效率，达到企业内外资源的最大化利用和最优化配置。在创维集团的重大生产、决策过程中，视频董事会会议起到了不可替代的作用。通过这一套先进的视频会议系统，分布在各地的董事会成员可以直接面对面沟通，商议公司年报、应对危机以及其他内部事务，使公司的一切运行顺畅平稳；同时，在创维集团公司总部和分部工厂能够同步举行管理层会议，有效地整合了生产销售能力。

7. 按会议的职级划分

(1)股东会议。股东大会是公司最高权力机构。股东会议就是由公司的出资者(股东)出席的，定期或临时召开的会议。会议主要审议批准公司年度财务预算、利润分配和弥补亏损方案，决定公司经营方针和投资计划，选举更换董事，修订公司章程等。

(2)董事会。董事会是公司的执行机构。董事会议是由全体董事(被全体股东任命经营公司的人员)出席的，定期或临时召开的会议。会议主要决定和批准总经理提出的计划、年度经营、资金使用等方面的报告，批准财务报表、收支预算、年度利润分配方案，制定公司的规章制度，决定聘用总经理等高级职员等。

(3)高层管理人员会议。是由公司高层管理人员参加的会议。比如在总经理的主持下重点讨论公司的生产经营管理工作，组织实施董事会决议；组织实施公司年度经营计划和投资方案等工作。

(4)中层管理人员会议。是召集处长、科长、部门经理等中层管理人员的会议。该类会议是在公司做出决策后,进行生产、经营活动的正式会议,通常定期举行。

(5)职工大会。由企业全体职工参加的会议。主要有动员大会和总结评比大会。前者是鼓舞士气,调动职工积极性和工作热情;后者意在总结经验,展望未来,向全体职工提出新的希望和要求。

(6)部门会议。这种会议是在每一个部门内部所举行的,以解决问题及传递信息为目的,以工作场所为单位的会议。

(二)会议的工作原则

会议是一种形式和手段,是工作方法,而不是工作目的。会议都是围绕某一特定目标而开展的,要使会议达到预期的效果,就必须遵循会议工作的有关原则。会议的工作原则主要有以下几个方面:

1. 必要性

会议是实施决策、计划、组织、指挥、控制、协调等现代管理职能必不可少的重要手段,是贯彻政策、统一思想、布置工作、沟通信息、统筹协调、学习培训的有效途径。会议对于领导者而言,是领导和管理的一种必要手段。会议如果开得适度合理,有利于推动工作的进展,可以提高工作效率。但是,如果召开过多的会议,就可能使人陷入"茫茫会海"之中,不利于开展工作。

中共十五届六中全会就明确提出:"改进领导方式和工作方法,下决心精简会议和文件,改进会风和文风。"提出能不开的会议坚决不开,可以合并开的会议合并召开。

要不要开会,值不值得开会,是掌握会议必要性的前提。坚持必要性的原则就必须根据内容和实际情况来准确判断采用会议这种形式的价值,即与其他形式(如发文件,电话联系,派人直接到基层)相比,开会是否是最好的手段。这样,才能做到不必要开的会坚持不开,可开可不开的会也不开,或者是将几个会合在一起开。现在有些政府机构已在渐渐试行"无会日",提出如果没有特殊紧急情况,能通过电话、文件解决问题的绝不集中开会。同时也提出对一些不必要的表彰会、庆功会一律不准召开。

通常当出现下列情况时,需要及时开会:(1)遇到危机突发事件,足以使目前工作停滞,需要及时集体协商、处理时;(2)一项决定或一项管理办法的推出,非经会议的形式不能产生法定效力时;(3)事情较为紧急,有关人员采取逐层、分头商议的办法已行不通时;(4)会议是将特定情况(内容)向有关人员了解或告知的最快捷或最简便的方式时。

2. 高效性

会议,看似平淡,实则不然。英特尔前总裁安迪·格鲁夫就将会议作为撬动企业效率的重要杠杆。所以,在"低碳经济、节能减排、绿色行动"的宗旨下,我们也应积极开展"绿色会议"。绿色会议就是指讲求高效性。这就是说,开会也有投入与产出的问题。"投入",包括为召开会议所耗费的人力、物力、财力和时间;而"产出",指的是会议的结果。要使会议取得一定的成果,当然需要一定的投入。高效率的要求,就是要尽可能地减少投入,但与此同时又要达到最佳的效果。然而,目前的会议效果如何呢?有资料显示,即便是高科技企业的会议,也仅有49%称得上是有效率的会议,会议浪费了经理人超过1/3的时间,更令人吃惊的是,竟然很少有人能确切说出时间到底浪费在哪里。1989年美国南加州大学的爱伦堡传播学院针对为何开会无效率做了调查后发现:员工常常在开会前两小时才接到通知,而且鲜有书面传达;即使有,会议也未必按照所写的时间准时召开。而且与会者认为其在会议中的角色向来受限,未必能言其所思。

目前许多会议效率不高的主要原因，可以归纳为以下五点：

(1)时间。管理大师彼得·德鲁克说过："时间是管理者最稀有的资源。"但是我们可以看到有的会议被安排在事务繁多的周一，领导精力分散，无法全身心投入，或者被安排在即将午餐的时间，每个人都饥肠辘辘，无心开会，从而也会影响会议的效率。此外，临时会议也要尽量选择与会者感到方便的时间。对于一般会议来讲，会议的召开时间越长，效率就越低。应该提倡开短会、讲短话，一般会议时间控制在两个小时之内，领导讲话不超过1小时，工作汇报或典型发言不应冗长，应言简意赅、突出重点。

(2)地点。会议场所的选择，要依据会议的目的和程序，预计与会的人数，选择有会议设施的酒店或旅馆、单位的会议礼堂或大型会议中心等。选择会址，要考虑到与会者和会议的主办者是否便于前往。如果是需要住宿的会议，还要考虑到会场与住宿地点的距离。一般来说，两者之间的距离越近越方便，否则在路途上要花费大量的时间，就会影响会议的效率。

(3)开会对象的选择。在确定会议规模与规格的基础上，提出参加会议的范围和人员名单。多大规模何种规格档次的会议应当由何种层次或何种身份的人参加，这里所说的层次，一般指参加会议人员的级别、地位；这里所说的身份，却并不完全在于某人职位级别的高低，而是根据会议的需要，邀请参加会议人员的专业、知识背景要符合会议的主题。目前，社会上有些单位办会，动不动就请上一大堆的"名人"，其实他们的专业、研究领域与会议的内容毫不相关，只是想借"名人"效应来提高企业的知名度。这样做虽然可能会引起一时轰动，但却增加了成本，造成了不必要的浪费。最终，很有可能是必须出席会议的未能到会，来的一部分是一些可有可无的参加者，从而影响了会议的效果。所以，在拟定会议范围或人员名单时，应将应当参加会议的人员列入名单，无关人员排除在外。

(4)主持人的能力。会议主持人缺乏影响力、说服力和组织能力，被参会者牵着鼻子走，或者会议主持人自顾自发表言论，而不顾会议的既定议程，这样也不能进行有效的沟通。

(5)开会的原因和目的不明确。如果与会者连对开会的原因、目的以及讨论的议题都不明确的话，肯定也会影响会议的效果。

德鲁克在《卓有成效的管理者》一书中极为精辟地指出："卓有成效的管理者，知道他们能从会议中得到什么，也知道会议的目的是什么或应该是什么。他会自问：'我们为什么要有这次会议？是为了某项决策？是为了宣布什么？还是为了理清什么？'他会在事前想清楚会议的目的，想清楚要求报告什么，以及想清楚报告的用意。他一定坚持开会需有所真正贡献。"

微型案例

每周设5天"无会日"　进一步精简会议

广西南宁市隆安县委、县政府近日制定了《全县性会议管理暂行办法》，进一步精简会议，倡导"开短会、讲短话、少开会"，并对会议安排、会议管理、会议纪律等提出具体要求。该办法严格控制全县性会议数量和质量，要求按照"精简、效能、节俭"的原则，做到"能免则免、能并则并、能短则短、能简则简"。规定每周二、三、四和双休日为"无会日"，除上级要求和特殊情况外，一般不召开全县性会议。此举有效改进了会风，进一步完善相关制度，大大提高了会议效果。

3. 目标性

几乎所有的会议都是为了达到某一目的、解决某一问题而召开的。有时公司为了培养团队精神，回顾过去的工作经验与教训，以便更好地推动来年工作的开展，就会召开年度总结会议；有时公司为了开发人力资源，提高员工的业务水平，就需要举行企业内部的培训会议；有时为了沟通思想、互通信息，公司就可能会举行座谈会；公司如果遇到消费者对产品投诉、公司声誉受到影响这样的危机事件时，就需要及时召开会议，共同探讨解决方案，重新树立企业良好形象或者召开新闻发布会，澄清事实。

微型案例

中国石化的危机公关会议

2018 年 12 月 27 日，国内财经媒体纷纷报道，负责中国石化的石油和石化产品贸易的子公司两名主要负责人被免去职务，原因是在最近石油交易过程中出现较大亏损。中国石化作为在上海、中国香港、纽约和伦敦四地同时上市的大型企业，为避免公司生产经营情况受此不实消息影响，在第一时间就此事件召开了紧急会议，并迅速发布公告，对公众进行说明，澄清了子公司负责人的停职原因，避免了市场的进一步猜测。

4. 严肃性

开会作为一种重要管理手段，具有其鲜明的严肃性。而有时候有些领导对会议的严肃性缺乏足够的认识，想什么时候开会就什么时候开，要开什么会就开什么会，想开多久就开多久。有些会议缺乏明确的目的和必要的准备，议而不决，大家聚在一起七扯八扯，破坏了会议的严肃性。为了维护和保持会议的严肃性与权威性，首先必须要明确开会的议题、目的，即确定为什么召开这次会议；其次，计划要周全，设立会议组织机构，妥善安排会议各方面的相关工作；再次，准备充分，一些大型的会议要事先拟好会议预案，做好会议召开所必需的各项准备工作；最后，议程要落实，保证会议的每个环节按原定的计划进行。

5. 节俭性

小到企事业单位会议，大到地区、全国性会议，无不“牵一发而动全身”。现在，“三天一大会，两天一小会”成为很多领导干部的真实写照。并且，会议组织者容易走入这样一个误区：为了博得与会人员的好评，特别是领导的奖赏，过度讲究排场，形式主义泛滥。会议经费也逐年上涨，到了让人深恶痛绝的地步。显性的浪费在于会议中的酒店住宿、飞机票、礼品等大量消耗，再加上其他琐碎的经费，动辄上万元甚至几十万元；隐性的浪费自然就是耽误工作时间，给正常工作带来一定的延误。所以中共十五届六中全会提出要“精简”会议，“精”就是指能不开的会议不开；“简”就是指对于一些重要会议，能简单开的，就绝不兴师动众地开。这一“精”一“简”，既避免了与会者的舟车劳顿，又节约了大量的会议经费。

在召开会议时，要把节约做到细处、实处，还可以从以下几个具体方面着手：

(1)控制会议时间。开会时尽量少讲空话、长话、套话等，长话短说，节省了时间就是节约。上海市《关于进一步精简会议活动和文件简报的通知》规定，全市性大会交流发言原则不超过 3 位，每位不超过 8 分钟，会议时间一般不超过 2 小时。

(2)控制会议规模，不要随意提高会议规格。根据会议内容确定参会人员，与会议无关的不要求参会；能由副职参会解决问题的不要求正职参会；与会议内容无关的人员应不邀请参会。管理学家指出，出席讨论型会议的人数超过12人，其中就有可能出现“搭便车”的现象，削减了平均原有的会议资源与发言机会，也就增加了沟通与组织的难度。

(3)开支要精打细算。召开一次大型会议，往往需要一笔不少的经费，但节约的办法还是有的，比如会期尽量缩短，住所不必一味追求高档，能合住就合住，能在本单位开的就不要出去。通过类似的方法，少花钱也能将会议开好，达到预期效果。

(4)目的务求明确。开会就是开会，不能有别的什么名目。有些单位借开会名义大吃大喝，赠送高档礼品，甚至假借开会到某一旅游胜地疗养游玩。这样做既损害会议形象，又败坏社会风气。

三、实用范例

欧莱雅会议

尽管电子商务、电话、传真等改变了我们的商务生活，带来了全新的沟通模式，但在应用这些沟通渠道的同时，欧莱雅公司仍然更加钟情于会议制度，把各种员工会议作为面对面的最佳沟通渠道。欧莱雅公司认识到，各种员工会议使各个层面的欧莱雅员工能够坐在一起，面对面地开展交流与沟通，便于工作的顺利进行。“欧莱雅会议”包括：(1)公司管理委员会会议。每个月，公司上层管理委员会定期开会，会议的内容主要是关于公司的重大决策、重要问题的沟通与讨论。(2)事业部层面管理委员会。每个季度，公司各事业部的部门经理在一起召开事业部管理委员会会议。在中国，欧莱雅有50多名负责各事业部的部门经理，集中到上海的中国总部，通常在希尔顿酒店举行为期一天的会议。由每一个事业部的负责人介绍各自部门的重大活动、最新动态。(3)不定期会议。公司各个部门的经理会不定期举行本职能部门的会议，召集公司分支机构的负责人参加，沟通公司最新动态，传达公司的决策等。比如欧莱雅在北京、广州各设有地区人事部，会经常参加总部人事部举行的会议，总部在人事、市场、财务等众多领域与分支机构进行沟通，支持分公司在各地开展各种培训活动。

四、实践训练

训练一：

1. 背景材料

在日本富士山县，辽宁省青年友好参观团团长接过日方官员送上的会议程序，只见上面写着：“中方发言时间：5分钟。”他不禁愣住了，在中国像这种类型的会议，发言者一般都需要1个多小时来演讲。而现在日方只给自己5分钟，参观团团长只好把原来的讲稿从11页删减成5页、3页，还不行，最后删至1.5页。把原先准备的洋洋洒洒的关于中日合作历史渊源等内容全部删去，而是言简意赅地阐述了中日合作的重要性、现状和对未来的展望。第二天，我方团长像别的发言者一样，跑步上场。他的发言干脆利落，因被台下几次掌声打断，才拖延了30秒。事后，他感慨地说：“这件事给我们的启示太多了。”

2. 训练要求：

(1)各小组讨论这件事到底对我方有何启示？

(2)讨论日方官员这样安排外宾的发言时间是否合适。

3. 小结

(1)会议要求高效性,规定会议发言时间也是体现会议高效性的一个方面,这次会议目的是为了表达各国青年相互之间的友谊,5 分钟时间足以表达。这也说明了日方坚持"必要、精简、有效、节省"的开会原则。

(2)有的会议在发送会议通知时,也可以将发言时间等要求事先予以说明,使发言者可以事先根据要求做好准备。

训练二:

1. 背景材料

12 月 15 日上午,上海金光机械加工有限公司召开下一年度的财务预算会议。会议由总经理主持,总经理秘书记录。会上,部门经理各抒己见。生产部经理觉得首先必须将车间里已经使用多年并且经常发生故障的机器淘汰,重新购置一批新机床。厂务部经理认为产品的搬运量很大,原来的 7 辆铲车超负荷运载,工作效率不是很高,希望能再购买 3 辆铲车。财务部经理根据今年的资金运用情况,认为明年应该适当控制成本。采购部经理则认为明年下半年的原材料势必涨价,需尽早订购,否则将来的产品会出现成本增加的现象,应增加采购原材料的资金。各位经理坚持自己的看法,觉得公司预算应首先考虑自己提出的要求,互不相让,一时陷入僵局。

2. 操作指引

(1)班级全体同学扮演公司部门经理,班长扮演总经理,学习委员担任总经理秘书。

(2)每个小组推选一人担任发言的部门经理,演练上述场景。

(3)其他同学担任会议记录,讨论结束后,将会议记录上交指导教师。

3. 小结

按照会议职级划分,该会议属于部门经理会议。年度财务预算不同于日常的工作例会。会前,各部门就应该制订出切实可行的财务预算报告,呈总经理批示后,再在会议上做进一步的沟通,而不是在会上现场协调,这样会导致会议的低效率。

五、课外练习

1.《人民政协报》的一篇报道中写道:"数百辆进口豪华轿车浩浩荡荡驶过 S 市最宽阔的大街,奔向十几公里外的一个会场,沿途数百名警察担任警戒任务,开路警车呼啸而过,成百上千的其他车辆一律奉令避让。"这是一次 S 市人大会议开幕时的一个场面,这么惊心动魄的场面,也是任意提高规格的表现。

问题:

(1)根据这个材料,试讨论这样的会议违背了怎样的会议工作原则。

(2)举办"奢华会议"会有哪些不良影响,为什么?

(3)试收集开会效率高或"任意提高会议规格"的案例。

2. 某市海珠区对干部意见甚多的"会海"实行"三提倡""三不开"。他们提倡开短会和能解决问题的会,提倡多用面对面指导的方式推动工作,提倡多用现代信息工具和手段掌握及沟通情况。而可开可不开的会坚决不开,能合并开的会不分别开,可开短会的就不开长会。采取上述措施后,海珠区的会议明显减少了。

问题:

(1)试讨论某市海珠区的经验对我们做会务工作有何意义和作用。

(2)结合实际,想一想还有什么方法可以提高会议的效率。

综合练习

1.“有人说会议就像是一场集体运动”，试谈谈你的理解。

2. 某电动自行车有限公司是一家全国知名的电动车专业生产单位，产品质量深受行内专家和消费者的好评。为争当行业内的领头羊，公司投入大量的财力和技术力量，建设了新的厂房，也分析了市场压力和潜力，认清当前的形势，设计了一批符合市场需求和环保要求的电动车。为此，公司准备召开全国客户洽谈会暨产品发布会。

如果领导让你拟写一份参加会议人员的名单，你会邀请哪些人来参加以符合此次会议要求？又会怎样组织召开这次会议呢？

知识结构图

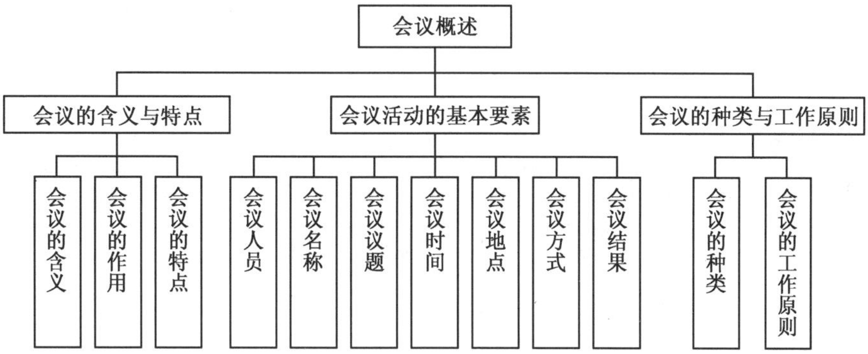

第二章　会议策划

学习目标

通过本章学习，你应能够：
认识到会议策划的重要意义；
了解会议策划的内容；
撰写会议策划方案。

第一节　会议策划概述

一、引导案例

威海融威会议公司的会议策划服务

威海融威会议中心有限公司是经威海市工商局批准注册的首家威海会议企业。公司长期致力于韩国会议、中高端会议接待、商务考察、培训代理、展览展示代理及新型的业务模式。根据该公司网站上公布的信息，该公司“会议策划”的服务项目主要包括：

(一)会议策划的基本内容

1. 具体分析各种情况，做出最完美的会议策划。

2. 根据会议级别，选择会议举办地(会场及酒店)。

3. 根据会议对周边环境的要求，确定具体举办地点。

4. 根据会议的具体情况，确定是否将会议分为几个分会场举行，并选择预约分会场的地点。

5. 根据会议的需求与参会人员，安排英语、日语、韩语等翻译。

(二)会议策划的实施

1. 会议地点的选择及会场预约

由于参会在很大程度上是自愿的，因此选择的地点要吸引最大数量的成员参加。我们将根据需要，具体分析各种情况并做出最完美的策划；我们将根据会议级别，选择会议举办地；根据会议对周边环境的要求，确定具体举办地点；根据会议的具体情况，选择会场地点，并提前预约。

2. 会场布置，设备调试

(1)根据会议的具体情况,设计安排会场的布局,细致周到地设计好所有细节;

(2)根据需要,提供会议需要的所有设备,并提前安放在指定位置;

(3)根据需要,提前调试好设备并演练,确保会议的顺利进行。

3. 设计制作印刷材料

我们将为会议提供宣传册等印刷品设计、生产一条龙服务,我们将根据会议的具体需求,设计印刷品的样式、内容、选择图案;我们将会为印刷品指定专门的供应商生产以及印刷;我们将根据需要,提前把印刷品送到会场或指定位置。

4. 参会者的接送服务

我们将根据参会者的具体情况以及人数多少安排相应的车辆;专车将会提前在指定位置等待参会人员,把参会人员迅速、安全地送到会场或下榻酒店。

5. 参会者的餐饮

我们将根据参会人员的口味,以及会场或下榻酒店的地理位置,预订安排各种形式的餐会,如西餐、中餐、自助餐、宴会等。

6. 参会者业余时间的安排

我们可以为与会者和参展商提供经济的个性化旅游线路,从而了解威海地区的风土人情和经济文化信息,更能促进与客户之间的交流,建立更良好的合作关系。这样的商务旅游也可以在不参展的情况下安排(威海游和韩国游)。

问题:

根据你对会议的了解,你认为会议策划应该包括哪些内容。

二、知识介绍

(一)会议策划的概念与意义

策划的基本含义是:为未来事项“筹谋献策”,即思维主体运用知识和能力思考运筹的过程,也是根据现实的各种情况及所掌握的信息,围绕一个中心(也就是一个特定的目标)全面地构思、设计,选择合理可行的行动方法,从而形成正确决策及高效工作的过程。会议策划就是为了使会议取得预期的目的而开展构思、设计,选择合理可行方案的过程。

优良的会议策划是圆满举办会议的前提。完整的会议策划是一个节奏分明、条理清楚、面面俱到的周全计划。只有通过专业策划和充分准备的会议才能取得预期效果。所以,会议策划一定要考虑周全。

(二)会议策划的前期工作

真正操作好一个会议,从筹划开始,到具体操作并落实每一个细节,其过程相当辛苦和复杂多变。如果是在主办单位所在地举办会议,可能操作起来会比较顺利,如果是在外地举办会议,那么会议操作的难度会提高,很多因素是预先无法预料和控制的。

会议筹划的前期工作主要包括以下两项内容:

1. 收集信息

会议有各种类型,不同的会议需要不同的环境,召开会议要达到一定的目标。因此,第一个重要步骤是收集方方面面的信息,通过收集这些信息可以制订出旨在完成手头众多工作的计划。

2. 确定会议的筹划者

在一家公司,从秘书到公司总裁,每个人多多少少都会参与会议的筹划,只不过有的是专门负责从事这项工作，有的是兼任此职，此外还有其他职责。公司如果要举行具有重大意义的大型会议，也可能会请专业的会议策划公司来给公司的会议“量身定做”，策划一场与众不同、令人难忘的会议。无论是专职还是兼职，无论是内部自己策划还是请专业公司策划，最终目的，是使会议顺利完成。他们的工作效率代表着主办单位或公司的工作水平，因此，会议的筹划者尽量要选择精干而有丰富经验的人员担任。

（三）会议筹划者的主要任务

总体来讲，会议筹划者的主要任务如下：

1. 制订计划，确定必须要做的事项以满足会议的需要，并达到会议预定的目标；
2. 制订会议议程；
3. 了解可供使用的场所和设施情况；
4. 选择或提议合适的场所；
5. 安排交通事宜；
6. 协调会务工作人员的活动；
7. 招收、培训会务人员和广告人员；
8. 制订可行预算或按既定预算安排有关工作；
9. 确定各项工作的时间安排；
10. 视察选定的场所和设施；
11. 与各有关方面接洽（运输公司、旅行社、视听服务公司）；
12. 确定印刷公司；
13. 安排食品、饮料有关事宜；
14. 联系会议发言人和贵宾；
15. 其他。

三、实用范例

［例 1］

北京利民公司定于 2019 年 2 月 16 日在京召开为期两天的新产品推广会，邀请了国内外十几家合作公司的管理人员、技术人员近百人参加。会务工作由办公室负责，办公室主任将会议的策划工作交给了秘书李华负责。李华毕业于某名牌大学，自认为这个工作太简单，所以一直到 2 月 10 日才开始会务的筹备工作，恰好公司最近事情很多，她只好草草策划了事。到了接站报到那天，由于春节后客流量较大，她又缺少一定的经验，致使部分与会者没能找到接站处，费了很大周折才找到报到地点。在会议进行过程中，也出现了诸如会场座位不够等问题，损害了企业的良好形象，受到了领导的批评。而李华对会议的策划也有了进一步的认识。

［例 2］

小李是一家国有企业新进的秘书，这一天，她正在制作“下周会议室安排”，下个星期三上午有两个会议同时召开，一个是党政联席会议，另一个是离退休人员迎新年座谈会。按照往常做法，党政干部开会一般都要安排在楼上那个比较高档、设施齐全的会议室，于是，小李秘书不假思索地将党政联席会议安排在楼上的那个会议室，将离退休人员迎新年座谈会放在楼下那个普通的会议室，然后小李将这张安排表交给办公室的贾主任审阅。贾主任看了以后，将两个会议的会议室对调了一下。小李秘书看着贾主任画红线的安排表，心里想：“我要学习的地方还真不少！”

四、实践训练

1. 背景材料

德尔福公司正在召开首次职工代表大会，有数百人参加。听完董事长工作总结报告后，职工代表们就要以工作部门为单位，到指定的会议室进行小组讨论，小组讨论之后再将小组会议记录交给会务组。过了一会儿，就出现了麻烦：有的小组反映他们的会议室太小，位子不够；有的小组抱怨他们的会议室正好有其他的会议在召开；有的小组则反映他们的会议室离主会场太远，要走一长段路才能到指定会议室；而有的小组则是由几个人员较少的不同部门职工代表组合的，由于这些代表工作性质完全不同，被编排到一起，讨论起来比较困难，气氛也不够热烈，影响了讨论质量和效果。会后，职工代表纷纷对会议安排表示不满，影响了会议效果。

2. 要求

(1)以班级为单位，班长担任董事长，副班长担任会务组人员，其他同学以组为单位，分别扮演上述材料中的各小组。

(2)副班长对本次会议策划的不足向董事长做口头汇报。

(3)分组讨论，重新策划此次会议，每组推选一个学生作为会议主要策划者，然后向董事长汇报新的策划方案。

3. 小结

无论是内部会议还是外部会议，无论是小型会议还是大型会议，都需要提前策划准备，优良的会议策划是圆满举办会议的前提。会议策划最基本的要求是条理清楚、面面俱到。只有通过周密策划和充分准备的会议才能取得预期的效果。

五、课外练习

阅读下面的材料，分析这次会议失败的原因，从会议策划角度出发，写一份不少于500字的心得。

××公司市场销售部刘经理最近注意到：在刚过去的一个月中，一些营销开支、广告费用等都没有减少，但是产品的销售量却明显减少了。于是刘经理召集几个业务骨干召开了部门会议，希望通过会议找到根本原因。会上，一名员工提出上个月销售量的下降是因为销售渠道的问题；而另外一名员工则认为导致销售量下降的原因是产品本身满足不了消费者的需求。于是在会议上，与会人员就这两个原因激烈地争论起来，会议一时失去控制。最后，会议也毫无结果。

第二节　会议策划的内容

一、引导案例

邀请的参会人员不肯赏光？

2019年4月5日是鸿高公司新研发产品发布的日子，他们特意组织了一场新产品发布会。可在方宏董事长的脸上却难见笑颜，不怪他不高兴，会议预定在9:30开始，现在都9:20了，到场的与会者还是寥寥无几。是邀请的客人不肯赏光？还是某一接待环节出了纰漏？一问来宾，原来是请柬上将公司所在位置标错了，在距离公司500米之内的路旁只设置了3个不起眼的指示牌，要是不放慢车速还真看不到。

问题：

1. 如果你是鸿高公司的秘书，确定会议地点之后，还应做些什么？

2. 会议策划的内容有哪些？

二、知识介绍

（一）会议策划的主要内容

会议策划有诸多内容，我们可以归纳为"五个W，一个H、B、O"。要使会议成功，就必须使这些因素相互协调，彼此照应。

1."Why"：是指"为什么"开会，会议目标是什么。会议往往都是为了达到某个目标而召开的，会议的目标决定了会议策划的其他很多环节。只有确定了会议的目标，才可以确定哪些人参加会议，相应地才可以确定会议的地点、会议的议程和会议预算等。例如，一个跨国公司亚太总部的年度计划会议，其目标是要通过会议确定未来的经营战略和营销计划。很显然，这样的会议要求一个高级别的会议场地，拥有先进的会议设施，而且有安全、保密等方面的高要求。因此，只有确定了明确的会议目标和为达到目标所安排的会议内容，才可以确定会议的其他要素。

2."Who"：是指参加会议的人是"谁"，主办者希望哪些人来参加。对于主办方和承办方来说，通常在策划会议的时候首先要确定会议目标，然后就要确定与会者。除了与会议目标、会议内容直接相关的与会者以外，还需要根据会议内容，考虑是否邀请不同类型的贵宾，比如政府官员、行业主管或中外专家学者等，这些人员的参加有助于提升会议的级别和层次，但同时也要注意不要随意提高会议的层次。

3."What"：是指"什么"类型的会议。根据要达到的目标，选择恰当的会议形式是非常重要的。会议是为了协调矛盾、统一认识，还是要奖励表彰、教育群众，根据会议目标、受众范围，选择相应适合的会议方式。如就某一个问题展开讨论，人数较少，就可以采取座谈会；如果要宣传教育，表彰先进事迹，就可以采取较大型报告会的形式。

4."When"：是指"什么时候"举行会议。主要检查一下相关的日程表，看时间上是否与其他会议或活动相冲突。要考虑会议的主持人或会议主办单位的主要领导人及被邀请的领导人、贵宾是否能够出席会议来确定时间，保证多数被邀请的与会者有时间前来参加会议活动。同时也要注意在主要领导人出差或返回的当天最好不要召开会议，紧急会议除外。

此外，会议持续时间也要合适。据心理学家测定，成年人能集中精力的平均时间为45～60分钟，超过这个时间就容易精神分散，超过90分钟，则普遍感到疲倦。所以应把握好每一次召开会议的时间，如果会议需要较长时间，则应在会议中途安排休息。

5."Where"：是指在"什么地方"开会。应该根据会议的级别和需要，选择不同的会议举办地；可以根据会议对周边环境的要求，确定具体举办地点；或者可以根据会议的具体情况，确定是否需要将会议划分为几个会场，选择分会场的地点。在会议策划中一般还要求会场预约。会务人员在确定会议地点之后，要及时地告知与会者或准确标明会议具体地点。会址的选择可以从以下几个方面考虑：

（1）大小是否适中。会场的大小根据会议的规模而定。选择会场时要考虑其容纳人数的多少，一般其容量应与参加会议的人数大体相当，不宜过大，也不宜过小，否则就会影响会议的气氛和效果。

(2)交通是否便利。选择会场还要考虑参加会议人员是否便于前往。如果是需要住宿的会议,还要考虑会场与住宿地点间的距离是否适当,两者之间的距离越近越方便。

(3)环境是否适宜。为了保证会议的质量,让与会人员全身心投入会议,在选择会场时,还要考虑会议室的光线、空气质量、噪音等因素。一般来说,应当选择环境幽静、不易受干扰的会场,保证会议取得满意的效果。

(4)设备设施是否齐全适用。会场内的设备通常包括照明设备、音响设备、通风空调设备、网络设备、消防设备等。在选择会场时,首先要查看设备是否齐备,性能是否良好;其次还要查看设备是否适用,如在用电量大的情况下,是否会超出电源负荷等。

另外,还应考虑是否有停车场,考虑场地租借的成本是否合理。现在很多与会者都是开车参加会议,所以在选择会场时还要考虑是否有停放汽车的地方,方便与会者。同时,也要切实从会议本身需要出发,依据会议经费预算来确定会场的规格,不要任意拔高会场的规格,主张节约简朴,反对奢侈浪费。

6.“How”:是指会议将“怎样”进行。当会议的议题、名称等确定下来之后,就要考虑会议将怎样进行,也就是要策划会议议程。但是一般来说,不同形式的会议,其议程也不一样,要依据具体会议而定。比如工作研讨会的大致议程可以包括:(1)会议主持人开场白,介绍到会领导,会议的指导思想、基本目的;(2)主要领导发言;(3)与会者自由发言、讨论问题等。而一些大型会议的会议议程通常是:(1)开幕式,致欢迎词;(2)主要领导讲话或特邀嘉宾演讲;(3)闭幕式,做闭幕致谢;等等。

在策划议程时要注意:(1)会议议程的每一个环节都应紧紧相扣,紧密相连,所以在安排议程时要尽量认真检查、核对有无与会议主题或议题无关的内容。(2)在议题比较多的时候,要注意先主后次,将重要的议题安排在议程的前面,以保证与会者有足够的时间和清醒的头脑研究主要议题。(3)最好将会议议程提前通知与会者。分发给与会者的议程应条理清楚、一目了然,以便与会者了解会议的议程,做好相应的准备。

7.“Budget”:是指会议预算的策划。会议预算是一个企业对一定时期内的会议计划做出估计和判断,制订会议财务计划的过程。会议预算可以看作用数量关系衡量会务工作的标准,分配会议的资源、调控会务工作和纠正偏差,如同“监视器”和“助推器”,使会议朝着“经济、高效、以人为本”的方向发展。

通常而言,会议成本预算包括两个部分:

(1)显性成本。就是指会议明显的耗费,如与会者的交通费、会议场所和视听设备的租借费用、住宿费、餐饮费、会务人员的费用、杂费等。这些费用是直接可见的,也是可以直接计算出来的。

(2)隐性成本。就是指与会者因为参加会议而损失的劳动价值,一般是不为人所关注的成本。会议成本的计算公式是:会议成本$=2XYT$(其中,X代表与会人员每小时平均工资的3倍;Y代表与会人数;T代表时间)。它的含义是:据调查研究得知,一个生产者开会所损失的劳动价值至少是他每小时平均工资的3倍,加上参加会议前做的必要准备,会后又有用于思考、整理的时间,所以还要乘以2。

照此计算,召开一个百人左右、会期3～5天的中型会议,其会议成本总额将达到几万元甚至十几万元。开会也是一种投入与产出,总希望以最少的投入争取最大的产出。所以,制定会议预算时,关键在于采用目标导向,让会议预算编制紧紧围绕企业的目标而展开,以会议成本为考量，以会议效果为评估的核心，对会议召开的每个环节把关，努力提高会议的效率。

8.“Others”：主要是指会务工作的策划。一般来讲，在会前要成立会议筹备组，具体处理会务工作。会务工作主要分会前准备工作、会议期间的协调服务工作以及会后结束工作。

在会前准备阶段通常可以根据会议的具体情况，设计并安排好会场的布局、会场布置，细致周到地做好所有的细节。提供、调试好会议所需要的所有音像设备，并提前安放在指定位置。准备好会议所需的文件材料。根据参会者的具体情况以及人数多少安排相应的车辆，并把参会人员安全地送到会场或下榻酒店。需要住宿的会议，应提前与提供会议和住宿场所的有关方面联系，安排落实好开会和住宿的设施。

在会议进行阶段，要做好会议签到工作，做好会议记录及其他会议服务工作。

在会议结束之后，要整理会议资料，并检查会场有没有与会者遗留的物品，以便及时归还与会者。

（二）制定会议筹备进程时间表

会议策划的内容确定后，接下来的工作就是制定一份详细可行的会议筹备进程时间表。它是会议策划者经过对会议的整个过程进行精心的研究和计划而制定出来的。严格遵守会议进程表是会议圆满进行的重要保障。

下面是一般中型会议应该遵守的会议流程计划表：

1. 预订客房与会议室。会前 3 周考察（会前 15～21 天）；会前一周确定（会前 7～10 天）。

2. 确定会务组。会前一周（会前 4～10 天）。

确定会务组要注意以下事项：

（1）会议必须确定一个总负责人，如有多个，一定要明确分工（且一个为总调度，知晓会议全程安排）。

（2）动员一定要充分，会议中必须服从统一安排部署，否则若某一环节出问题，会导致很多环节被动。

（3）会务组人员要提前处理好自己的正常工作，使其工作尽量避开会务时间。

3. 召开会务组动员会。会前 4～6 天，需要召开会务组动员会，召开此会需要注意以下事项：

（1）各人任务分工要明确。

（2）讨论并多听取建议。

（3）会务组成员每人都有一份包含会务组其他工作人员名单、联系电话等内容的通信录，以便可随时取得联系。

（4）制定一份每日安排表（以时间为序，包括事务、负责人等），发到每个人手中，每天工作一目了然。

4. 会议参加人员情况的了解：会前 4～15 天。

5. 确定就餐的酒店：酒店初选（会前 4～8 天）；酒店确定（会前 2～5 天）。

6. 录像摄影师的预定：会前 2～7 天。

7. 会前礼品、资料、记录本、矿泉水与物品准备：会前 1～10 天。

8. 会前会议日程表和会议须知的准备：会前 1～2 天。

9. 会议条幅、参会证、指引牌、人名牌、会议接待处、会议通知等准备：会前 2～5 天。

10. 会场设计与摆设设计：设计（会前 5～7 天）；摆设（会前 1 天）。

会场布置的注意事项：

(1)根据会议议题、会议形式来设计会场。

(2)注意是否有大宗物品的陈设与展示,要备有劳务人员电话,临时也可用搬家公司应急。

(3)注意与会嘉宾和领导的座次。

11. 会务组现场设办公室:会前1~2天。

12. 接站:会前1天。

接站的注意事项:

(1)根据接站表统一安排,特殊客人特殊对待。

(2)会务人员安排。

①在火车站、飞机场、汽车站,由司机开车接站或由会务接待组人员接站,或者对重要的宾客由领导亲自接站;

②在宾馆,财务人员收费(如果需要收费);

③宾馆发放房卡,工作人员开房间、发房卡;

④接待人员接待、签到、发放礼品资料等;

⑤宾馆入住引导:由宾馆服务员来做或由接站人员兼任,签到、入房间向导及帮助拿行李。

13. 早到客人的安排:提前1天或更多天。

14. 摄影录像:会议开始时起。

摄影录像的注意事项:

(1)选择会中休息或散会时拍照,这样人员齐整、时间紧凑。

(2)提前选好照相地点。

15. 票务:会议结束前1天。

票务方面的注意事项:

(1)要在"会议须知"中体现,让其及早订票。

(2)如果订飞机票,可考虑直接找票务中心的人负责订票,节省人力和时间,减少失误。

16. 会议通讯录和合影照的准备:会议开始至结束。

17. 送站:随时。

18. 总结报告:会议结束后3日内。

应尽快做出会议总结,人员奖励和会议总结会应在会议结束后尽快实施。

以上仅是为某一中型会议制定会议筹备进程表的例子,会务人员可根据实际情况,有针对性地制定出切实可行的会议筹备进程表,并将每项工作落实到人,提前检查落实情况,有计划、有步骤地做好会议的策划筹备工作。

三、实用范例

[例1]

上海宏达公司办公室主任是个办会经验非常丰富的老领导,在一次部门例会上,他向部门员工介绍了他的会议筹划的主要内容与具体项目。

(一)会议策划的主要内容

1. 预计召开会议的日期。

2. 会议预计召开几天?

3. 打算在什么地方召开会议?

4. 需要多大的场地?

5. 会议形式或程序是什么？

6. 以前召开过这样的会议吗？结果如何？

7. 将有多少人到会？

8. 会议预算是多少？

9. 与会者对费用开支很在意吗？

10. 打算选用什么级别的酒店和设施？

11. 打算选用最高级的房间标准是什么？

12. 谁来制作会议邀请函？

13. 会议是否需要向与会者分发相关资料？

14. 会议的发言人有哪些？

15. 会议需要什么样的视听设备？

16. 需要食品、饮料的酒会、招待会有几次？

17. 与会者是否可以携带家属？

18. 打算为与会者安排一些特别活动吗？打算为与会者及其家属安排一些特别活动吗？是否打算为与会者的家属安排一些特别活动？

19. 由谁来承担这些活动的费用？

（二）会议策划的具体项目

对会议进行策划，应细致周密，稳妥而不乏创新。会议策划一般应包括如下项目：主题；会标和横幅；会场装饰方案；休息室装饰视听效果；演示方案；现场指导排练；开幕式所需的视听设备；闭幕式所需的视听设备；礼品；会议通知；邀请信（印发或电子邮件）；会议文件编制；物品运输；技术支持（视听、电脑设备等）；人员和供应商协调；会务组织；会址选择；代表注册（会前和现场）；饭店预订；餐饮；住房分配；娱乐；休闲活动；特殊活动；专业参观；车辆导游；机票预订等。

［例2］

市面上出现了假冒新龙公司生产的空气净化器，消费者协会收到许多对这些假冒产品的投诉，直接影响了公司的声誉。为此，公司决定举办一次信息发布会以澄清事实。如果你作为新龙公司负责会议策划的人员，可以结合会议策划要素，做好此次信息发布会的准备工作。

1. 确定本次信息发布会的主题。

2. 选择本次信息发布会的时机。应选择在第一时间及时澄清事实，把公司形象的损失降低到最小。

3. 选择本次信息发布会举行的地点。考虑交通是否方便，采访条件是否优越，各种设备是否齐全、完好，座位是否够用，等等。

4. 策划邀请对象。因为是信息发布会，所以可以将新闻记者作为主宾，同时可以邀请一些客户、消费者和同行。

5. 选择信息发布会的主持人和发言人。此次信息发布会，可以由行政经理或公关经理主持，公司总经理或副总经理担任发言人。

6. 准备会议资料。事先要拟好发言稿、回答提纲、报道提纲和准备好其他一些辅助材料。

7. 预算会议所需费用。这些费用可能包括场地的租用、交通费用、印制费、音像设备租用费用、人员劳务费以及茶点和礼品等。

8. 其他准备工作。根据信息发布会的特点，做好会场布置工作、调试设备工作、服务人员的仪态举止训练等。

四、实践训练

训练一：

1. 背景材料

为答谢公众一年来对宏达公司事业发展的支持，宏达公司定于10月20日举办一次大型客户联谊会，会后还将安排宴请。此次活动将邀请工商局的王副局长、税务局的刘副局长、达利公司的李经理等，此外还邀请媒体记者、公司客户和同行业的同仁共约100人。

2. 训练要求

(1)以小组为单位，讨论选择联谊会会场应考虑的因素。

(2)请结合会议策划要素，讨论如何做好本次联谊会的策划工作。

3. 训练指引

会场的选择主要是从会场的大小、远近、环境、设备四个因素考虑。会场的大小要依据会议规模而定。并且此次会议是客户联谊会，策划会议时要把握欢快、祥和、合作、进步的会议气氛。

训练二：

1. 背景材料

惠强电脑(上海)公司准备召开董事会议，会议重要，董事长要求所有的董事必须到会。会议开始后，董事长发现王强董事没有到，而已不是本届董事成员的上一届董事李某却到了。经向秘书询问，才知道，秘书之前给王强董事打过几次电话，一直没有人接听，由于工作忙，就把通知王强董事开会的事给忘了。另外，由于秘书的通信录没有及时更新，反而将不应到会的上届董事李某通知到会了。

2. 训练要求

(1)分组讨论，如果你是秘书，应该如何避免上述错误的出现。

(2)在确定与会人员名单时应考虑哪些方面?

3. 训练指引

选择恰当的人出席会议十分重要，因为合适的与会者可以推动会议的进展，有利于会议取得预期目标。所以在确定与会人员时要考虑周全，反复思量。并且拟订名单后，一定要请领导审定。这样，才能避免工作中的差错和误会。

五、课外练习

××公司准备召开首届重点客户洽谈会，公司将有总经理、副总经理、经营计划部部长以及各业务部经理参加，并计划邀请客户代表二十多人参加会议。借此机会，总经理想感谢多年来客户对公司的厚爱，支持公司的发展，以使公司不断发展壮大。经营计划部、市场部经理也可向与会代表介绍公司新一年建立客户网络计划以及要采取的与客户双赢的一系列措施等。

问题：

如果你是此次洽谈会的负责人，请你具体策划此次客户洽谈会，写出洽谈会要准备的工作内容。

第三节 会议策划方案

一、引导案例

这个会议该如何策划呢?

鸿达集团是一家以发展清洁能源为主的企业。自2007年成立以来,一直坚持以"低碳""可持续发展"为目标,不断吸纳和整合各类优势资源,通过全球化渠道、科技化手段、集约化运营,实现新能源、节能减排和农业领域中各价值段的有效对接,并不断创造和保持着技术领先,为世界各国提供清洁高效的低碳技术、低碳产品及相关综合性服务。在快速发展的过程中,如何建立、完善和推进科学、合理、有效的管理模式和管理体系,是实现集团战略目标、稳健发展的根本,是董事会和管理团队一直高度关注与纳入议事日程的重要课题。为统一思想,集思广益,切实解决公司发展和管理中所面临的一系列问题,公司决定于2019年3月中旬召开集团的中高层"企业发展及管理研讨会"。这个会议的策划任务交给了董事长秘书王林。别看王林做其他事情很在行,可策划会议却是头一回。他感觉一头雾水,急得团团转,这个会议到底该如何策划呢?

问题:

如果你是王林,你会怎样策划这次会议?

二、知识介绍

(一)会议策划方案的内容

会议策划方案是会议活动各项策划意图的书面形态,是会务工作机构根据领导者的意图和指示制订的详细周密的书面方案。它是会议筹备工作的依据,是会议筹备工作有序进行的保障。会议策划方案经领导者审核批准后由会务工作机构具体实施。

会议策划方案主要包括会议概要(会议主题、会议时间、会议地点、与会人员等)、会议日程及相关事务、会议预算以及其他需要说明的事项。

1. 会议概要

在会议概要部分,要确定会议主题。会议主题应该与会议目标一致,同时具有号召力,能够引起注意力和共鸣,比如区域合作会议可以"展望未来"作为主题,公司年会可以"营销整合,提升绩效"为主题。又如TCL王牌高频电子有限公司召开的中期销售会议,就以"认清形势、转变观念、提高品质、保障效益"为中心议题。为让主题更加生动形象及深入人心,可以通过图形标志来表达主题。表现"展望未来"的标志可以是未来风格的设计,"营销整合"的主题可以用"涓涓细流,汇成奔腾的河流"之类的图形表示。当然,也可以用会议主题的字母缩写作为会议标志。

在会议策划方案中还应写明具体的召开时间、召开地点。如果会场有多个,也应一一注明。同时,最好写明所设立的会议组织机构,如主席团、秘书组、宣传组、会务组和保卫组等。并且还应确定各组的负责人,分别负责落实各项会议工作。

如果对会议所需设备有特殊要求,还应在策划方案中写明品种、规格和具体要求。

2. 会议日程及相关事务

会议日程是会议方案的主体部分。这里要考虑的是与会者的到达和离开时间、每一时段的活动安排、会议主题内容、活动地点等，除正式会议议程外，包括与会者用餐、参观、娱乐和中间休息等，都需要尽可能详尽准确的考虑和安排。此外，开幕式和闭幕式是需要重点考虑的环节。会议日程经常是一份由时间和事件组成的表格，但是很多会议重要事项，不能在日程表中详细列举，因此对于会议策划人员来说，一份包含了会议从策划、实施到评估反馈每一个环节的相关事务的详尽列表是必需的。这实际上是会议组织的一份蓝图，如果能够按图索骥，会议自然能够组织得井井有条，达到预定的目标。

3. 会议预算及其他需要说明的事项

会议预算要从实际出发，预算会议所需的交通费用、餐宿费、场地租用费、会议资料等一些固定支出，通常遵照"节约、高效"的会议原则。

(二)会议策划方案的格式

会议策划方案的格式通常是条文式或表格式。

1. 标题。会议策划方案的标题应当写明会议的主题或内容，由会议全称加上文种名称。如标题可以用"×××会议预案""×××会议策划书"，也可以用"×××会议策划方案"或"×××会议方案"等。

2. 正文。一般由开头、主体和结语组成。

开头：可以写召开会议的依据(理由)、主办单位、会议名称、会议时间、地点等。

主体：主体部分应当逐项写明策划的具体内容。可以写会议目的、会议日程、会议开法、筹备小组分工责任、会议预算、会议规模(参加会议人员名单)等内容，有时还可以把邀请上级主管部门参加会议人员的名单写上。如果请某单位领导讲话或某专家做报告，也应尽量注明。

结语：可以写上"以上方案，可否，请予研究、批示"。

3. 落款或签署。方案最后要写上具体策划方案的部门名称。如果方案是由具体承办人员来拟写的，可以由拟写人员具名。

4. 成文日期。方案还要写明具体的年、月、日。

三、实用范例

[例 1]

公司年会策划方案

一、年会主题

给力百联世家 2018 年度总结会

二、年会时间

2019 年 1 月 25 日 15:00～22:00

会议时间:15:00～17:00

晚宴时间:17:30～22:00

三、年会地点

××酒店二楼多功能宴会厅

【晚会目的及意义】

1. 总结 2018 年公司发展成绩，制定 2019 年公司总体规划，包括新年度计划、方向、目标等。

2. 加强员工之间的交流，增强团队协助的意识，提升公司的综合竞争能力。

3. 表彰优秀员工，通过奖励方式，调动员工的积极性，鼓励所有员工在新年度中，工作都有出色的表现。

4. 丰富员工生活，答谢全体员工一年以来付出的辛勤努力。

5. 让员工充分地展现自我，在晚会的过程中认知自我及增强对企业大家庭的认同感。

6. 实现领导和员工的互动，让企业各部门工作者在共同的平台下交流、联欢。

7. 进一步扩展企业文化内涵，促进其外部形象和内部文化的统一合成。

四、年会参会人员

公司全体员工与邀请的嘉宾

五、年会流程与安排

本次年会的流程与安排包括以下两部分：

(一)年终大会议程安排

14:50 全体参会员工提前到达酒店指定地点，按指定排座就位，等待年会开始。

15:00～15:30 大会进行第一项，各店长及家装、工装部门主管上台分别做年终述职报告(每人5分钟左右)。

15:30～16:00 大会进行第二项，总经理上台公布2019年战略。

16:00～16:15 大会进行第三项，由行政部门负责人上台解读公司组织架构及人事任命决定书。

16:15～16:40 大会进行第四项，主持人宣读2018年度优秀员工获得者名单；优秀员工上台领奖，总经理和董事长为优秀员工颁发荣誉证书及奖金；优秀员工与总经理、董事长合影留念；优秀员工代表发表获奖感言。

16:40～17:00 大会进行第五项，董事长做总结性发言。

17:00 大会结束，员工散会休息，酒店布置晚宴会场。

(二)晚宴安排

17:30 晚宴正式开始，晚宴主持人引导大家共同举杯，祝福大家新年快乐，祝愿公司的明天更加美好(背景音乐)。

17:30～19:00 用餐时段：公司领导到各桌敬酒，同事间交流沟通，拉近彼此距离。

19:00～22:00 娱乐时段：

文艺节目(2～3个)

游戏1:合力运气球。

道具：气球、盛放气球的大框子。

游戏规则：(1)两名选手为一组；(2)两人配合，先吹气球，把气球吹到直径大于10厘米为止，再把气球打结绑好；(3)两人背靠背、手挽手，夹着气球运球到终点，绕过终点的框再回到起点；(4)在跑的过程中，气球不能落地，不能用手触摸气球，不能挤爆气球，如果气球落地，必须回到起点重新出发(一轮游戏为×分钟，玩×轮，主持人视情况而定)。

文艺节目(2～3个)

游戏2:抢凳子；用具：5把椅子，围成一圈。

游戏规则：将椅子围成一圈，响音乐，6个人转圈围着椅子走，音乐停，6个人抢座，没有抢到的为失败。

文艺节目(2～3个)

游戏3:筷子运钥匙链;用具:12根筷子、2个钥匙链。

游戏规则:6个人一组,分为两组,每个人嘴里叼一根筷子,将钥匙链挂在第一个人的筷子上,第一个人将钥匙链传给第二个人,必须用筷子传,不能用手,哪个组最先将筷子传到最后一个人的筷子上,为胜利。

晚会即将告一段落的时候合唱《相亲相爱一家人》。

六、年会准备及相关注意事项

1. 年会的通知与宣传:公司办公室于今天向各部门及各项目部发出书面的《关于2018年度年终总结会的通知》,公示和宣传本次年会活动,达到全员知悉。

2. 条幅的制作:红底黄字字幅,具体文字内容为"给力百联世家2018年度总结会"(条幅规格:480cm×80cm)。

3. 物品的采购:游戏奖品(娃娃12个)、笔(3支)、签到表、席位卡(晚宴用)、会场布置、游戏所需气球、拉花等;会议所需矿泉水、晚宴所需酒水、各类干果小食品。

4. 现场拍照:提前安排好相关人员携带单反相机,做好大会及晚宴活动现场的拍照工作。

七、年会筹办任务

任务与分工	责任人	完成截止日期
总策划		当天
会议阶段主持人		当天
晚宴阶段主持人		当天
物料准备		1月20日
会场布置		当天
条幅、证书、鲜花预订		鲜花1月24日,其他20日
现场拍照		当天
现场DJ		当天
主持稿、背景音乐		1月
战略PPT、董事长演讲稿		1月20日
酒店预订,音响、无线麦克风、投影		1月18日

案例分析:

上面这则材料是一家公司举办公司年度总结年会的会议策划方案。整份策划方案内容比较完整具体,会议议程安排清楚合理,会议地点及会议时间明确,筹备小组分工、游戏要求也一目了然。这份策划书有助于会议筹备工作的有序开展。

[例2]

广州飞龙物流公司年度工作总结暨表彰大会会议策划方案

一、会议名称

广州飞龙物流公司2018年度工作总结暨表彰大会

二、会议议程

广州飞龙物流公司2018年度工作总结暨表彰大会会议

1. 由高时总经理做公司2018年度工作总结报告。

2. 由公司直营事业部、拓展部、营运部分别做本部门工作总结报告。

3. 宣布优秀分公司名单并请优秀分公司代表发言。

4. 表彰公司的优秀员工。

三、会议的日程安排表

日期	时间		内容	地点	人员	负责人	备注
1月14日	下午	2:00～6:00	接待、安排食宿	广州大酒店		唐秘书	
1月15日	上午	7:00～7:55	早餐	餐厅	全体人员	朱秘书	
		8:10～8:25	签到	会务厅	全体人员	唐秘书	
		8:30～10:30	开幕、领导致辞	会务厅	全体人员		
		10:30～10:50	会间休息		全体人员		
		10:50～12:00	由高时总经理做公司2018年度工作总结报告	会务厅	全体人员		
	下午	12:00～2:00	午餐、休息	餐厅、休息室	全体人员	朱秘书	
		2:00～5:00	由公司直营事业部、拓展部、营运部分别做本部门工作总结报告	会务厅	全体人员		
	晚上	5: 30～9:00	晚餐、聚会	餐厅	全体人员	朱秘书	
1月16日	上午	7:00～7:30	早餐	餐厅	全体人员	朱秘书	
		8:00～10:00	宣布优秀分公司名单并请优秀分公司代表发言	会务厅	全体人员		
		10:00～10:20	会间休息		全体人员		
		10:20～11:20	表彰公司的优秀员工	会务厅	全体人员		
	下午	11:20～12:30	午餐、休息	餐厅	全体人员	朱秘书	
		12:30～5:30	游览广州名胜，感受岭南文化	黄河游览区	全体人员	王秘书	统一乘车
	晚上	5:30～7:00	晚餐	黄河河滨	全体人员	朱秘书	
		7:00～9:00	返回广州大酒店		全体人员	朱秘书	统一乘车
1月17日	上午	7:30～11:30	返程		全体人员	唐秘书	自行安排

四、会议的预算

(一)显性成本

与会者食宿费:$50\times20\times6+20\times178\times2=13\ 120$(元)

会议室租赁费:800 元

会场布置费用:150 元

交通费:200 元

会议文件、材料费:100 元

服务人员工资:300 元

茶水费:175 元

游览费用:2 500 元

(二)隐性成本

$2J\times N\times T=2\times30\times50\times11.5=34\ 500$(元)

(三)总成本

显性成本+隐性成本=51 845(元)

注:与会者共 50 人,夜宿者共 20 人,广州大酒店商务标准间每人每晚 178 元,餐饮每人每餐补助 20 元。游览费用每人补助 50 元。J:代表与会人员每小时工资的三倍。N:表示与会人数。T:代表会议时间。

五、会场安排

1. 场地:广州大酒店

2. 座位排次:

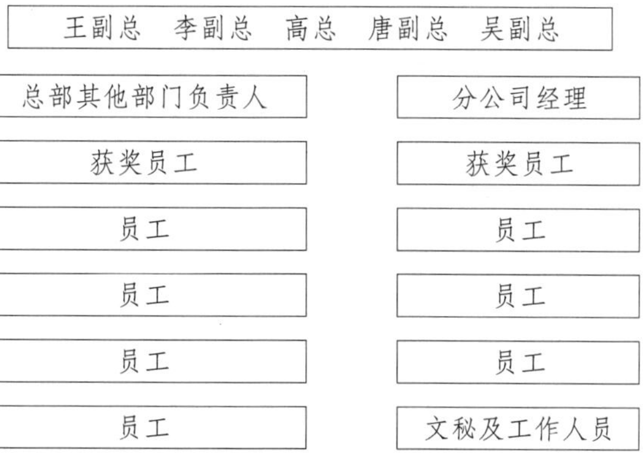

3. 席签:准备浅红色纸,黑色签字笔若干,请实到人员签上姓名和单位名称。

4. 灯光音响:灯光的亮度要适宜,台上光线要比台下亮一些;麦克风 7 个,音响和麦克风要逐一调试(电工要做好应急准备,音响和麦克风要请专人负责)。

5. 空调及通风设备:开会前调好室内温度。保证室内温度适宜,空气清新。

6. 桌上摆放物品:所有会议桌上摆好茶水、矿泉水。另外,主席桌上摆好鲜花、记录用笔、笔记本、座位卡、姓名牌和会议资料(会务人员务必检查会议资料是否齐全,印刷、页码及装订质量)。

7. 指示牌:在必要地方设置洗手间、安全出口指示牌。

8. 会场的装饰:用气球、彩带装饰会场,凸显喜庆氛围。

六、确定与会者

1. 公司总部总经理、副经理及总部各部门高级管理人员：高时总经理，唐战副总经理，王辰副总经理，直营事业部吴迪副总经理，拓展部李阳副总经理，营运部赵艳琴副总经理。

2. 各地分公司经理及获奖员工。

3. 总部各主要部门每个部门的员工代表5人。

共计50人。

七、会议通知

广州飞龙物流公司2018年度工作总结暨表彰大会会议通知

广州飞龙物流公司（以下简称“公司”）拟于2019年1月15日召开公司2018年度工作总结暨表彰大会，现就有关事项通知如下：

（一）会议时间：2019年1月15～16日，会期两天

（二）会议地点：广州大酒店

（三）会议议题

1. 由总经理做公司2018年度工作总结报告。

2. 由公司直营事业部、拓展部、营运部分别做本部门工作总结报告。

3. 宣布优秀分公司名单并请优秀分公司代表发言。

4. 表彰公司的优秀员工。

（四）出席会议的对象

1. 公司总部总经理、副总经理及总部各部门高级管理人员。

2. 各地分公司经理及获奖员工，获奖优秀分公司经理或代表需做好发言准备。

3. 总部各主要部门每个部门员工代表5人。

（五）会议登记事项

1. 出席会议的人员须持本公司特发的有效入场凭证。

2. 会议报到时间：2019年1月14日14:00～18:00。

3. 会议报到地点：广州大酒店会议大厅旁的会议报到点。

4. 会议报到方式：持公司特发的有效入场凭证并在登记点签名。

5. 因故无法前来的人员，请于1月11日前告知总部。

（六）其他事项

1. 参加会议者食宿由总部承担。其中，总部员工晚上回家住。

2. 总部参加会议的人员统一乘公司的车出发，各分公司经理携获奖员工可自行驱车前往。

（七）联系方式

1. 联系电话：×××××××××。

2. 指定邮箱：wo××feilong@126.com。

3. 联系人：小王。

4. 地址：广州市白云区金水路××号。

特此通知

附注：1. 获奖分公司名单

第一名，郑州分公司；第二名，洛阳分公司；第三名，许昌分公司。

2. 获奖优秀员工名单

飞龙网络优秀业务员：新乡飞龙顾礼、周口飞龙阳林、郑州飞龙伍启。

飞龙网络优秀客服员：新乡飞龙侯杰、平顶山飞龙连飞、信阳飞龙陈娟、驻马店飞龙林弟。

飞龙网管中心优秀员工：操作部王平、操作部何进、客服部曾凤。

广州飞龙物流公司会务组

二〇一九年一月八日

八、会议设备的操作与维护

会务人员提前1小时到达会场，反复检查会场准备情况。

李秘书：麦克风、音响、电脑、投影仪的调试。

王秘书：负责会中各种设备的维护及突发状况下设备的维修。

唐秘书：摄影。

九、会间组织与服务

略。

［例3］　培训型会议策划方案

四川某投资公司财务经理培训会策划方案

一、方案总览

企业培训组织工作的优劣，直接关系到培训能否达到预期效果。

某投资公司财务经理培训是2019年度公司培训计划的一个重要部分，以提高与会受训人员的专业技能为直接目标；同时市场情况的急剧变化也对这次培训的召开提出了迫切要求。所以会议的组织必须按照团结、有序、高效的要求进行。

1. 会址选择

地点：成都天仁大酒店。

位置：成都市三洞桥。

入住日期：2019年6月15日。

离店日期：2019年6月20日。

人数：50～60人。

会议服务情况：

10楼大会议室容量80人，面积90平方米。

10楼小会议室容量30人，面积40平方米。可提供会议设施：空调、屏幕、麦克风、投影仪、电脑、写字板、讲台、幻灯机、DVD、电视机等。

2. 行程安排

6月15日：代表自行抵达，由专人接待，入住天仁大酒店。

6月16～18日：酒店会议。

6月19日：早晨8:30赴都江堰，游览世界文化遗产——都江堰水利工程，游离堆、二王庙、安澜索桥。下午攀登青城山，游览上清官、天师洞、月城湖等。

6月20日：早餐后送代表赴机场。

3. 与会期间餐饮

早餐自助餐，午餐、晚餐为中式围席。

4. 会议室

天仁大酒店10楼大会议室3天。

人数：50～60人。

摆台:课桌式。

免费提供:空调、麦克风、写字板、讲台、幻灯机、DVD、电视机、纸笔、音响系统、投影仪1台及会议间茶水服务。

5. 用车

金龙满天星29座1辆、丰田柯斯特19座1辆、别克商务车1辆、别克轿车1辆。

线路:机场—酒店—市内活动—都江堰—机场。

二、项目可行性分析

1. 选址可行

针对企业培训要求,选址地成都具有良好的文化背景与社会环境,会议酒店拥有丰富的接待经验和良好设施。

2. 行程可行

培训与奖励旅游结合进行,专业会议接待与专业旅游服务相辅相成。前三天紧张培训提高员工专业技能,最后一天集体活动增进团队友谊,加强企业团队建设,增强员工荣誉感。

3. 价值可行

整体安排目标明确,功能突出,能全面达成预期效果。

4. 经济可行

凭借本公司所拥有的资源优势,提供的酒店费用、交通费用等大大低于市场价格,同时专业的接待水准与丰富的会务经验能为各方省心、省时、省力,真正做到物超所值。

三、财务计划(按人民币标准核算)

标准间房价:天仁大酒店优惠价320元/间·天。

自助早餐标准:20元/人。

中式午餐标准:40元/人(每围10人)。

中式晚餐标准:50元/人(每围10人)。

会议室租金:1 800元/天。

租车费用:全程总费用8 500元。

其他费用:都江堰、青城山门票索道126元/人,保险费10元/人。

其他服务附送:

(1)附送纪念影集,全程记录此次活动。

(2)可获得维金商务资讯网络管理资讯培训机会。

四、实践训练

1. 背景材料

进入21世纪以来,企业竞争越来越表现为立体的综合竞争,企业要想在竞争中获胜,仅靠提高内部的生产效率已经远远不够了。企业或组织与其合作伙伴(客户、经销商、供应商)、新闻媒体的沟通,如果能像企业内部沟通一样和谐、通畅,则将对企业的发展大有帮助。企业或组织可以通过新产品发布会、新闻发布会、经销商大会等推广型会议方案开展各种形式的客户关系管理。

××企业第八届经销商交流会

一、方案总览

会议名称：××企业第八届经销商交流会。

会议时间：2019 年 3 月 3 日～2019 年 3 月 8 日。

入住酒店：桂林乐满地度假酒店（五星级）。

会议地点：桂林乐满地度假酒店国际会议厅。

会议人数：200 人。

总体日程安排：

3 月 3 日　接机、签到、入住；

3 月 4 日　上午会议；

3 月 4 日　下午会议；

3 月 4 日　晚间主题晚宴；

3 月 5 日　游玩主题乐园；

3 月 6 日　浏览漓江、银子岩；

3 月 7 日　浏览世外桃源、漓江民俗风情园；

3 月 8 日　返程。

二、项目可行性分析

1. 选址可行

针对企业会议需要选址，选址地桂林具有良好的文化背景与社会环境，会议酒店拥有丰富的接待经验和良好设施。

2. 价值可行

整体安排目标明确、功能突出，能全面达到预期效果。

3. 经济可行

凭借本公司所拥有的资源优势，提供的酒店费用、交通费用等大大低于市场价格，同时专业的接待水准与丰富的会务经验能为各方省心、省时、省力，真正做到物超所值。

三、财务计划（按人民币标准核算）

标准间房价：桂林乐满地度假酒店优惠价 250 元/间·天。

自助早餐标准：20 元/人。

中式午餐标准：40 元/人。

中式晚餐标准：50 元/人（每围 10 人）。

会议室租金：1 800 元/天。

租车费用：全程总费用 8 500 元。

其他费用：门票 294 元/人，保险费 10 元/人。

2. 要求

(1)仔细阅读上述材料，分组讨论这个会议方案策划是否合理，有何不足之处。

(2)根据上述会议方案，对会议地点、日程安排、经费等内容写一份不少于 500 字的心得体会，并重新策划此次会议。

(3)教师对学生上交的心得体会和会议策划方案给予分析总结。

3. 小结

会议策划方案是会议筹备工作的依据，能够保证会议筹备工作有序进行。会议策划方案主要包括会议概要（会议主题、会议时间、会议地点、与会人员等），会议日程及相关事务，会议预算以及其他需要说明的事项。会议方案是否可行是评价会议方案质量的重要依据。

五、课外练习

1. 公司要召开一次新产品咨询洽谈会，邀请的对象面向全国，其中有不少是少数民族，如果你是会议筹备组的一员，请为此次会议拟写一份会议方案。

2. 公司准备召开全国各地客户的咨询洽谈会，出席人数约 200 人，会址在北京国际会议中心，会期为 5 天，其中第一天开幕式，第二天专家讲座，第三天专家咨询，第四天专项合作项目洽谈，第五天游长城。请根据会议策划方案要求，草拟一份此会议的方案。

3. 请以你所在城市的某一企业为例，设计一份为期 5 天的经销商交流会会议方案。

综合练习

1. A 公司原定于 2019 年 12 月 25 日上午在某礼堂召开表彰大会，发了请柬，邀请有关部门的领导光临，在请柬上把时间、地点都写得一清二楚。开会当天，有好几位领导提前到会，却看到会标不对头，写的是 B 公司的报告会，会议地点到底在哪里？大家都很困惑。

经询问礼堂负责人才知道，A 公司的表彰会改地点了。这几位领导感到莫名其妙，立即与 A 公司的领导联系，对方回答说，因他们会务工作人员粗心，在发请柬之前，没有与该礼堂负责人联系过租用之事。等到开会的前一天再联系时，礼堂已租给别的单位，结果只能临时改在二楼的 3 号会场，但由于邀请单位较多，时间又急，来不及一一通知，只好请大家原谅，立即到二楼的会场来参加会议。这几位领导听了非常不快，纷纷评论 A 公司关于会议地点确定工作不到位，管理混乱。

问题：如果你是 A 公司的秘书，在会议召开之前你会做些什么？

2. 宝洁的开会次数没有其他公司那么多，但该公司会议的高效是业内闻名的。就信息交换或制定决策而言，会议通常被认为是没效率且没有效果的办法。会议对于脑力激荡、制定决策、追踪事项、信息交换或协调跨部门团队是有其作用的。但是宝洁的会议比起其他公司具有较高的目的性而且很有组织。如同精心雕琢的备忘录一样，它是一个非常有效率的信息沟通及行动方案和建议工具，会议的运行也采用相同的组织性及精确度。

宝洁的离职员工到其他公司上班时，首先要面对的事情恐怕是无边际的会议及缺乏书面沟通。通过备忘录，他们可以详细研究每个步骤之间的关联性。但是，会议却不能办到。前任宝洁人也觉得简报的形式(从图表展示到简报者的个人风格)容易使人分神。

以宝洁典型的创意审查会议为例，创新审查会议就是广告商向品牌经理简要报告新制作的广告。该会议的过程可以展现宝洁的会议特色。像备忘录一样，会议以联结各个部门为目的而组合起来：目的概述、背景说明、建议以及论证。

首先，会议由品牌经理说明本次会议计划达到的目的，然后由品牌经理(或副经理)审查创意目的及策略。品牌经理的对等接待窗口，即广告商的客户服务专员，将说明广告与策略的发展过程及其相关性。

其次，创意总监或广告文案撰写人，个别或同时进行广告简报。他们充满热情及活力的简报给人以身临其境的美妙感受。与此同时，品牌经理、副经理及营销经理都认真做笔记。

最后，讨论。品牌副经理针对简报资料是否确实执行了品牌的广告策略进行评论，而不是评判此广告的好坏与否。他运用在宝洁广告文案学院所学的广告评价技巧来提出相关的评论。广告商可以回应并解释广告是如何诠释品牌的广告策略的。接下来是品牌经理发表评价品牌副经理的意见,并加上一些个人的看法。广告商也提出相应回应。然后是营销经理针对先前的讨论,提出过去宝洁的广告经验及一些个人的主观评价。同样,广告商也提出回应。如果营销经理是最资深的与会者,他将做最终的定夺,然后品牌经理总结会议结论及追踪事项。

受过培训的宝洁人能够体会创意过程的独特本质,而不会轻率评价创意成果。然而,会议的根本架构是客观并有目的性的,会议的焦点将不断地锁定广告目标、策略及终极目的。宝洁的这种会议方式提高了会议的效率。

问题:

1. 请总结宝洁公司会议高效的原因。
2. 请分析如何策划一个高效的会议。

知识结构图

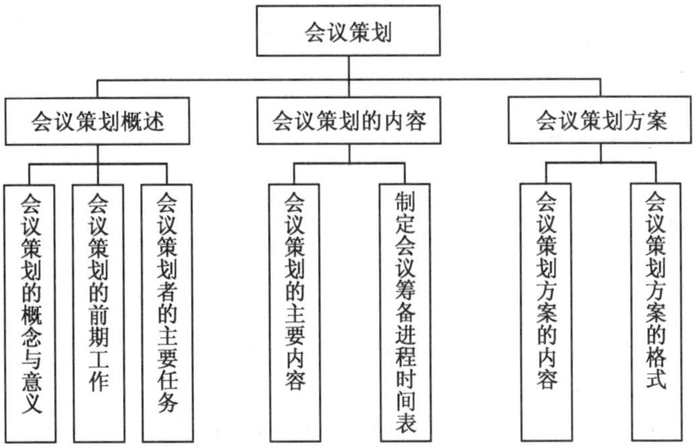

第三章　会议筹备阶段的会务操作

学习目标

通过本章学习，你应能够：
拟定会议计划；
拟定会议议程、日程与程序；
制发会议通知；
准备会议材料；
制发会议证件；
布置会场。

第一节　拟定会议计划

一、引导案例

一片混乱的颁奖仪式

在某企业召开的年度表彰大会上，颁奖仪式正在进行。盛装的礼仪小姐在热烈的乐曲声中依次出场，手捧奖品交给在主席台就座的领导准备颁奖。不知是太紧张还是太疏忽，有一名礼仪小姐竟然没有紧跟上，把应交给前面一位领导的奖品，却递给了下一个位置的领导。而排在队伍末尾的礼仪小姐却为送不出奖品而惊慌失措，逃回后台。手上没有奖品的领导左顾右盼，未见礼仪小姐再送奖品，此时上台领奖的人已登台。由于少了一个颁奖人，领奖人上台后，发觉没有给自己颁奖，只好尴尬地下台。而由于原定的颁奖顺序打乱，领导手拿奖品却找不到来领奖的人。一时间，你问我，我问他，你跟我换位置，他跟我换奖品，主席台上一片混乱，表彰会应有的庄严、隆重、热烈的气氛因这个小差错而大受影响。

问题：

1. 如果你是会务人员，如何避免礼仪小姐出现的错误？
2. 发现出错后，会务人员应如何及时补救？

二、知识介绍

（一）确定会议的基本要素

根据会议预期达到的目的与目标，确定会议的名称、议题、参会人员、时间与地点等诸要素，确定方法详见第二章相关内容。

（二）成立会务工作机构

大中型会议的筹备和服务工作，不可能靠一两个人完成，这就需要组建会议筹备机构。一般来说，会务筹备机构包括以下几个小组，各组分工明确，互相协调，既要熟记本岗位职责，又要胸有全局。

各小组的职责分工一般如下：

1. 会务组：负责会务组织、会场布置、会议接待签到等会议的组织、协调工作。

2. 秘书组：负责拟写会议方案，准备各种会议文件和资料，做好会议记录，编写会议纪要、简报等工作。

3. 接待组：负责生活服务、交通疏导、医疗服务等工作。

4. 宣传组：负责会议的录音录像、娱乐活动、照相服务和对外宣传报道。

5. 财务组：负责会议经费的统筹使用和收费、付账工作。

6. 保卫组：负责防火、防盗、人身安全和财务安全、保密工作。

不同单位对会务组的分工也是不同的。一般来说，重要的会议，单位委派一位领导担任会议的总协调，由会务组负责向主管领导汇报，其他小组配合会务组负责人的安排，如有异议，可向主管领导申诉。在会议召开前，主管领导一般要召开三次筹备会，会议筹备伊始，召开第一次会议进行动员及小组分工负责。第二次检查进度，解决问题。第三次，也即会前总检查，以确保会议圆满举行。

一般的小型会议，只设立会务组负责全部事宜。有些单位，会务工作由办公室负责。

（三）制订会议预算

会议活动是一项消费活动，举行任何会议都要消耗一定的人力、物力、财力。因此，会务工作机构及会务人员应当本着勤俭办会的原则，对会议的经费及各项支出做出预算，并提出筹集会议经费的方法、渠道，报领导审批。

1. 会议经费的构成

(1)交通费用

①出发地至会务地的交通费用。包括航班、铁路、公路、客轮，以及目的地车站、机场、码头至住宿地的交通。

②会议期间交通费用。主要是会务地交通费用，包括住宿地至会所的交通、会所到餐饮地点的交通、会所到商务交际场地的交通、商务考察交通以及其他与会人员可能使用的预订交通。

③欢送交通及返程交通。包括航班、铁路、公路、客轮及住宿地至机场、车站、港口交通费用。

(2)会议室费用

①会议场地租金。通常而言，场地的租赁已经包含某些常用设施，如激光指示笔、音响系统、桌椅、主席台、白板或者黑板、油性笔、粉笔等，但一些非常规设施并不包括在内，比如投影设备、临时性的装饰物、展架等，需要加装非主席台发言线路时也可能需要另外的预算。

②会议设施租赁费用。此部分费用主要是租赁一些特殊设备，如投影仪、笔记本电脑、移动式同声翻译系统、会场展示系统、多媒体系统、摄录设备等，租赁时通常需要支付一定的使用保证金，租赁费用中包括设备的技术支持与维护费用。值得注意的是，在租赁时应对设备的各类功效参数做出具体要求(通常可向专业的会议服务公司咨询，以便获得最适宜的性价比)，否

则可能影响会议的进行。另外，这些会议设施由于品牌、产地及新旧不同，租赁的价格可能相差很大。

③会场布置费用。如果不是特殊要求，通常而言此部分费用包含在会场租赁费用中。如果有特殊要求，可以与专业的会议服务商协商。

④其他支持费用。这些支持通常包括广告及印刷、礼仪、秘书服务、运输与仓储、娱乐保健、媒介、公共关系等。基于这些支持均为临时性质，如果会议主办方分别寻找这些行业支持，其成本费用可能比市场价要高，如果让专业会议服务商代理，将获得价格相对比较低廉且专业的服务支持。对于这些单项服务支持，主办方应尽可能细化各项要求，并单独签订服务协议。

(3)住宿费用

对于会议而言，住宿费可能是主要的开支之一。找专业的会展服务商通常能获得较好的折扣。正常的住宿费除了与酒店星级标准、房型等因素有关外，还与客房内开放的服务项目有关，如客房内的长途通信、洗换、迷你吧酒水、一次性换洗衣物、互联网、水果提供等服务是否开放。应明确酒店应当关闭或者开放的服务项目及范围。

(4)餐饮费用

会议的餐饮费用可以很简单，也可以很复杂，这取决于会议议程需要及会议目的。

①早餐：通常是自助餐，当然也可以采取围桌式就餐，费用按人数计算即可(但考虑到会议就餐的特殊性及原材料的预备，所以预计就餐人数不得与实际就餐人数相差15%，否则餐馆有理由拒绝按实际就餐人数结算，而改为按预定人数收取费用)。

②中餐及晚餐：中餐及晚餐基本属于正餐，可以采取人数预算——自助餐形式，按桌预算——围桌式形式。如果主办方希望酒水消费自行采购而非由餐馆提供，餐馆可能会收取一定数量的服务费用。

③酒水及服务费：如果在高星级酒店餐厅就餐，餐厅通常谢绝主办方自行外带酒水消费，如果可以外带酒水消费，餐厅通常需要加收服务费。在高星级酒店举办会议宴会，通常在基本消费水准的基础上加收15%左右的服务费。

④会场茶歇：此项费用基本上是按人数预算的，预算时可提出不同时段茶歇的食物、饮料组合。承办者告知的茶歇价格通常包含服务人员费用，如果主办方需要非程序服务，可能需要额外的预算。通常情况下，茶歇的种类可分为西式与中式两种，西式基本上以咖啡、红茶、西式点心、水果等为主，中式则以开水、绿茶或者花茶、果茶、水果、咖啡、水果及点心为主。

⑤联谊酒会或舞会：事实上，联谊酒会或舞会的预算可能比单独的宴会复杂，宴会只要设定好就餐标准与规模，预算很容易计算。但酒会或舞会的预算涉及场地与节目支持，其预算可能需要比较长的时间确认。

(5)参观考察费用

会议主办方通常会在会议期间安排与会代表参观或考察与会议主题相关的单位或项目。这项活动可以由会务组负责，也可以找一些公关公司或旅行社来承办。根据会议的宗旨与主题，费用可以由会议的主办方承担，也可以由参会者承担。

(6)视听设备费用

视听设备的费用通常可以忽略，除非在室外进行。如果为了公关效果而不得不在室外进行，视听设备的预算就比较复杂，包括：设备本身的租赁费用，通常按天计算；设备的运输、安装调试及控制技术人员支持费用，可让会展服务商代理；音源主要是背景音乐及娱乐音乐选择，主办者可自带，也可委托代理。

(7)演出费用

这项费用通常可以选定节目后按场次计算。预算金额通常与节目表演难度及参与人数正相关。在适宜地点如果有固定的演出，预算就很简单，与观看表演的人数正相关，专场或包场除外。

(8)培训费或讲演费

主要包括请专家、学者讲课或发言的酬金等。

(9)预计外支出

预计外支出指会议过程中一些临时性安排产生的费用，包括各类文秘、礼仪、司仪、勤杂、临时采购、临时司乘、向导、打印、纪念品、临时道具、传真及其他通信、快递服务、临时保健、翻译、临时商务用车、汇兑、会议过程中的点心、水果及调制色酒等。这些服务通常是临时或者按时提供的，这些费用的预算很难计划，在预算时通常按类别笼统计算，可以按不可预计费用或者按其他类别计算。如果通过代理公司操作，那么告诉代理公司做好随时服务的准备很有必要。代理公司与主办方之间的最后服务费用核算将通过双方指定的联络人互相签单认可，由双方财务或者相关人员核定。

制作会议经费预算一方面要本着勤俭办会、节约办会的原则，尽量降低会议的成本，另一方面要有一定弹性，即注意留有余地。

2. 会议经费预算的原则

(1)科学合理。会议经费的预算要严格遵循勤俭办会的宗旨，根据实际需要科学合理地分配各项开支。

(2)总量控制。一次会议的经费应当有一定的限度，不能无限制地增加，因此必须加强总量控制。所有的支出都应当控制在适度范围之内，不得突破总量。

(3)确保重点。在实行总量控制的前提下，当经费不足时，要确保重点，把有限的经费切实用在刀刃上。

(4)精打细算。对会议的每一项支出都要严格审核，能减则减，能省则省，在做到科学合理的同时，尽可能节省经费。

(5)留有余地。由于会议活动的过程会产生一些事先无法预料的情况，需要临时支出一些经费，因此，在预算时要适当留有余地。

3. 会议经费的筹措

会议的性质、类型不同，经费来源的渠道也不同。有的会议经费渠道虽然单一，却有保障，有的则需要组织者多方筹集。一般来说，会议经费的筹集有以下几种渠道和办法：

(1)行政事业经费划拨

党、政府、人大、政协等机关以及其他事业单位召开的会议一般从行政事业经费中开支。

(2)主办者分担

如果会议由几个单位共同发起并共同主办，可通过协商分担经费。

(3)与会者分担个人费用

即与会者参加会议的交通费、食宿费、补贴等费用由与会者个人或其所在的单位承担。

(4)社会赞助

通过有效的会议公关，从社会各界获得资金赞助。

(5)转让无形资产使用权

一些大型的会议活动由于意义重大、影响深远，本身就是一种巨大的无形资产，如会议的名称、会徽、吉祥物等，具有很高的潜在价值。充分利用会议本身的无形资产，使其转化为合法的有偿转让行为，不仅使商家因获得这种无形资产而受益，还可以为会议活动筹得可观的资金。

三、实用范例

[例 1] 会议预算

2019 年度全国××信息工作会议预算

一、住宿
贵隆饭店(四星级)：
标准间：280 元/天·套×20 套×4 天=22 400 元；
水果盘：50 元/套×20 套=1 000 元；
会议室：1 500 元(3 个半天)；
8 月 17 日中、晚餐(预计中午 10 人，晚餐 30 人)：60 元/人×40 人次=2 400 元；
8 月 18 日中、晚餐自助餐：60 元/人×60 人次=3 600 元；
8 月 19 日中餐：60 元/人×30 人次=1 800 元；
8 月 19 日晚餐：1 200 元/桌×4 桌=4 800 元；
8 月 20 日中、晚餐：60 元/人×60 人次=3 600 元；
小计：41 100 元。
二、考察
8 月 20 日到安顺考察农场：
考察费：228 元/人×30 人=6 840 元(含车辆、票务、中餐)；
晚餐：贵州特色酸汤鱼，60 元/人×30 人=1 800 元；
小计：8 640 元。
三、资料费
资料：50 元/人×30 人=1 500 元；
小计：1 500 元。
四、照相
15 元/人×30 人=450 元；
小计：450 元。
合计：54 690 元。

××省××局
二〇一九年八月十一日

[例 2] 会务工作机构各组分工

政协嘉兴市第五届委员会第三次会议
秘书处各组工作职责

一、材料组
1. 起草常务委员会工作报告、大会决议、工作人员会议、召集人会议、预备会议、闭幕会等有关领导讲话；

2. 起草开幕会、大会发言、闭幕会及期间主席会议、常委会议的主持提纲等有关材料；
3. 做好大会发言材料的审稿、发言顺序安排等；
4. 编制《市政协各专门委员会工作总结》；
5. 负责主席会议、常委会议的记录工作；
6. 负责会议期间社情民意的收集；
7. 汇总委员的意见、建议；
8. 协助做好大会宣传报道工作；
9. 编制全会文件汇编。

二、秘书组

1. 起草大会秘书处各组工作职责，协助组建大会秘书处工作班子；
2. 负责起草大会议程、日程、工作日程及召开会议的通知；
3. 负责编制五届三次全会《会议指南》；
4. 做好大会的报到、签到、大会进场组织及人数统计工作；
5. 负责大会文件、证件的印刷、校对、装订、收发，并负责与人大会议文件的交换；
6. 负责《嘉兴日报》的订阅和分发工作；
7. 编排主席台就座人员名单和落实各次会议的主席台就座人员；
8. 负责市委、市政府、市政协领导的文件发放；
9. 负责大会期间的来信来访工作；
10. 负责大会秘书处的有关通知；
11. 负责与新闻单位的联系，落实大会播音工作；
12. 负责与市信息中心的联络工作；
13. 做好大会文件的存档和剩余材料的处理工作。

三、联络组

1. 做好小组与会人员的联络服务工作，及时收集、反映与会人员的意见和要求；
2. 负责领取、分发大会文件、资料、报纸等；
3. 协助提案组收集提案，协助后勤组搞好会议生活服务，协助做好各次大会的会务工作；
4. 转达大会秘书处有关通知。

四、组织组

1. 收管好中共党员临时组织关系介绍信，负责发放党员大会的通知；
2. 做好会议期间党员大会的组织工作。

五、提案组

1. 起草提案工作情况报告、提案审查报告和提案征集信；
2. 做好优秀提案表彰的会务工作；
3. 负责提案的收集、登记、分类和初审工作；
4. 组织和编写提案摘报；
5. 做好提案委员会全体会议的会务工作。

六、简报组

1. 做好小组讨论记录；
2. 组织和编写大会简报。

七、宣传组

1. 负责做好大会前、大会期间的宣传报道工作；
2. 负责大会期间的环境布置并做好检查落实工作；
3. 负责大会会场的布置和音响设备等；
4. 安排大会文娱活动。

八、后勤组

1. 编报大会经费预算，负责大会财务工作；
2. 负责安排大会的食宿、医务、食品卫生、会场茶水供应等；
3. 负责会议期间的车辆安排和有关协调工作；
4. 安排主席会议、常委会议、小组召集人会议的会场和各小组讨论地点；
5. 协助宣传组布置大会会场，负责会场布置的各项具体事务；
6. 安排大会秘书处各组办公地点，保证会议所需的办公用品。

九、保卫组

负责会场、住地、餐厅、文娱活动场所的保卫及交通安全工作。

四、实践训练

训练一：会议预算

1. 背景材料

2019 年 1 月，天津市某集团公司召集海内外子公司总经理会议，会期 3 天，参会人员 30 人，总经理安排会议筹备机构制订会议预算。

2. 训练要求

(1)假定该次会议是在你所在的城市召开，请根据实际情况，在 20 分钟内，制作一份会议预算表。

(2)制作完成后，请至少两个同学上台讲述自己制作的会议预算，全班同学讨论是否可行，并将预算加以完善。

3. 操作指引

制作会议费用预算表时，可参考下表的格式，也可自行设计。

会议费用预算明细表

	序号	项　目	数　量	价　格	备　注
酒店费用	1	房费			
	2	餐费			
	3	会议室			
	4	布标			
	5	会议茶歇			
	6	其他(须注明)			

续表

	序号	项　目	数　量	价　格	备　注
会务费用	7	接站费用			
	8	送站费用			
	9	资料袋			
	10	签字笔			
	11	笔记本			
	12	集体照			
	13	资料复印			
	14	礼品			
	15	水果			
	16	鲜花			
	17	盆栽			
	18	其他(须注明)			
考察费用	19	门票			
	20	风味餐			
	21	市内交通			
	22	矿泉水			
	23	其他(须注明)			

4. 小结

会议预算看似简单，实则需要科学合理、周密细致的考虑，通过总量控制，确保重点地精打细算，并且要留有余地。会议预算要制作条理清楚的预算明细表，报相关领导审核批准方可执行。

训练二：会务工作机构分工

1. 背景材料

你所在的单位承担了一个全国性的大型会议，请你负责将会务工作人员分组，并将任务分解到工作组。

2. 训练要求

(1)教师可将整个班级设为一个会务工作机构，由教师按座位或学号等划分为不同的工作小组，分别指定其为秘书组、宣传组等。

(2)各小组成员口述自己小组的工作职责。

3. 操作指引

参见示例中的“[例 2]会务工作机构各组分工”及本节“知识介绍”的第二部分。

4. 小结

在分配会务工作机构各小组的职责时，要保证做到“不重复，不遗漏”，各小组既要各司其职，又要通力合作，尽善尽美地完成会务工作。

五、课外练习

1. 以下材料为20××年1月11日××省在杭州市召开全省烟花爆竹生产经营安全管理工作座谈会，会议筹备机构制定如下预算，请问你能否将该预算加以改进，使预算的条理更加清晰？

××省烟花爆竹经营安全管理工作会议暨产品订货会
会议费用初步预算

(1)住宿费及伙食费。参加全省烟花爆竹经营安全管理工作会议暨产品订货会人员按参加会议单位名单所规定人员一律入住之江饭店，随行人员自行安排。按2人间标准房，每天每人住宿费170元；伙食费每人每天70元，即早餐自助餐20元，晚餐自助餐50元，食宿费用自理。报到时由会务组统一收取(市、县安全监管干部只参加全省烟花爆竹经营安全管理工作会议，10月31日下午报到，晚上7:00准时开会，11月1日上午赴杭州和平国际会展中心观展后即告结束。省内批发经营单位和省内外生产企业负责人两个会议均参加，到11月2日下午5:00订货会结束，住宿安排至11月3日上午。中午在和平会展中心自购快餐)。

(2)展位费。每个展位收取展位费3 500元。销售规模较大的供货企业如需要一个以上展位的，可提前告知所需展位，由省烟花爆竹登记办公室统一做出安排。销售规模较小的供货企业，可以两家合用一个展位。展位费用由浙江元通广告有限公司统一收取。参展单位可将展位费用汇入该公司账号。开户行：杭州市商业银行朝晖支行，账号：7492810006×××。也可报到时支付。

(3)会务费。包括会场租用费、交通费、资料费等项支出。省内批发经营单位和省内外供货生产企业每人收取会务费500元。由会务组统一收取。

2. 某单位召开新产品技术研讨会，内容包括组织专家讲座和技术演示等，领导安排秘书小宋拟写此次会议经费预算，请问这个预算应该包括哪些内容？

第二节　拟定会议议程、日程、程序

一、引导案例

联合国新一轮气候谈判因议程之争遗憾中落幕

联合国2013年第二轮气候变化谈判6月14日在德国波恩闭幕。围绕气候变化新协议的谈判进展顺利，但由于议程之争，留下了不少重要议题未能讨论，给11月在华沙召开的气候大会带来不小压力。

来自182个国家和地区的近2 000名代表参加了本次谈判，谈判主要内容是一项2020年之后贯彻和加强《联合国气候变化框架公约》(下称《公约》)、减控温室气体排放和应对气候变化的新协议。

在谈判中，各方详细阐释了对新协议的主张，虽有分歧，但交流充分。《公约》秘书处执行秘书菲格雷斯说，围绕新协议的谈判进展“鼓舞人心”。

不过，在《公约》附属履行机构的会议中，俄罗斯、白俄罗斯和乌克兰坚持将一项涉及《公约》下气候谈判决策机制的内容单独列入议程，这一立场与其他国家产生分歧。各方一直无法就议程达成一致，会议在僵局中结束。

三国的主张源于其2012年多哈气候大会时的遭遇。当时，多哈会议就涉及《京都议定书》第二承诺期的一项决议进行表决，三国代表要求发言表述反对意见，但大会主席没给他们发言机会便强行通过决议。

问题：

1. 什么是会议议程？

2. 会议议程有什么作用？

二、知识介绍

（一）会议议程、日程与程序的含义

1. 会议议程

会议议程是会议主要活动的安排顺序，它主要是对议题性活动的程序化，即将会议的议题按讨论、审议和表决的次序编排并固定下来，反映议题的主次、轻重、先后。会议议程起着维持会议秩序的作用。

2. 会议日程

会议日程是把一天中会议议程规定的各项活动按单位时间具体落实安排，它不仅细化围绕会议议题的全部活动，还包括会议过程中其他的辅助活动，如聚餐、参观、考察、娱乐等。日程表明会议发展的进程，同时也是对完成各项议程需要时间的预测和必要的限制，以提高会议的效率。

3. 会议程序

会议程序是指在一次具体的会议中按照时间先后排列的、详细的活动步骤。会议程序可以供与会者了解每次具体的会议活动的内容及时间顺序，同时也是会议主持人掌握会议的操作依据。以举行颁奖、选举、揭牌等一事为主的会议活动，一般只制定会议程序。

4. 会议议程、日程和程序的联系与区别

会议议程、会议日程和会议程序都是关于会议活动先后顺序的安排。

它们之间的区别在于：会议议程是整个会议活动顺序的总体安排，但不包括会议期间的辅助活动，其特点是概括、明了，一旦确定，不得任意改动，凡有两项以上议题的会议，都应当事先制定议程；会议日程是将各项会议活动（包括辅助活动）落实到单位时间，凡会期满一天的会议都应当制定会议日程，以便与会者和会议工作人员了解会议的具体进程；会议程序则是一次具体会议活动的详细顺序和步骤，是会议议程的具体化和明细化，可供会议主持人直接操作。规模较大、活动较多、会期较长的会议，往往同时制定会议的议程、日程和程序，以适应不同的需要。会期较短、议题较少并且较为灵活的会议只需制定一份会议议程即可。

（二）会议议程的制作

1. 会议议程制作要点

会议议程是对会议所要通过的文件、所要解决的问题的概略安排，会议议程的安排对会议的顺利进行关系重大。如果由领导预定议事程序和执行方法以及时间分配等，秘书必须配合议程，准备、检查会议的各项工作。如果会议议程由秘书起草，则秘书应根据议题的内在联系、主次、先后排列次序，并用序号将其清晰地表达出来，领导审定后，会前发给与会者。

会议议程是会议文件的一种。它是对讨论议题的步骤和次序所做的安排，经会议讨论通过后生效，成为制定会议日程的依据。撰写时要求做到用语简洁、条理清晰。简单的会议议程只需将会议的步骤逐一分条列出即可，详细的会议议程应包括各种程序（讲话、审议、选举、表决等），且应逐日（按时刻）精心编排。

西方国家组织会议的议程可能包括下列各项中的几项或全部：

标题：会议名称加“议程”二字。

正文：时间、内容、责任者（讲话人、主持人等）、会址、方式、注意事项等。

会议议程顺序一般如下：

(1)宣布议程；

(2)宣读并通过上次会议的备忘录；

(3)财务主管报告；

(4)其他报告；

(5)复议旧的议题；

(6)讨论新的议题；

(7)有关人事任命；

(8)提名并选举新的负责人；

(9)通知有关事项；

(10)宣布休会。

对于正式的会议，秘书可以先查看档案记载的以前的会议议程，并按领导或法律顾问提示的顺序进行。

2. 会议议程表设计的注意事项

(1)编制会议议程表时，首先应注意议题所涉各种事物的习惯性顺序和本公司章程有无对会议议程顺序的明确规定。

(2)议程表中，第一项是宣布议程，再安排讨论的问题，尽量将同类性质的问题集中排列在一起。

(3)保密性较强的议题，一般放在后面。这样有利于安排无关人员退场及有关人员到场。

3. 会议议程中的会议生活安排

制作会议议程时，主要考虑三个方面的内容：工作安排、生活安排、业余生活安排。安排会议生活主要包括预订交通工具、安排食宿、联系与安排参观、访问活动，确定医疗、保卫人员。所有以上安排，秘书要严格按照会议议程和日程安排。秘书必须提前预订，会前确认，掌握各联系人的联络方式，以便随时联系。如会议期间，日程临时变动，秘书要及时做好会议生活的协调工作。

三、实用范例

[例1] 美国某公司会议议程

美国某公司董事会会议议程

会议议程

时间：2019年12月2日 上午10:00～中午12:00

地点：董事会总部 宾夕法尼亚州豪尔街4号

人员：全体董事

续表

内容： 雷诺·舒尔兹董事长主持 1. 宣布议程(雷诺·舒尔兹)上午10:00 2. 点名(各董事应声答"到")上午10:00 3. 宣布上午10:05 (1)法定人数(有变化)； (2)来宾(雷诺介绍并致欢迎词)。 4. 会议记录(琼安·麦金塔；宣读上次会议记录，上午10:10读完或修改后，动议通过)上午10:15。 5. 负责人报告上午10:15 (1)财务主管报告(肯扬·艾金斯；动议通过)； (2)副董事长(强纳森·费曼：关于设立海外办事处的报告)。 6. 委员会报告上午10:30 (1)新的项目委员会(乔治·拉诺斯：关于劳工部研究的报告)； (2)公共关系委员会(乔安娜·博克风：关于电视采访的报告)。 7. 旧的事务上午10:45 公司人员的重组(雷诺：过去情况的回顾与目前的选择)。 8. 新的事务 董事的特别工作组(雷诺：讨论并推荐董事会代表)。 9. 通告 (1)例会安排(玛丽·布莱顿：宣布9月份董事会会议计划) (2)资源周(雷诺：宣布资源周活动计划) 10. 休会(请求动议，休会)中午12:00

［例2］ 会议日程

2018世界养生大会——两岸健康养生文化发展论坛暨新时代新健康新生活国际博览会

日　期	时　间	会议流程
2018年12月20日	9:00～20:00	展商报到，布展
	18:00～21:00	欢迎晚宴
2018年12月21日	8:30～9:00	参会嘉宾签到入场
	9:00～9:30	嘉宾合影
	9:30～10:00	大会开幕仪式及领导致辞
	10:00～12:00	两岸健康养生文化发展论坛
	13:30～16:30	新时代新健康管理论坛
2018年12月22日	9:00～12:00	大健康产业分论坛
	13:30～16:30	大健康产业分论坛
2018年12月23日	9:00～17:00	1. 大健康产业分论坛 2. 博览会 3. 新生活衣品展 4. 纪念毛泽东同志诞辰125周年 周恩来同志诞辰120周年——将军、部长书画展 5. 企业家与将军部长交流笔会 6. 两岸生态休闲农业品牌博览会
	17:00～18:00	展会撤展
	18:00～21:00	合作单位商务招待晚宴

［例3］ 会议程序

××大学“终身教授奖”颁奖大会程序
（2019年12月1日）

一、主持人请主席台就座的领导、嘉宾和获奖者入席。

二、介绍出席会议的领导人及主要来宾。

三、主持人宣布：××大学“终身教授奖”颁奖大会开始，全体起立，奏国歌。

四、校党委书记××做主题讲话。

五、校长××宣读《××大学关于授予徐××、钱××、张××教授“终身教授奖”的决定》。

六、市教委副主任、校党委书记和校长向徐××、钱××、张××教授颁发“终身教授奖”证书和奖金。

七、学生代表向徐××、钱××、张××教授献花。

八、徐××教授讲话。

九、钱××教授讲话。

十、张××教授讲话。

十一、市教委领导讲话。

十二、主持人宣布：××大学授予徐××、钱××、张××教授“终身教授奖”颁奖大会结束。

四、实践训练

1. 背景材料

某公司举行大型会议，会务组会前起草的“大会开幕式程序（送审稿）”中列有“奏（或播放）国歌”的一项。大会秘书处一位负责人审稿时，拟把此项放在大会闭幕式时进行，于是把此项目在开幕式的程序中删掉了。后来大会秘书处主要负责人定稿时，又把该项圈了回来。会务组的同志，凭印象只知道已经删掉了奏国歌这项程序，而对后来又被圈了回来一事，未加注意，因此对于在大会开幕式上“奏国歌”一项事前未做准备，当主持人在大会上宣布“奏国歌”时，无法奏出，一时形成了冷场。幸好会务组长急中生智，立即上台挥拍领唱，这样才圆了场。会后领导同志说，这一事故该予以批评，吸取教训。但在关键时刻能得到及时补救，这是好的，这一点值得表扬。

2. 操作要求

（1）以小组为单位，分角色将上述材料表演出来。

（2）以小组为单位，将以上情节修改为避免了错误出现的正确过程，并分角色表演出来。

3. 小结

每次会议，会前都应充分做好准备工作，以保证会议能顺利进行。上面提到的例子，事前如能做好以下几点是可以避免事故发生的：（1）统一领导，加强信息交流，上下协调行为。如会务组的同志会前能主动掌握大会程序的最后定稿，就可避免工作疏漏。（2）会务工作，在会前应按会议议程、程序逐项做好准备。其中有的项目还要有两手准备，如会场的音响设备，应有现用的和备用的两套，万一现用的出了故障，备用的即可接上，确保工作正常进行。上面所提到的奏国歌的问题属于会场音响的一部分，如能在会前准备好这首歌的唱片或录音带等，急需时就能保证不会失误。（3）组织会务的同志，会前、会中都应加强对各项准备工作的督促检查，发现疏漏及时补救。

五、课外练习

1. 请将以下会议的会议议程调整为会议议程表的形式。

上海论坛是由复旦大学和韩国高等教育财团主办、复旦发展研究院承办的国际大型学术论坛，以“关注亚洲、聚焦热点、荟萃精英、推进互动、增强合作、谋求共识”为宗旨，旨在搭建中外政商学界人士共同交流沟通的平台，为区域发展及国家大计建言献策。自 2005 年创办以来，已成功举办 13 届年会，出席论坛的国内外演讲嘉宾近 5 000 人次，“上海论坛 2019”是第 14 届年会。5 月 25 日，“上海论坛 2019”年会在上海国际会议中心隆重开幕。本次论坛主题为“全球变局中的亚洲：挑战、发展和新范式”。来自全球 45 个国家和地区的智库、高校、政府、企业、媒体等机构的嘉宾和代表共 700 余人参加了论坛。本次论坛于 5 月 25～27 日举行，分为“新科技：创新与社会发展的新动力”“新秩序：全球变局与结构重塑”“新高度：迈向全球卓越城市的上海”“新时代：改革开放中的中国”4 个板块，共有 30 场学术活动，将就长三角发展、金融科技、人工智能、工业再造、大河流域治理、大国关系与区域政治等亚洲乃至全球共同关注的话题开展交流对话和思想碰撞。与会代表将从各自研究领域出发，以专业的视角就以上话题展开深入而热烈的交流与讨论。

“上海论坛 2019”大会议程如下：

2019 年 5 月 25 日	上海国际会议中心
9:00～9:55	开幕式大会
主持：焦扬	复旦大学党委书记、校务委员会主任
致辞：崔泰源	韩国 SK 株式会社董事长兼首席执行官
王家瑞	政协第十二届全国委员会副主席
……	
9:55～10:10	茶歇
10:10～12:00	主旨演讲
主持：朴仁国	韩国高等教育财团事务总长
演讲：Susan Shirk	美国加利福尼亚大学圣地亚哥分校教授、21 世纪中国中心主席
吴心伯	复旦大学国际问题研究院院长、复旦大学美国研究中心主任、复旦发展研究院副院长
Michael Spence	悉尼大学校长
Paulo Portas	葡萄牙前副总理
朱　伟	埃森哲全球副总裁、大中华区主席
13:30～17:00	高端圆桌会议

上海国际会议中心

高端圆桌：“新时代长三角一体化更高质量发展：愿景、挑战、路径”

张庭伟	美国伊利诺伊州立大学教授
大西隆	日本丰桥技术科学大学校长、东京大学教授
顾朝林	清华大学建筑学院教授
陈　雯	中科院南京地理与湖泊研究所研究院研究员
敬　东	上海复旦规划建筑设计研究院副院长

2019年5月26日　　上海国际会议中心

……

2019年5月27日　　上海国际会议中心

……

2. 西北某公司根据市里关于加快招商引资的指示，准备召开一个大型的招商引资洽谈会，你作为此次会议的主要筹备人员，将如何确定此次会议的主题和会议议程？

第三节　制发会议通知

一、引导案例

尴尬的总经理秘书

北京瑞达有限公司总经理秘书李婷请办公室秘书王红协助，向公司的各部门主管发送一份重要的临时会议通知。通知的内容如下：

会议通知 各部门经理： 兹定于12月16日(星期三)下午1:30在公司会议室召开会议，讨论公司人员编制和工作绩效评估问题。此次会议内容重要，请有关人员务必准时出席。 注意：各经理能否准时参加，请于12月14日(星期一)之前打电话告知秘书王红。 电话：652678××。 总经理办公室 二〇一九年十二月一日

王红没有向各主管发送通知，她想反正是内部会议，只要在公司布告栏上贴一张通知就可以了，可是她忽视了一个问题：此次会议是临时召开的重要会议，并非公司例会。因此，有些主管因为一直在工程现场，未能及时看到这份通知，导致三名主管未能准时到会。待发现时，已是星期三的中午，总经理秘书李婷只得匆忙电话通知三名主管迅速赶到开会地点。其中销售经理王宾接到电话后不满地说："这么重要的会，为什么不早点通知？我下午已约了客户，会议只能让我的助手去开了。"李婷急忙说："那可不行，总经理特别指示，有关人员务必准时出席。"销售经理王宾说："可是我已通知了客户，改期已来不及了，你说怎么办？"李婷张了张嘴，什么也没说出来。

问题：

1. 总经理秘书李婷与办公室秘书王红的工作失职分别是什么？
2. 如何拟写会议通知？
3. 如何发放通知？

二、知识介绍

会议通知是向与会者传递召开会议信息的载体，是会议组织者同与会者之间会前沟通的重要渠道。制发会议通知是会前准备的重要环节。

会议通知应按法律和章程的规定办理，法律章程没有规定时，应依照惯例和具体情况办理。会议内容、时间、地点和与会人员一经确定，就要制发会议通知，以便与会单位和人员提前做好准备。

一般来说，规模较大、较为重要的会议都应发书面通知。在特殊情况下还可采用公告的方式，如果参加人数不明，可在报上刊登公告。除了公告通知外，必须确认送达被通知人并取得一定的证明(例如签收、收据、挂号信单据等)，以免事后相互推卸责任。如果应该接到通知而没有接到通知，他可以提出这次会议没有按照法定程序办理，而否认会议的效力。在西方国家，有一些公司的股东会议常有因此而发生诉讼的。接到通知的人不参加会议，是他自己放弃权利；但是组织者不发通知或通知有误，这是组织者的责任。

(一)会议通知的种类与方式

会议通知的种类与方式多种多样，如当面告知、打电话、发传真和电子邮件、邮递、招贴、广播、登报等。每一种通知的方式各有特点，可以根据会议的性质、参加的范围、时间的缓急和保密要求选择适当的通知方式，必要时可以同时使用两种以上的方法，以确保有效性。

1. 按通知的形式可分为口头通知和书面通知

口头通知，如当面通知、电话通知，具有方便、快捷、即时的优点，但容易遗忘。书面通知尽管需要打印、分发或者邮寄，手续较多，时间较慢，但显得严肃、庄重，而且具有备忘的作用。重要会议应当使用书面通知。

2. 按通知的性质可分为预备性通知和正式通知

预备性通知先于正式通知发出，其作用主要是请与会者事先做好参加会议的准备。凡需要事先征求与会者的意见，或者需要与会者事先提交论文、报告、答辩和汇报材料，或者先报名然后确定与会资格的会议，应当先发预备性通知，待议程、时间、地点以及与会资格正式确定后再发正式通知。

3. 按通知的名称分为会议通知、邀请信(函、书)、请柬、海报、公告等

(1)“会议通知”用于研究工作、进行决策的会议，发送对象是会议的当然成员和法定成员、本机关或本单位内部的工作人员、下级机关或所属单位、受本机关或本单位职权所制约的单位。

(2)“邀请信”一般用于横向性的会议，具有礼节性，发送对象是不受本机关职权所制约的单位以及个人，如召开学术性会议或者技术鉴定会，以发邀请信为宜。

(3)“请柬”主要用于举行仪式类活动，如开幕式、竣工仪式、签字仪式等。发送对象一般都是上级领导、社会人士、兄弟单位等，多使用书面语，语言恭敬儒雅。有时，举行一次会议需要根据不同对象分别使用“会议通知”“邀请信”“请柬”等。

(4)“海报”是一种公开性的会议通知形式，通常采用招贴的方式，主要用于可以自由参加的学术性报告会。

(5)“公告”是一种专门用于在股份公司召开股东大会时，通过登报发出的会议通知。

(二)会议通知的内容

会议通知的内容要尽可能详尽、明确。这是在会议准备工作中对秘书人员的一项基本技能要求。

会议通知的拟写格式一般包括标题、通知对象、正文、落款与日期四大项。正文主要包括会议的背景、议题、时间、地点、参加对象等事项。

1. 标题

第一种，主办机关名称＋会议名称＋“通知”。这种写法应用最多，一般用于正式的、重要的会议。如“中共××市委办公厅关于召开××会议的通知”。

第二种，只写“会议通知”或“通知”。这种写法一般用于事务性或例行性会议。

2. 通知对象

通知对象是单位的，写单位名称时可以写特称，如“×××公司”；也可以写统称，如“各直属院校”。通知对象如果是个人，一般直接写与会者姓名。应当注意的是，通知对象有时未必是参加会议的对象。

3. 正文

会议通知的正文一般包括以下内容：

(1)会议的目的、名称和主题。有时可以列出会议的具体议题或讨论的提纲，报告会应当写明报告人姓名、身份和报告内容。

(2)会议的时间，包括开始时间、报到时间、结束时间。

(3)会议的地点，应具体写明会场所在的地名、路名、门牌号码、楼号、房间号码、会场名称，必要时画出交通简图，标明地理方位及抵达的公交线路，以方便与会者。

(4)参加对象，如果通知对象是单位，应当在正文中说明参加会议的人员的具体职务、级别以及参加会议的性质(出席、列席等)。有的会议为了达到一定的规模，通知中还规定每个单位参加会议的人数。

(5)其他事项。如参加会议的费用、报名的方式和截止日期、有关论文撰写和提交的要求、入场凭证(如“凭入场券入场”“凭本通知入场”)、联络信息(如主办单位的地址、邮政编码、银行账号、电话和传真号码、网址、联系人姓名)等。

4. 落款与日期

写明主办单位的全称，并注明发出通知的日期。

有的会议通知还需附上回执或报名表，一般制成表格，请出席对象填写姓名、性别、年龄、职务、职称、预订回程票的具体要求等项目，然后寄回，以便统计参加会议的人数和安排会议的接待工作。

(三)会议通知的发出

在拟写完会议通知后，应及时发出会议通知，让与会者做好充分的准备。

在选定会议通知的发送时间时，要恰当把握发送时间，如发送过早，容易被人忘记；如发送过晚，与会人员准备不足，则会影响会议效果。

1. 会议通知的发送，应让与会者在接到通知后，能够从容做好赴会准备，并能准时到达会议场所为宜。

2. 会议通知的回复。如需要回复的会议通知或预备通知还可夹入一张明信片，上面注明本公司地址、邮政编码、电话、发信人姓名，以便对方有时间考虑并能及时回复。如以邮寄发送，信封上最好注明“会议通知”字样及送到日期，以免延期。

3. 会议通知的确认。重要会议的通知发出以后，还要及时用电话与对方联系，询问对方是否收到和是否赴会，予以确认。

三、实用范例

[例 1]　文件式会议通知

中国地理学会黄河分会 2019 年学术年会暨第二届博士生、博士后论坛的通知

为促进我国地理学的创新与发展，更好地服务国家生态文明建设、乡村振兴等重大战略，进一步推动黄河流域资源环境与社会经济的协调发展，经中国地理学会批准，定于2019年10月17～21日在山东济南举办“中国地理学会黄河分会2019年学术年会暨第二届博士生、博士后论坛”。会议由中国地理学会黄河分会主办，山东师范大学地理与环境学院等单位承办。诚挚欢迎从事地理学、区域经济学、资源与环境科学、生态学、社会学等相关领域的专家学者参加。现将会议有关事项通知如下。

一、主题与内容

1. 会议主题

黄河文明与地理智慧

2. 会议内容

(1)黄河流域资源开发与环境保护

(2)全球变化与流域响应

(3)流域水循环与水资源安全

(4)黄河三角洲环境演变与陆海统筹

(5)黄河流域农业现代化与乡村振兴

(6)黄河流域健康城镇化与新旧动能转换

(7)黄河流域绿色经济与可持续发展

(8)地理时空大数据挖掘与应用

(9)“3S”技术与流域可持续发展

(10)与会议主题相关的其他研究议题

二、会议时间安排

10月17～18日全天	报到注册
10月18日全天	博士生、博士后论坛
10月19日全天	大会报告、分组讨论、青年优秀论文表彰
10月20日	离会或考察(考察路线1:黄河三角洲，一天;路线2:济南地下水，半天)

三、主办与承办单位

主办单位:中国地理学会黄河分会

承办单位:山东师范大学地理与环境学院、山东省地理学会、“人地协调与绿色发展”山东省高校协同创新中心、山东省可持续发展研究中心、山东省可持续发展研究会

协办单位:山东省内地理相关院校

四、学术指导委员会

陆大道　中国科学院院士、中国地理学会原理事长

傅伯杰　中国科学院院士、中国地理学会监事长

陈发虎　中国科学院院士、中国地理学会理事长

……

五、大会组委会

主席:

苗长虹　中国地理学会黄河分会主任，河南大学黄河文明与可持续发展研究中心主任、教授

王成新　中国地理学会黄河分会副主任，山东师范大学地理与环境学院院长、教授

委员：

刘峰贵　中国地理学会黄河分会副主任，青海师范大学高原科学与可持续发展研究院副院长、教授

张明军　中国地理学会黄河分会副主任，西北师范大学地理与环境科学学院院长、教授

钟艳霞　中国地理学会黄河分会副主任，宁夏大学科研处副处长、资源环境学院教授

……

六、会议注册与论文提交截止日期

1. 会议注册截止日期：为尽快落实参会人数并进行相关安排，参会者请于2019年9月20日前将报名回执发送到会务组邮箱：hhfh2019@163.com。

2. 论文摘要截止日期：请于2019年9月20日前将论文摘要发送到会议指定邮箱。论文摘要应包括论文题目、作者姓名、作者单位、通信地址、邮政编码和电子信箱、关键词（3～5个）、摘要正文。每篇摘要正文字数300～500字。

3. 青年优秀论文提交截止日期：为鼓励和支持青年学者与研究生参加学术会议，本次年会将评选出青年优秀论文10篇（未公开发表），论文第一作者年龄在35周岁以下，且需提交论文全文并参会做学术报告。请于2019年9月30日前将论文全文以电子邮件形式发送到会议指定邮箱，论文全文应包括论文题目、作者信息（姓名、出生年月、单位、通信地址、邮政编码和电子信箱等）、中文摘要、关键词、正文、参考文献、英文题目、摘要和关键词等，按照《地理学报》格式撰写。

七、会务费及其他事项

1. 注册费用：参会者需缴纳会议注册费，一般代表1 500元/人；中国地理学会有效注册会员1 200元/人；学生代表800元/人。

2. 报到地点及交通方式

(1)报到地点：10:00～20:00，西城泉盈酒店（山东省济南市长清区紫薇路2567号）一楼大厅。

(2)交通方式

A. 济南火车站——长清西城泉盈酒店（约30公里）

乘坐3路公交车（出站后到马路对面长途客运站乘坐），在园博园—商业街站下车，然后沿紫薇路步行600米到酒店。

乘坐出租车费用约80元。

B. 济南西站——长清西城泉盈酒店（约20公里）

在济南西站乘坐轨道交通1号线（工研院方向），在大学城地铁站下车。沿大学路向东直行约1.4公里，然后沿紫薇路步行600米到酒店，或从大学城地铁站到西城泉盈酒店乘坐出租车约10元。

乘坐出租车费用约180元。

……

八、会务组联系方式

乔建民　山东师范大学地理与环境学院，156××××7226

赵金丽　山东师范大学地理与环境学院，188××××6892

……

请参会者逐一填写回执内容，并于2019年9月20日之前以Word电子文档形式发送至会务组邮箱：hhfh2019@163.com。

“中国地理学会黄河分会2019年学术年会暨第二届博士生、博士后论坛”报名回执表

姓　名		性　别	
单位名称		职称/职务	
通信地址			
工作电话		手　机	
邮　箱		邮政编码	
论文题目			
是否做会场报告	是(　)；否(　)		
是否参加博士生、博士后论坛	是(　)；否(　)		
是否参加青年优秀论文评选	是(　)；否(　)		
是否需要安排住宿	是:(合住____;单住____)；否(　)		
是否参加会后地理考察	是(路线1____;路线2____)；否(　)		

附:(1)请复制、粘贴“√”到相应选择括号中；

(2)请于9月20日前将报名表发送到会议邮箱:hhfh2019@163.com。

中国地理学会

2019年8月20日

［例2］　备忘录式会议通知

> 会议通知
>
> ×××同志：
>
> 兹定于××月×日上午9:00～10:30在××会议室举行×××会议,请准时出席。
>
> ×××办公室
>
> 20××年1月12日

注:备忘录式会议通知,内容简单,仅用于事务性会议或例行性会议通知。

［例3］　请柬式会议通知

> 请　柬
>
> ×××先生：
>
> 兹定于××月×日×午×时×分在×××举行×××工程竣工仪式,敬请拨冗光临。
>
> ×××公司总经理　×××
>
> 20××年1月10日

注:请柬可用市面出售的,也可以用粉色或红色纸打印。

［例 4］ 张贴式会议通知

海峡两岸关系学术报告会

报告人：××大学中国台湾研究所主任、博士生导师　季××

主　题：加入 WTO 后两岸关系的走向

时　间：×××××

地　点：×××××

主　办：××系研究生会

欢迎全校师生踊跃参加

注：张贴式会议通知即在公共场所公开书写或张贴的会议通知。

［例 5］ 公告式会议通知

贵州茅台酒股份有限公司
关于召开 2018 年度股东大会的通知

本公司董事会及全体董事保证本公告内容不存在任何虚假记载、误导性陈述或者重大遗漏，并对其内容的真实性、准确性和完整性承担个别及连带责任。

重要内容提示：

- 股东大会召开日期为 2019 年 5 月 29 日。
- 本次股东大会采用的网络投票系统为上海证券交易所股东大会网络投票系统。

一、召开会议的基本情况

1. 股东大会召集人：董事会。

2. 投票方式：本次股东大会采用现场投票和网络投票相结合的表决方式。

3. 现场会议召开的日期：2019 年 5 月 29 日 9:30；地点：贵州省仁怀市茅台镇茅台国际大酒店。

4. 网络投票系统：上海证券交易所股东大会网络投票系统；网络投票起止时间：自 2019 年 5 月 29 日至 2019 年 5 月 29 日。

采用上海证券交易所网络投票系统，通过交易系统投票平台的投票时间为股东大会召开当日的交易时间段，即 9:15～9:25，9:30～11:30，13:00～15:00；通过互联网投票平台的投票时间为股东大会召开当日的 9:15～15:00。

5. 融资融券、转融通、约定购回业务账户和沪股通投资者的投票程序涉及融资融券、转融通业务、约定购回业务相关账户以及沪股通投资者的投票，应按照《上海证券交易所上市公司股东大会网络投票实施细则》等有关规定执行。

二、会议审议事项

本次股东大会审议议案及投票股东类型

序号	议案名称	投票股东类型
		A股股东
非累积投票议案		
1	《2018年度董事会工作报告》	√
2	《2018年度监事会工作报告》	√
3	《2018年度报告(全文及摘要)》	√
4	《2018年度财务决算报告》	√
5	《2019年度财务预算方案》	√
6	《2018年度利润分配预案》	√
7	《2018年度独立董事述职报告》	√
8	《关于聘请2019年度财务审计机构和内控审计机构的议案》	√

1. 各议案已披露的时间和披露媒体。上述议案分别经本公司第二届董事会2019年度第一次会议或第二届监事会2019年度第一次会议审议通过,相关公告请详见2019年3月29日本公司刊登在上海证券交易所网站(www.sse.com.cn)以及《中国证券报》《上海证券报》上的公告。

2. 特别决议议案:无。

3. 对中小投资者单独计票的议案:议案6、议案8。

4. 涉及关联股东回避表决的议案:无。应回避表决的关联股东名称:无。

5. 涉及优先股股东参与表决的议案:无。

三、股东大会投票注意事项

1. 本公司股东通过上海证券交易所股东大会网络投票系统行使表决权的,既可以登录交易系统投票平台(通过指定交易的证券公司交易终端)投票,也可以登录互联网投票平台(网址:vote.sseinfo.com)投票。首次登录互联网投票平台投票的,投资者需要完成股东身份认证。具体操作请见互联网投票平台网站说明。

2. 股东通过上海证券交易所股东大会网络投票系统行使表决权,如果其拥有多个股东账户,可以使用持有公司股票的任一股东账户参加网络投票。投票后,视为其全部股东账户下的相同类别普通股或相同品种优先股均已分别投出同一意见的表决票。

3. 同一表决权通过现场、上海证券交易所网络投票平台或其他方式重复表决的,以第一次投票结果为准。

4. 股东对所有议案均表决完毕才能提交。

四、会议出席对象

1. 股权登记日收市后在中国证券登记结算有限责任公司上海分公司登记在册的公司股东有权出席股东大会(具体情况详见下表),并可以书面形式委托代理人出席会议和参加表决。该代理人不必是公司股东。

股份类别	股票代码	股票简称	股权登记日
A股	600519	贵州茅台	2019年5月21日

2. 公司董事、监事和高级管理人员。

3. 公司聘请的律师。

4. 其他人员。

五、会议登记方法

1. 法人股东持上海股票账户卡原件、法人营业执照复印件、授权委托书和出席人身份证原件登记，同时需提供上海股票账户卡和出席人身份证复印件各一份。

2. 自然人股东请持上海股票账户卡原件和本人身份证原件登记，同时需提供上海股票账户卡和出席人身份证复印件各一份。

3. 委托代理人持本人身份证原件、授权委托书及授权人上海股票账户卡原件登记，同时需提供本人身份证和授权人上海股票账户卡复印件各一份。

4. 根据《证券公司融资融券业务管理办法》《中国证券登记结算有限责任公司融资融券登记结算业务实施细则》等规定，投资者参与融资融券业务所涉公司股票，由证券公司受托持有，并以证券公司为名义持有人登记于公司的股东名册。投资者参与融资融券业务所涉公司股票的投票权，可由受托证券公司在事先征求投资者意见的条件下，以证券公司名义、为投资者的利益行使。公司建议有关融资融券投资者尽早向受托证券公司征询其表达对本次股东大会议案投票意见的具体方式。

5. 拟出席本次现场会议的股东或股东代理人，可于 2019 年 5 月 22 日(星期三)、5 月 23 日(星期四)9:00～11:30 和 14:30～17:00 将上述材料的复印件以电子邮件、传真或信函的方式送至公司，并应在会议召开日入场登记时出示上述登记文件的原件登记。

6. 登记及联系地址：贵州省仁怀市茅台镇公司董事会办公室。

7. 现场会议入场登记时间：现场会议入场时间为 2019 年 5 月 29 日 8:30～9:20，拟出席本次现场会议的股东及股东代理人应持相关股东登记资料现场登记后方可入场，9:20 以后将不再办理出席会议的股东登记。

六、其他事项

1. 本次股东大会与会股东或代理人食宿、交通费用自理。

2. 本次会议联系方式如下：

联系电话：0851－22386002

电子邮箱：gddh@moutaichina.com

传真：0851－22386190，22386191

邮政编码：564501

联系人：陈艳红

特此公告

贵州茅台酒股份有限公司董事会

2019 年 4 月 25 日

附件：

授权委托书

贵州茅台酒股份有限公司：

兹委托____________先生(女士)代表本单位(或本人)出席2019年5月29日召开的贵公司2018年度股东大会，并代为行使表决权。

委托人持普通股数：____________________　委托人股东账户号：____________________

序号	非累积投票议案名称	同意	反对	弃权
1	《2018年度董事会工作报告》			
2	《2018年度监事会工作报告》			
3	《2018年度报告(全文及摘要)》			
4	《2018年度财务决算报告》			
5	《2019年度财务预算方案》			
6	《2018年度利润分配预案》			
7	《2018年度独立董事述职报告》			
8	《关于聘请2019年度财务审计机构和内控审计机构的议案》			

委托人签名(盖章)：____________________受托人签名：____________________

委托人身份证号：____________________受托人身份证号：____________________

委托人电话：____________________受托人电话：____________________

委托日期：2019年____月____日

备注：委托人应在委托书中“同意”“反对”或“弃权”意向中选择一个并打“√”，对于委托人在本授权委托书中未做具体指示的，受托人有权按自己的意愿表决。

四、实践训练

训练一：拟写会议回执

1. 背景材料

中国高职高专教育网于20××年12月26～28日在上海第二工业大学召开信息员会议，会议通知如下：

中国高职高专教育网20××年信息员会议通知

为进一步促进中国高职高专教育网及网站信息员队伍建设，根据教育部高教司高职高专处的建议和中国高职高专教育网20××年度工作计划安排，中国高职高专教育网决定于12月26～28日在上海第二工业大学召开信息员会议，现将会议有关事宜通知如下：

一、会议内容

1. 总结网站及信息员20××年工作，布置下一年工作。

2. 研讨如何进一步促进网站及信息员队伍建设。

3. 特邀教育部有关领导、网站专家顾问、有关媒体记者做相关报告。

二、参加人员

各省市教育厅、校长联席会议成员单位、各高职高专院校主管学校信息的有关人员、网站信息员以及所有关心中国高职高专教育网建设的各界人士。

三、时间地点

时间：12月26日报到，27日开会，28日考察，28日晚可离会。

地点：上海第二工业大学，上海市浦东新区金海路2360号。

四、会议费用

会议费800元，食宿统一安排，费用自理。

五、联系方式

联系人：陈××　　联系电话：(021)5021××××

传真：(021)5021××××　　E-mail：wh××@sspu.cn

联系人：顾××　　联系电话：(021)5021××××

传真：(021)5021××××　　E-mail：jd××@sspu.cn

地址：上海市浦东新区金海路2360号　　邮编：201209

六、交通线路

上海火车站：可在东南出口处站内乘地铁1号线到人民广场站，站内换乘2号线，在世纪大道站换乘9号线到顾唐路3号口下。

……

虹桥机场：乘地铁2号线至世纪大道站，换乘9号线到顾唐路3号口下。

七、回执

请见到会议通知后，填写回执并以电子邮件或传真的形式于12月20日前发送至上海第二工业大学陈××或顾××，以便做相应安排。

中国高职高专教育网
二〇××年十二月七日

2. 训练要求

请为上述会议通知写一份回执。

3. 操作指引

(1)表格式回执

回　执

姓　名		性　别		职务	
工作单位		通信地址			
邮政编码		联系电话		传真	
E-mail		手　机			
能否与会		发言题目			
是否需要预订返程车票、机票	是□　　否□ 车票(机票)日期: 车次(航班):				

注:请于×月×日前寄××协会秘书处×××收。

(2)签收性回执

×××会议通知回执

×××办公室:

你处发来的《×××会议通知》及会议文件《××××××》《××××××》各1份已收到,经检查无误。

我将(在下列选项的方框中打"√")

□　按时参加会议。

□　____人参加会议。

签名或盖章:

年　月　日

4. 小结

许多国内会议在会议通知或邀请信后附一回执,内容非常简单,主要是表明是否参加会议,以便做好接站与住宿等的安排工作。回执内容大致包括标题、正文、具名、盖章和日期。一般性会议回执的正文制成表格形式,其填写项目可根据会议的具体要求设计。签收性回执要写明通知的标题和随寄文件的名称,要求对方填写能否按时参加会议并签字。

训练二:会议通知的制作与发文登记表

1. 背景材料

北京瑞达有限公司总经理本周三赴上海出差,让其秘书李婷通知各部门经理周三的例会改到周五召开,李婷通过电话逐一通知了相关人员。周三生产部经理打电话询问:"为什么时间到了,会议室没有人,是不是换地方了,还是其他原因?"李婷告诉他例会取消了,生产部经理埋怨为什么不提前通知,李婷很委屈地说:"我已经通知了你的秘书。"但生产部的秘书说并没有接到这个通知。

2. 训练要求

(1)小组分角色演练以上场景。

(2)班级讨论:如果你是总经理秘书,如何避免这种情况的出现?

3. 操作指引

(1)为了厘清责任,最好发放书面的会议通知,并由接收人在"文件发出登记表"上签字。

(2)文件发出登记表。

文件发出登记表

序号	日期	名称及摘要	收文部门	签收人	经办人	发文答复			备　注
						是		否	
						期限	完成情况		

4. 小结

为了厘清责任，并确保会议通知能被参会人员收悉，会议通知人员最好采用书面通知的方法，并让接收人在“文件发出登记表”上签字确认；也可采取口头通知与书面通知同时使用的方法。

五、课外练习

1. ××市气象局 2019 年 4 月 21 日局长办公会商定，拟于 5 月 17 日召开全局职工大会。会议由王局长主持，由刘副局长传达市政府机构改革工作会议精神，由张副局长布置本局国家公务员过渡培训考核工作。请以该局办公室的名义，写一篇供内部张贴的周知性会议通知。

2. 广东天瑞公司准备在 2019 年 1 月 10～11 日在广东省广州市香格里拉酒店召开 2019 年订货会议，于 2018 年 12 月 20 日发出会议通知。会期为 2 天，1 月 9 日报到。报到地点在香格里拉酒店 1506 房。请各地重要经销商参与，会务费自理。请根据以上材料拟写一份带回执的会议通知，要求格式规范，条款清晰，语言得体。

3. 案例分析，请分析以下会议通知中出现的问题，并考虑如何避免这种情况出现。

有一次，某地准备以党委、人民政府名义召开一次全区性会议。为了给有关单位充分时间准备会议材料和安排好工作，决定由领导机关办公室先用电话通知各地和有关部门，然后再发文字通知。电话通知发出不久，某领导即指示：这次会议很重要，应该让各单位负责某项工作的领导也来参加，以便更好、更协调地完成这次会议布置的任务。于是，发出补充通知。过了不久，另一领导又指示：要增加某项工作的负责人参加会议。如此再三，电话通知补充了四五次。两三天内，一个会议的电话通知，通知了补充，补充了又补充，前后共发了 6 次。

第四节　准备会议材料

一、引导案例

秘书李婷的困惑

北京瑞达有限公司召开董事会会议，讨论从国外引进化工生产设备的问题。秘书李婷负责为与会董事准备会议所需文件资料。因有多家国外公司竞标，所以材料很多。李婷由于时间仓促，就为每位董事准备了一个文件夹，将所有材料放入文件夹。有两位董事在会前回复说将有事不能参加会议，于是李婷就未准备他们的资料，不想，正式开会时其中的一位又赶了过来。结果，会上有的董事因没有资料可看而无法发表意见，有的董事面对一大摞资料，却不知如何找到想看的资料，使会议进行得很不顺利。在会议文件资料中，有三份是征求意见稿，需要在会后清退，但因李婷忽略了这个问题，致使会后与会董事在不知情的情况下把文件带走。应该如何准备会议资料呢？秘书李婷陷入了困惑之中。

问题：

1. 秘书李婷应该怎么做才能避免这种情况出现？
2. 秘书应该如何准备会议材料？
3. 一般性的会议，应该准备哪些会议材料？

二、知识介绍

会议文件的准备是会议召开前准备工作的一项重要内容，需要秘书人员认真、仔细、周到地加以安排。会议材料的准备与会议能否圆满成功关系极大。

会前需准备的会议材料有：(1)会议的指导性文件。即明确会议的指导思想和主题、提出会议目标和任务的会议文件。如上级下发的政策性和工作部署性文件、上级指示文书、本次开会起因文书等。(2)会议的主题文件。如领导人讲话稿、代表发言材料、经验介绍材料等。包括开幕式讲话、主题报告、专题报告、专门文件、大会发言、选举结果、正式决议、闭幕式讲话等。(3)会议程序文件。包括议程文书、日程安排、选举程序、表决程序等。(4)会议参考文件。如统计报表、技术资料、代表提案、公务书信、群众来信、与会代表来信和各类来访的书面材料。(5)会议管理文件。包括会议通知、开会须知、议事规则、证件、保密制度、作息时间、生活管理等。

准备会议物品和设施主要包括常用文具、印刷设备、会场基本设施、会场装饰用品、视听器材、通信设施、交通工具、生活卫生用品、专门用品等。

(一)准备领导发言稿

领导发言稿一般包括开幕词、祝酒词、闭幕词、讲话稿。秘书首先向发言人确认发言稿由谁来写，如果是他本人或其本人指定的他人(如其秘书)来写，会务组就不需为其准备发言稿。如果需由举办方来写，就需注意以下几个要点：

1. 开幕词

开幕词是各级党政机关、社会团体、企事业单位在会议开始时，由会议主持人或主要领导人向大会所做的重要讲话。这种讲话，说明开会宗旨，简介会议情况。一些重要的开幕词具有较强的指导作用或深远意义。要求语言简短有力，富有鼓动性和说服力。

(1)开幕词的内容

标题：会议名称加“开幕词”，或只写“开幕词”。

日期：用圆括号标于标题正下方。

称谓：“同志们”“各位来宾”等。

正文：宣布会议开幕，简述会议的背景、目的、主要任务等；提出对与会者的希望与要求；最后是祝词。

(2)开幕词的特点

①宣传性。宣传性就是在开幕词中郑重宣告会议正式开幕，给会议造成一种隆重气氛。

②提示性。提示性就是在开幕词中明确交代会议的议程，扼要说明会议的开法、原则，交

代会议的主要精神，起到点题作用。这样的提法使与会人员明确会议主题，做到心中有数，便于积极主动地参与。

③指导性。指导性就是在开幕词中阐明会议宗旨，提出会议任务，说明会议目的及指导思想和重要意义，要求把整个会议的基本精神概括出来，这对开好会议将起到重要的指导作用。

④简短性。简短性是指开幕词篇幅要求简短，内容切忌重复、啰嗦，语言要求口语化、富有感情色彩，又要求生动活泼，语气要热情、友好。

2. 祝酒词

祝酒词是在重大庆典、友好往来的宴会上发表的讲话。宴会上祝酒，是招待宾客的礼仪。一般来说，主宾均要致祝酒词。主方的祝酒词主要是表示对来宾的欢迎；客方的祝酒词主要是表示对主方的谢意。如果出于某种需要，也可在祝酒词中做出符合宴会氛围的深沉、委婉或幽默的表达。

祝酒词以酒为媒介，加之以热烈的语言，会为酒会平添友好的气氛。

(1)祝酒词特点

①祝愿性。祝愿事情的成功或祝愿美好、幸福。

②简洁性。祝酒词因其场合比较隆重或热闹，因此不宜太长，言词要简洁而有吸引力。

(2)祝酒词的写法

开头部分或表欢迎、问候或表感谢。主体部分根据宴请的对象、宴会的性质，简略地表述主人必要的想法、观点、立场和意见，既可以追述已经获得的成绩，也可以畅叙友情发展的历史，还可以展望未来。结尾可用“让我们为……干杯”或以“为了……让我们干杯”表达礼节性的祝愿。写作上的要求也大致与欢迎词、欢送词相同。

3. 讲话稿

讲话稿是领导人在开会中所做的讲话的稿件，表现领导人对会议的指示和关心，往往是会议的补充报告。

讲话稿的写法，就内容来讲，应注意以下几点：(1)肯定会议的重要性。(2)评价过去的工作。(3)点出当前值得注意的问题。(4)指明今后的方向和目标。(5)评价会议中心议题。(6)提出原则性的意见，向大会提出希望。

就形式来讲应分标题、正文、结尾三部分。

4. 闭幕词

闭幕词是党政机关、群众团体、企事业单位举行隆重会议闭幕时，由有关领导向会议所做的总结性讲话。

(1)闭幕词的特点

①评估性。评估性就是在闭幕词中，要求对整个会议做出总的评价，恰当肯定会议的重大成果，正确评估会议的深远影响，从而激励与会人员的斗志，增强其贯彻会议精神的信心与决心。

②总结性。总结性就是在闭幕词中，要对会议的主要内容和基本精神进行简要总结。通常要概括会议的进程，如完成了哪些议题，做了哪几件事情，每项议题以及今后的任务是什么，会后怎样贯彻会议精神等，使与会人员对会议有更加全面、深刻的了解和掌握，以便会后更加全面、正确、充满信心地贯彻会议的主要内容和基本精神。

(2)闭幕词的基本写法

闭幕词的写法相对开幕词而言形式可更灵活一些，没有固定形式。

一般来说，闭幕词主要包括以下内容：对会议完成任务的概括；对会议的评价；对服务部门与人员的感谢。

（3）写闭幕词应注意的问题

跟踪会议进程，掌握会议的全面情况，收集会议的主要文字材料。从会议开始就要做好写作准备，尽早构思，适时动笔，不一定等到闭幕前夕撰写，那样一般都会仓促急切，影响撰写质量。

从会议实际情况出发，紧密结合中心议题阐述，不能游离主题妄加议论。

要针对会议的主要内容，予以阐述和肯定，同时，要注意与会议开幕词前后呼应。

补充会议内容，适当深化和发挥，但必须是与会议议题有关的事情。闭幕词既可以是对会议的总结和评价，又可以是对会议精神的延伸和补充，对于会议虽未展开，但已认识到的重要问题，应当在闭幕词中提到，适当强调，做必要发挥。

高度综合概括，富有鼓动性和号召力。会议已近尾声，不必重复议论。无论是总结成果，还是提出要求，都应简洁明了、点到为止，不要拖泥带水，切忌画蛇添足。同时，行文要灌注热情，号召有力，语调昂扬，使会议在高潮中圆满结束。

（二）起草会议报告、决议草案

会议报告是会议文件的一种。会议报告一般指领导人代表机关或组织依法律规定或惯例向权力机构或有关代表会议所做的工作汇报。一经会议讨论通过，会议报告便由陈述性文件转化为领导指导性文件，成为指导和保证会议成功的主要文件，成为引导代表展开讨论的重要基础，会后将成为有关方面工作的纲领。秘书需要起草会议中讨论的决议，并经领导审核后，提交大会讨论通过，形成正式决议。

会议报告的内容主要包括：

标题：可采用正、副标题的形式（正标题概括报告的中心内容，副标题标出会议名称，作者名称置于其下）；或写为“×××在××工作会议上所做的报告”。

成文日期：用圆括号标于标题之下（如作者单列，则标于作者之下）。

称谓：“各位代表”“同志们”等。

正文：阐述会议的性质、任务、意义；总结过去的工作，提出当前及今后的任务与方法措施，以及提请会议讨论的问题并附上自己的初步意见；通常以发出号召结束全文。

另外，根据单位特点及会议性质确定随会议发送的其他材料，如公司简介、年度报告、产品介绍、办公用品等。

（三）准备会议材料的要求

1. 秘书草拟会议所需要的文件目录，向领导确认后，开始准备。

2. 按照与会人员名单，为每人准备好为一个文件袋。如有必要，可在文件袋上写上与会者的姓名，并注明“会议文件”等字样。

3. 认真校对会议文件。文件校对工作实际上是文件印制前的一个重要环节。文件的校对是一件非常细致的工作，要求杜绝差错，切实保证文件正文文字准确。校对时还应同时检查文件结构的各个组成部分、各种标记及文件的格式。因此，要求秘书在校对文件时要严肃认真、耐心细致、一丝不苟；唯有如此，才能把好会议文件的文字关，确保文件的质量。

4. 做好会议文件的分发工作。有些会议文件需要在会议召开之前发给与会者，有些则在会议召开时分发；但无论何时分发，都应尽量提前做好文件分发前的准备工作。

5. 分发重要文件一般要编号、登记。文件编号通常印在文件首页的左上角处；字体字号应有别于文件正文；具有保密内容的文件，还要注明密级。

6. 一些征求意见稿，或保密性文件，需要在会后退回的，则应附上一份文件清退目录或清退要求的说明。

7. 秘书整理好文件资料后，应该将所有的会议资料如讲话稿、会议报告、决议草案等相关资料，系统整理，制作文件资料目录，统一放在文件袋中，发放给与会人员。

8. 分装文件要认真、细致，不能出现漏装或重装的情况。对于需要提前发出的文件，要在封皮上仔细填写好收件人的姓名、地址与邮政编码，按照会议的时限要求与保密程度选择适当的文件传递方式。

（四）准备会议物品和设施

会务组人员在准备会议文字材料的同时，还要准备会议所必需的物品与设施。

1. 会议用品和设施的种类

(1)常用文具。如笔、墨、纸、簿册等常用文具。

(2)印刷设备。如打字机、打印机、扫描仪、复印机等。

(3)会场基本设施。如桌椅、照明电器、通风机、卫生用具、安全通道、消防设施等。

(4)会场装饰用品。如花卉、旗帜、会标、会徽、画像、标语口号。

(5)视听器材。如麦克风、幻灯机、投影仪、黑(白)板、电子书写板、摄像机、录音机、磁带、软盘、光盘、同声翻译系统等。

常用视听器材有以下几种：

①麦克风。麦克风是会议必需的设备，它主要有以下几种类型：

a. 微型麦克风。这种麦克风需要挂在脖子上或夹在衣领上，演讲人可以四处走动，而不会影响声音传送。

b. 手持麦克风。它是一种传统形式的扩音器，电线可有可无。

c. 固定桌面麦克风。固定安放在讲台或桌子上的麦克风，演讲人讲话时不能离开讲台，限制了演讲人的行动。

d. 落地式麦克风。这种麦克风放置在可伸缩的金属架上。

麦克风、音控台和音箱是会议室最基本的音响设备之一，使用时不应出现失真或发出尖鸣等现象。如果活动室需要安置一个便携式音响系统，就要检查音响的质量情况，传音效果差的音响系统会对会议效果产生不利影响。

②屏幕。屏幕可以是固定在墙上的墙式屏幕，用时放下，不用时可卷起，也可以是可移动的三脚架式的屏幕。由金属材料制成的固定三脚架能放在会议室的任何地方，具有灵活、轻便、多功能的特点，常用于小型会议。

③投影仪。投影仪在教学中很普遍，在会议中也经常使用。投影仪与电脑连接，即可将电脑中的资料投到屏幕上。

④激光笔。激光笔只有一支香烟大小，是利用激光原理制成的，可以发出红色光点，投射到白板、银幕或其他对象物上，起到指示作用。激光笔光束集中，投射距离可达100米之远，不阻挡视线，可以替代教鞭，使用者可在会议厅移动的范围大且灵活。激光笔需要使用纽扣电池。

⑤幻灯机。幻灯机近年来有了很大的改进，倒置插入的幻灯片已逐渐被幻灯片盘所取代。只要将幻灯片正确放入幻灯片盘，就可以自动操作。随着手提电脑与投影仪的日益普及，幻灯机的使用率也越来越小。

⑥幕后投影仪。幕后投影仪放置于屏幕后面，从会议室的座位上是看不见的。一般在屏幕后需要6.1米的空间。虽然图像不如幕前放映机放得那么清楚，但是可使会议室看上去很整洁，因为屏幕后所有的设备都看不见。

⑦录像机、闭路电视。与会者可以离开会议室，到接有装置的地方收看电视录像。录像磁带在培训会议中被广泛使用，这是声音与图像的结合体。它事先录下演讲内容的声音和图像，可以重复播放。

⑧DVD机。用于放映光盘，取代录像机。其自身体积小，操作方便，所放的光盘小而薄，可压缩进大量图文、声像信息，而且清晰、保真，制作价格也不贵，且便于携带。

⑨会议同声传译设备。包括：红外线译音，这是由电声转为光再复原为电声的一种较先进的译音设备；有线译音，这套设备只适合固定会场使用；无线译音，这套设备具有体积小、重量轻、携带方便、安装操作简单等特点。

⑩可视电话会议系统。开发电脑、电视和电话功能，使之互相匹配，能同时传输声音、数据和图像，这种集声音、数据、图像于一体的通信设备，就是可视电话会议系统，即会议电视。其基本特征是：可以在两个或两个以上地点实时传递点对点或一点对多点的活动图像和声音，还可以传递文件、图表、照片和实物的图像。它能将相隔很远的多个会议室连接起来，使各方与会人员不仅可以听到声音，还可看到图像，可以“面对面”交谈，适合于召开各种会议和现场交流。

⑪电视屏幕墙。电视屏幕墙成为一种新型的会议视听设备，其高科技特点体现在它的图像大且十分清晰，色彩鲜艳，声音效果好，可连接电视、录像机、摄像机、电脑、DVD机等。与多媒体投影仪相比，电视屏幕墙放映的图像巨大，适合大型会议，让距离较远的与会人员看得清楚，还能同步播放现场会议情况。

(6)通信设施。如传真机、电话机、电视机、计算机以及相应的通信网络设施。

(7)交通工具。如小轿车、大巴士等接送与会者的车辆。

(8)生活卫生用品。如茶水、茶杯、毛巾以及其他食宿用品。

(9)专门用品。即专门性会议上所使用的物品，如颁奖的奖品与证书，选举的选票、投票箱、开幕式剪彩时用的彩带和剪刀等。

2. 准备会议用品与设备的要求

会议用品与设备在会前完成配齐调试工作。

(1)制订计划

会务工作机构或会务工作人员应根据会议的日程、议程与预算等制定有关物品和设备的使用计划。计划应当写明：所需物品和设备的清单，包括名称、型号、数量；物品和设备的来源(如租借、调用、采购等)，以及所需的费用。会议用品和设备的使用计划应该作为会议预案的附件，报请会议的领导机构审定。

(2)落实专人负责

会议物品可以由会议负责机构或人员购置，也可列清单交由公司规定的部门(如采购部)购置。设备的准备、安装、调试和使用是一项技术性很强的工作，准备是否充分，安装调试是否到位，对会议能否顺利进行影响甚大，不能有半点差错。因此，一定要落实专人负责此项工作，必要时应配备一定数量的技术人员。

(3)实用节约为本

实用和节约是准备会议物品与设备的重要原则。要严格按照会议的经费预算执行，提倡节约开会，反对追求豪华、奢侈。

三、实用范例

［例 1］ 背景材料

北京天瑞股份有限公司承办了一个全国性的500人参加的大型会议。大会秘书组在向会议代表分发资料时，才发现大大小小的资料共12份，礼品1份，笔记本1本，水笔1支，但准备的文件袋太小，根本装不下，只好让与会人员用手抱着一大沓材料进入会场，场面一片混乱。

案例分析：

秘书在整理会议材料时应该做到：

(1)秘书将会议所需材料准备齐全后，应该系统整理所有的会议材料(如讲话稿、会议报告、决议草案等材料)。

(2)制作文件资料目录。

(3)将所有的文件材料、物品等统一放在文件袋或手提袋中。

以上工作应该在会务人员到会场前完成。

［例 2］ 开幕词

在中国国际汽车展览会开幕式上的讲话

女士们、先生们、同志们、各位来宾：

早上好！由新加坡汽车有限公司主办、中国汽车协会与我分会所属的上海市国际贸易信息和展览公司承办的"中国国际汽车展览会"今天在这里开幕了。我谨代表中国国际贸易促进委员会上海市分会、中国国际商会上海分会表示热烈祝贺！向前来上海参展的西班牙、比利时以及我国各省、市、区的中外厂商表示热烈的欢迎！

本届展览会将集中展示具有国际水准的各类汽车产品及生产设备，为来自全国各地的科技人员提供一次不出国的技术考察机会，同时，也为海内外同行共同切磋技艺创造了条件。

朋友们、同志们，上海是中国最重要的工业基地之一，也是经济、金融、贸易、科技和信息中心。上海作为长江流域乃至全国对外开放的重要窗口，将实行全方位开放。我国政府已将浦东的开发开放列为中国今后十年发展的重点。上海将进一步改善投资环境，扩大与各国各地区的合作领域。我真诚地欢迎各位展商到上海的开发区和浦东新区参观，寻求贸易和投资机会，寻找合作伙伴，作为上海市的对外商会，中国国际贸易促进会上海市分会将为各位朋友提供卓有成效的服务。

最后，预祝"中国国际汽车展览会"圆满成功！感谢大家！

［例 3］ 祝酒词

祝酒词

女士们、先生们、各位朋友、各位来宾：

晚上好！"中国国际汽车展览会"今天开幕了。今晚，我们有机会同各界朋友欢聚，感到很高兴。我谨代表中国国际贸易促进委员会上海市分会，对各位朋友光临我们的招待会，表示热烈欢迎！

"中国国际汽车展览会"自上午开幕以来，已引起了我市及外地科技人员的浓厚兴趣。这次展览会在上海举行，为来自全国各地的科技人员提供了经济技术交流的好机会。我相信，展览会在推动这一领域的技术进步以及经济贸易的发展方面将起到积极作用。

今晚，各国朋友欢聚一堂，我希望中外同行广交朋友，寻求合作，共同度过一个愉快的夜晚。

最后，请大家举杯，为“中国国际汽车展览会”的圆满成功，为朋友们的健康，干杯！

［例 4］　欢迎词

欢迎词

尊敬的各位经销商：

大家下午好！金秋八月，丹桂飘香，我们非常高兴与来自贵州省的经销商们相聚在美丽的贵阳市。盼盼集团贵州分公司受总公司的委托，十分荣幸地举行这次交流会，借此机会，我代表分公司全体员工，向尊敬的各位经销商表示热烈的欢迎和诚挚的问候。

我相信，以我们厚重的企业文化底蕴、健全的企业管理机制、丰富的采购进货渠道、先进的生产技术设备、完善的物流保障系统、广泛的营销环境途径、专业的产品售后服务和本地政府的大力扶持以及各经销商的积极配合，我们一定能早日实现我们美好的企业愿景。

人无信不立，商无信不兴，国无信不强，构建和谐、有序、法制的市场经营环境，需要我们进一步加强互相沟通、互相交流、互相支持。我们坚信，只要我们携手并肩、团结一致，就一定能够克服发展道路上的一切困难，创造盼盼集团更加灿烂辉煌的明天。盼盼集团贵州分公司愿与各位经销商朋友一道，在上级职能部门的领导下，遵纪守法、诚信经营、共同维护和谐的市场环境，共同创造出西南盼盼产业的一大奇迹！

最后，衷心希望盼盼集团能够与诸位商界精英继续共谋发展大计、再铸辉煌业绩，衷心祝愿我们的友谊之树常青！衷心祝福各位经销商朋友财源广进，事业发达，身体健康，万事如意！

谢谢大家！

［例 5］　答谢词

答谢词

尊敬的张强董事长、尊敬的科创集团公司的朋友们：

首先，请允许我代表全体成员向张强董事长及科创集团公司对我们的盛情接待表示衷心的感谢。

我们一行五人代表长顺公司首次来贵地访问，此次来访时间虽短，但收获颇大。仅三天时间，我们对贵地的电子业有了比较全面的了解，与贵公司建立了友好的技术合作关系，并成功地洽谈了芯片电子技术合作事宜。这一切都得益于主人的真诚合作和大力支持。对此，我们表示衷心的感谢。

电子业是新兴的产业，蒸蒸日上，有着广阔的发展前景。贵公司拥有一支由网络专家组成的庞大队伍，技术力量相当雄厚，在网络工作站市场中一枝独秀。我们有幸与贵公司建立友好的技术合作关系，为我公司电子产品的发展提供了新的契机，必将推动我公司的电子业迈上一个新台阶。

最后我代表长顺公司再次向科创集团公司表示感谢，并祝贵公司迅猛发展，再创奇迹。更希望彼此继续加强合作，共创明天。

谢谢大家！

［例 6］ 闭幕词

××市人大会议闭幕词

各位代表：

市十二届人民代表大会第五次会议，经过与会代表的共同努力，审议批准了政府工作报告等六个报告，补选了两名市人大常委会委员，通过了两个专门委员会主任委员人选和部分专门委员会委员人选，顺利完成了大会各项议程，取得了圆满成功。这次会议是一次民主、团结、鼓劲、奋进的大会。

会议期间，代表们以高度的政治责任感和主人翁精神，认真履行宪法和法律赋予的职责，畅所欲言，共商富民兴市大计。会议通过的各项决议，充分体现了全市人民的意志和愿望。这次会议的圆满成功，对进一步动员和激励全市人民，为全面完成今年的各项任务，开创××市新局面，必将产生重要的作用。

今年是全面贯彻落实党的十八大精神的第一年……我们要围绕推进依法治市进程，围绕全市工作大局，理清思路、突出重点、团结奋进，努力开创各项工作的新局面……我们要团结一致，开拓创新，为加快树立新形象、实现新跨越……为实现全面建设小康社会的目标而努力奋斗！

最后，我代表大会主席团和全体代表，向为这次大会成功召开而辛勤劳动的全体工作人员和新闻工作者，表示衷心的感谢！祝大家身体健康，工作顺利！

谢谢大家。

四、实践训练

训练一：

1. 背景材料

8 月 6 日，长顺集团桂林分公司总经理秘书小王接到集团公司李副总裁秘书的电话，内容是：8 月 13 日，李副总将带领市场部经理、采购部经理等一行四人到分公司视察工作，为期三天。

秘书小王放下电话马上将此事向分公司总经理邱志忠做了汇报。根据总经理的指示，8 月 7 日，秘书小王通知相关的部门经理召开会议，邱总经理部署接待上级视察的相关事宜。8 月 10 日，秘书小王根据视察准备会议的要求，将各部门准备的材料呈总经理。8 月 11 日早上，邱总经理召开第二次会议，检查各部门的准备情况。

8 月 13 日上午 8：00，邱总经理与秘书小王一起到机场迎接集团公司的领导。10：00 在三号会议室召开会议。邱总经理主持会议，并致欢迎词。在接下来的三天里，视察工作有条不紊地顺利开展。

2. 训练要求

（1）教师安排班级的两个组配合将上述案例演练出来，一组扮演总公司来视察的领导，另一组扮演分公司人员。两个小组共同布置会场。

（2）扮演集团公司领导的小组负责编剧，可根据需要适当增加一些情节与角色。教师根据剧本与演示综合打分。邱总经理的欢迎词与集团李副总裁的讲话由扮演此角色者执笔。

（3）扮演分公司的小组负责编制视察的日程安排表。

（4）包括剧本、发言稿、汇报材料等一起上交指导教师，作为打分的参考。

3. 操作指引

欢迎词是指客人光临时，主人为表示热烈的欢迎，在座谈会、宴会、酒会等场合发表的热情友好的讲话。欢迎词一般由标题、称呼、正文和落款四部分组成。欢迎词的正文一般可由开头、中段和结尾三部分构成。开头，通常应说明现场举行的是何种仪式，发言者代表什么人向哪些来宾表示欢迎；中段，欢迎词在这一部分一般要阐述和回顾宾主双方在共同的领域所持的共同的立场、观点、目标、原则等内容，较具体地介绍来宾在各方面的成就及在某些方面做出的突出贡献，同时要指出来宾本次到访或光临对增加宾主友谊及合作交流所具有的现实意义和历史意义；结尾，再次向来宾表示欢迎，并表达自己对今后合作的良好祝愿。

训练二：

1. 背景材料

金秋十月，贵校要举行第十一届秋季运动会，请为校长写一份在运动会开幕式上的讲话稿。

2. 训练要求

(1)开幕词字数不少于300字，语言要求口语化、富有感情色彩，又要求生动活泼，语气要热情、友好。

(2)教师随机抽取两到三名同学到讲台上，以校长的身份向同学们致开幕词，教师对学生的文稿及演讲进行评判。

3. 操作指引

开幕词是由会议主持人或主要领导人向大会所做的重要讲话。讲话要说明开会宗旨，简介会议情况。一些重要的开幕词具有较强的指导作用或深远意义。要求语言简短有力，富有鼓动性和说服力。开幕词的内容包括标题、日期、称谓、正文、祝词。正文又包括宣布会议开幕，简述会议的背景、目的、主要任务等；提出对与会者的希望与要求等。

五、课外练习

1. 答谢词是指特定的公共礼仪场合，主人致欢迎词或欢送词后，客人所发表的对主人的热情接待和关照表示谢意的讲话。答谢词也指客人在举行必要的答谢活动中所发表的感谢主人的盛情款待的讲话。答谢词的格式一般分为标题、称谓与正文三部分。在正文中，首先对主人的盛情表示感谢，并对对方的优势予以肯定，表达出自己的荣幸与激动。这是答谢词的写作重点。其次，要对对方的情况做较详细的介绍，以示尊重。再次，应提出希望与之进一步发展友好合作关系的强烈意愿。结语，再一次用简短的语言表示感谢。

请你根据上述关于答谢词知识的介绍，为你所在的长顺公司的总经理写一份答谢词。答谢背景：你公司总经理一行四人到公司供应商珠海光电公司参观，得到了该公司的热情款待，临别宴会上，你公司总经理致答谢词。

2. 某公司将举行一次表彰大会，受表彰部门有5个，受表彰个人有10人。请问秘书应准备哪些会议材料？

3. 西北某公司根据市里关于加快招商引资的指示，准备召开一个大型的招商引资洽谈会，邀请了市里的有关领导参加开幕式，并做重要讲话。你作为此次会议的主要筹备人员，应该准备哪些会议材料？

第五节 制发会议证件

一、引导案例

人大会议参会证件知多少

2019年3月15日，记者就某市召开两会中的证件进行了统计。活跃在“两会”现场的除了人大代表和政协委员外，还有列席人员、旁听人员、各媒体的文字和摄影记者，除此之外还有大量的工作人员，包括秘书组、会务组、宣传组、议案组、信访组、安全组、警卫组等人员。按照大会规定，所有参会人员必须持证进出各类会场和代表团驻地。

注：十三届全国人大二次会议于2019年3月5日至15日在北京召开。全国政协十三届二次会议于2019年3月3日至13日在北京召开。

问题：

1. 会议为什么需要证件？
2. 如何制作证件？

二、知识介绍

制发证件，应视具体条件“因地制宜”，不可只追求一种模式。有些会议不排座次，就不必排座号；有些大型会议，可以搞普通入场券性质的证件。特别应注意，对于一些重要的、保密性强的、需要开几天的大型会议，不但要有正规的证件，而且要在证件上贴本人照片，并加盖钢印。

（一）会议证件概述

会议证件是表明与会议直接有关人员身份权利和义务的证据。一般来说，制发证件只限于大型会议或重要会议，而通常的小型会议，不必制发证件。

1. 会议证件的作用

（1）表明会议期间各种人员的身份，便于接待和会场的管理。

（2）便于代表之间的相互辨认和联系、交流。

（3）凭证出入会场，保证会议安全。

（4）便于统计出席人数。

(5)给与会者留作纪念。

2. 会议证件的种类

会议证件是会议举行期间供与会人员与工作人员以及其他相关人员佩戴使用的证件，包括出席证、列席证、旁听证、来宾证(或嘉宾证)、记者证、工作证、随从证、保安证、配偶证、签到证等。

(二)会议证件上的内容

会议证件上通常包括以下内容，制作会议证件时，可根据会议情况进行取舍。

1. 会议名称，必须写全称。法定性会议通常使用比较严谨的字体，如黑体、宋体等。如果是学术会议、庆祝会议等一些非法定性会议，可以使用具有艺术性的字体。

2. 会徽。会议如有会徽，可将其印在会议证件上，如党徽、国徽。纪念会可以用画像代替。

3. 姓名。写现名，不写曾用名。

4. 照片。半身免冠照片。

5. 证件种类，即标明“出席证”“列席证”等。要用较大的字号，醒目标志。

6. 组别或代表团名称。

7. 证件编号，如与签到证合制，可用一组数码代表与会者的姓名、性别、身份、来自地区、组别等信息，便于用自动签到机签到。

8. 会议日期。

有特殊要求的会议证件还可以设计一些特殊的标记。

(三)证件的样式与制作

根据需要，选择不同类型的证件样式。

1. 佩戴在与会者身上的证件

(1)黏性标签。比较经济、方便，但它们可能由于黏贴在衣服上而留下痕迹。

(2)系带的卡片。比较经济，戴取方便，但可能在衣服上晃动。

(3)有夹子的卡片。成本略高，它们能更换塑料封里面的标签而重复使用，并能移动夹在衣服的不同部位。

2. 台签式的姓名卡片(“桌签”)

桌签是开会的时候放在桌子上使用的。

(1)桌签的制作：会议桌签是在会议活动中标明桌号和就座人身份的标签，多用于座谈会、茶话会等会议。

(2)桌签的种类：一种是标明桌号，即桌签上用阿拉伯数字标出；另一种是在桌签之上标明在此桌就座人员的身份，如“记者席”“演员席”等。

3. 坐签式的姓名卡片(“坐签”)

坐签就是会务人员在会议的各席位上标明就座人姓名的标签。

(1)坐签的制作：会议坐签一般是在一些有较高级别的领导人员参加的会议及各种宴会、招待会上，为主席台就座人员标明座次及引导与会人员就座时使用。

(2)常见的坐签形式有：

①插入型，硬质透明塑料做成的三棱柱体或中间可夹住纸片的倒T形，只要在中间插入写有就座人姓名的纸片即可。

②卡片型或折叠型，多在一些宴会和招待会上使用。这种坐签是用卡片纸作材料，按适当的规格剪成长方形，然后再将一端剪成锥形，将锥形部分向后折90°，平放于桌上，写上就座人

姓名即可。

（四）会场路线指示牌或会场周边设施图

如果是日常的工作会议，与会人员对会议地点很清楚，就没有必要放置方向标志了。如果是对外的会议，则组织者要为参加者提供具体的地点示意图，使与会人员能够以最便捷的路线抵达会场而不至于在陌生的环境中不知所措。

1. 制作会场指示牌。要力求准确，尤其是乘车路线，要写全并写清站名和车名。可先在通知、请柬或邀请函中附带到达会场的地图或路线示意图。待与会人员到会场后，再发放具体的会场示意图或会场周边设施图。在会场门前最好树立指示标牌，指引与会人员进入会场或安排专门的人员在会场门前引导。

2. 制作会场指示牌注意事项

（1）庆典性的会议和招待性的会议，指示方向的标志的内容大多是"会议室请往这边走"，然后下加一个箭头指明方向。

（2）如果是商品展销性的会议，由于展台的种类和数量很多，不容易找到。这种情况下会务工作人员应首先把同类的展台安排在一起，在门口处放置一个大的展台分布图，然后在一些容易走错的地方放置一些小的标志，内容是"××展台请往右走"，这样就使人很容易找到想去的展台。

（五）证件设计注意事项

1. 内容设计上要有会议的名称、与会者姓名、称呼（先生、女士、小姐等）、身份（职务、职称等）、组织或公司的名称。

2. 在设计上应区分正式代表、列席代表、工作人员、特邀嘉宾等与会者的不同身份。

3. 重要的大型会议要在证件上贴上本人的照片，并加盖印章。为了便于辨认会场内各种人员的身份，同一会议的不同证件应当用不同的颜色和字体相区别。

4. 应注意根据公司不同的文化理念设计会议证件或姓名卡片。有的公司强调区分不同职务、地位人员的身份；有的公司则强调所有员工的平等。

5. 姓名卡片的大小式样应注意经济适用、美观大方。

6. 姓名卡片在会议的接待区向与会人员发放，并在主席台等必要的地方放置台签式姓名卡片。

7. 会议证件的设计格调要与会议的性质和气氛相适应。例如，庆祝会、代表大会的代表证可以采用红色衬底，以体现喜庆的气氛；学术性会议可以采用蓝色衬底。

8. 涉外会议证件可用中文和外文两种文字，外文排在中文下方。

三、实用范例

[例 1]

新加坡中侨集团日升培训机构为学员制作的坐签，非常简单，只需沿中间的线折叠，放在桌面上，就成了一个非常美观大方的坐签。

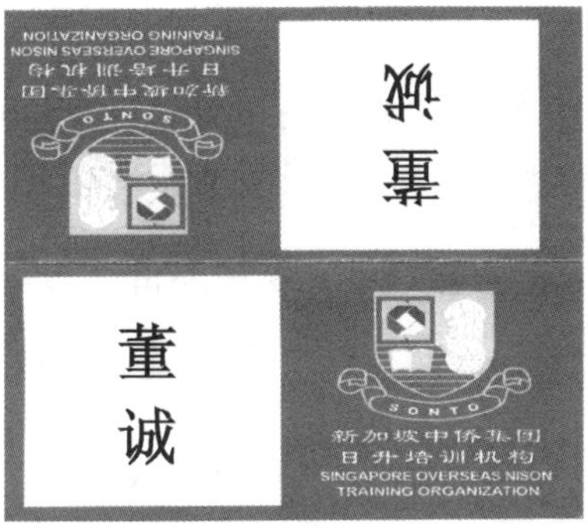

［例 2］

2019 年中国国际进口博览会会议证件种类

第二届中国国际进口博览会是由中华人民共和国商务部和上海市人民政府主办的大型博览会，于 2019 年 11 月 5 日在上海召开。博览会规模巨大，参展国家和与会人数众多，因此需要为不同身份的参会人员准备相应的会议证件。

为了让证件审核管理更高效，人员证件种类从 2018 年的 17 类归并缩减为特邀嘉宾证、参展证、观展证、媒体证、工作人员证 5 大类，外加安保证合计 6 类证件。

组织者分别用红色、绿色、橙色、紫色、黄色和蓝色来区分不同的参会人员证件，证件自上而下内容包括展会名称、展会标志、参会人信息、参会人职位与工作单位、证件可通行区域、年份、证件种类等。

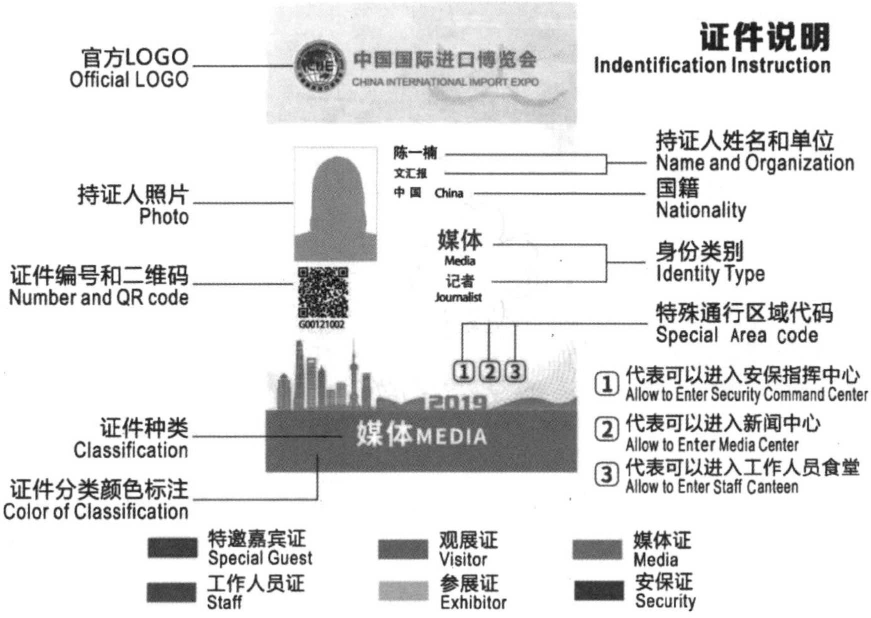

［例 3］

东北亚经济论坛工作手册中关于会议证件的规定
会议证件制作及发放管理规定

为使全体与会代表及工作人员在会议期间有序地出席活动，顺利地开展工作，特就会议证件制作及发放管理做如下规定：

一、证件种类

按与会人员和工作人员类别，组委会分别制作嘉宾证、代表证、代表副证、列席证、随员证、组委会工作证、陪同证、工作证、译员证、记者证和志愿者证，共计 11 种证件，供与会人员和工作人员在会议期间使用。

嘉宾证适用于国内外与会嘉宾；代表证适用于国内外与会代表和出席会议的市(厅)级领导；代表副证适用于国内外来宾的夫人(无证件名称，图案颜色与代表证相同)；列席证适用于国内外来宾的重要随员；随员证适用于国内外来宾的秘书、司机等随行人员；组委会工作证适用于组委会工作人员(证件名称为：组委会综合，组委会会务，组委会新闻)；陪同证适用于陪同团成员；工作证适用于大会工作人员、市领导司机及大会调用的司机；译员证适用于大会调用及有关接待单位选调的翻译人员；记者证适用于中外参会记者；志愿者证适用于大会组委会调用的志愿服务人员。

除代表副证外，其他各类证件均注明证件名称和持证人的姓名、单位、职务。国外来宾的夫人只注明“×××夫人”。

二、证件使用

会议期间，与会人员和工作人员凭组委会统一提供的证件出入相关场所。

1. 凭嘉宾证，可出入会见、会议、住所、餐厅和其他相关的会议活动场所。

2. 凭代表证、代表副证、列席证，可出入会议、住所、餐厅和其他相关的会议活动场所。

3. 凭随员证，可出入相关会议、所随嘉宾和代表的住所、餐厅及其他相关的会议活动场所。

4. 凭组委会工作证，可出入所有会议、活动场所。

5. 凭工作证，可出入所陪同来宾所住宾馆的大堂、餐厅及相关活动场所，不得出入来宾房间，确因工作需要联络客人，由公安保卫人员负责联系，在指定地点见面。

6. 凭陪同证、译员证，可随所陪同来宾出入相关场所。

7. 凭记者证，可出入嘉宾和代表所住宾馆、餐厅、相关会议和活动场所。

8. 凭志愿者证，可出入合庆山庄、金海湾国际饭店，参加相关活动的服务。

三、发放管理

1. 组委会责成会务接待部统一负责所有会议证件的制作及发放管理。

2. 办理证件必须提供持证人姓名、单位、职务和 1 张 2 寸照片。

3. 会务接待部要严格审核把关，凡不符合条件人员一律不得办理和发放证件。

四、实践训练

1. 背景材料

某上市公司在公司 2 号会议室召开年度股东大会，由于秘书忘记制作摆放会场指示牌，部分股东在寻找会场时很费周折，以至于走到了其他部门，董事会秘书处遭到了其他部门的投诉。

2. 训练要求

(1)要求学生讨论如何才能使与会者顺利地找到会场。

(2)每位学生制作一个会场指示牌。

3. 操作指引

会场指示牌参考样式如下：

4. 小结

仅仅在会议通知中说明会址是不够的。为了使与会人员到达会址后能够顺利找到会场，会务人员还要注意以下几种方法：

(1)在会议通知中，详细标明会场路线，最好用简明的路线图表示。

(2)在与会人员下车处，张贴会场路线图。

(3)在单位的大门口或一些转弯处等，安排会务服务人员，指引路线，但这样耗费的人力较多。

(4)制作摆放会场指示牌。指示牌上的内容要使与会人员一目了然。摆放时，注意均要摆放在与会人员刚下车的地方、转弯处、路口处等容易走错的地方。

五、课外练习

1. 宏达公司的新产品发布会即将开始，总经理秘书王丽正站在会议大厅的入口处，她一边做着最后的检查，一边在等着嘉宾的到来。她发现主席台上放置的名签有问题，一位董事因故不能前来，名签却没有撤掉，而另一位嘉宾刚刚打电话说要来，名签还未准备好，此时嘉宾已陆续到来。请问如果你是总经理秘书王丽，你接下来应该怎么做?

2. 你单位要举行一个全国性的大型会议，出席会议的有正式代表、列席代表、嘉宾、记者等人员，请你设计制作与会人员佩戴的会议证件。

第六节　会场布置

一、引导案例

公司年度总结大会座次安排

2019 年 1 月 12 日，上海宏达公司举行年度表彰大会，办公室主任让秘书小王安排座次。根据会议的议题，小王安排座位如下：

1. 主席台上就座的公司高层领导，进行发言及颁奖。

2. 台下第一排为公司其他中层及中层以上领导。

3. 第二、第三、第四排为获奖人员。以所获奖项为依据就座，如科技发明奖、节约能手、管理能手等所获奖项相同者坐在一起，如有同时获得两个或两个以上奖项者，安排靠近过道坐，以便进出，同一类奖项颁发时，获奖者能以很整齐的队形上台领奖。

座位安排好后，小王向办公室主任李强汇报后，得到了主任的赞赏，会议也进行得有条不紊。

问题：

1. 为什么要进行会场布置？

2. 如何进行会场布置？

二、知识介绍

会场布置是会议前期重要的准备工作，尤其是对于一些重大的会议，更是应当拿出很长一段时间做准备，会场布置包括排定会议座次、布置环境、配齐、调试使用电器设备等工作。对会场的总体要求是：整洁安静、明亮、空气流通、大小适宜、设备齐全、利于安全和保密。具体要求如下：

（一）会场布置的意义与内容

1. 会场布置的意义

会场形式的安排，要根据会议的规模、性质和需要来确定。不同的会场布置形式，体现不同的意义、气氛和效果，适用于不同的会议目的。

会场布置是否合理，对于会议的成功与否具有很大的影响。会场的地点和大小是否合适，设施是否齐全，会场的布局是否合理，会场营造的气氛是否与会议主题内容一致，对会议效果会产生直接的影响。所以，组织会议的秘书人员必须重视会场的布置。

2. 会场布置的内容

(1)会场布置的形式：相对式、全围式、半围式、分散式。

(2)安排会议座次：横排法、竖排法、左右排列法。

(3)布置环境：色调、灯光、花卉、旗帜、标语、气味等。

(4)布置主席台：主席台座位、讲台、麦克风、休息室、主席台背景(会标、会徽等)。

（二）会场布置的形式

会场形式的安排，要根据会议的规模、性质和需要来确定。不同的会场布置形式，体现不同的意义、气氛和效果，适用于不同的会议目的。根据参会人员座次安排，整体上可分为相对式、全围式、半围式、分散式四种。

1. 相对式

这种会场布置形式的主要特征是主席台和代表席采取上下面对面的形式，从而突出了主席台的地位。由于专门设立了主席台，整个会场气氛显得比较严肃和庄重。但这种座位形状容易给在主席台上的发言者造成一种心理压力，如果事先准备不充分，或现场发挥不好，或缺乏控制会议的经验和能力，就会造成会场秩序的混乱。相对式主要分为礼堂形和教室形两种。

(1)礼堂形

礼堂形的会场布置一般为面向会场前方摆放一排排座椅，中间留有较宽的通道。这种布置场面开阔，较有气势，适合召开大中型的报告会、总结表彰会、代表大会等，但其座位一般是固定的，无法做适当的调整。布置方式如图 3.1 所示。

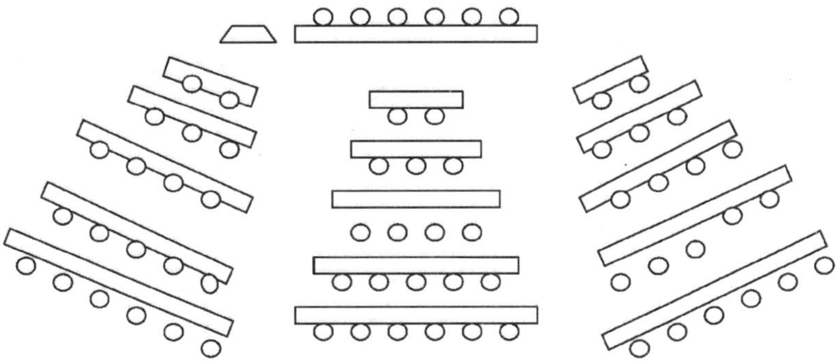

图 3.1　礼堂形

(2)教室形

教室形会场布置形式，就是仿照一般教室的桌椅摆放方式布置。可以排放成“而”字形，也可以排放成倒“山”字形，即在“而”字形中去掉一排代表席，还可以排放成普通教室形，即在“而”字形中去掉二排代表席的格局。一般安排在座位不固定的会议厅内，这种布置格局可以针对不同的房间面积和与会者人数而具体安排，形式较为灵活，而且可以最大限度地利用会场面积，更有利于与会人员的注意力的集中。教室形布置方式如图 3.2 所示。

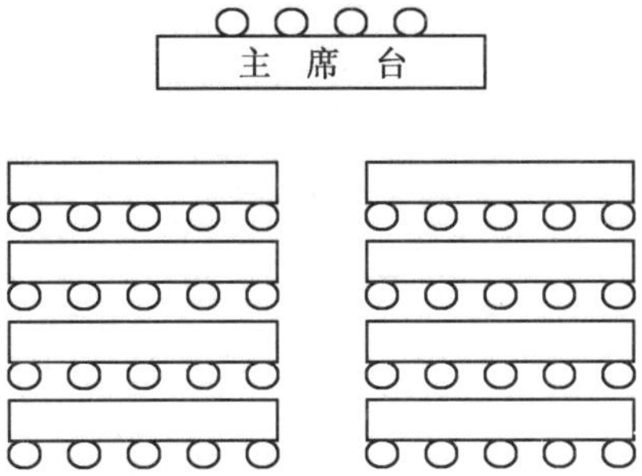

图 3.2　教室形

2. 全围式

全围式会场布置形式的主要特征是不设专门的主席台，会议的领导和主持人同其他与会者围坐在一起。

这种布置形式的优点是容易形成融洽与合作的气氛，体现平等和相互尊重的精神，有助于与会者之间相互熟悉、了解和不拘形式的发言与插话，使与会者畅所欲言，充分交流思想、沟通情况，同时也便于会议主持者细致观察每位与会者的意向、表情，及时准确地把握与会者的心理状态，从而保证会议取得成效。

全围式格局适用于召开小型和特小型会议以及座谈性、协商性等类型的会议。

全围式又可以分为圆形、椭圆形、多边形、长方形等(如图 3.3 所示)。

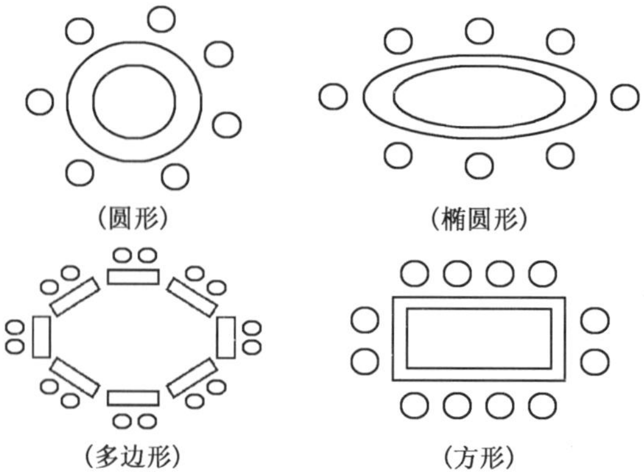

图 3.3 全围式会场布置

3. 半围式

半围式这种布置形式介于相对式和全围式之间,即在主席台的正面和两侧安排代表席,形成半围的形状,既突出了主席台的地位,又增加了融洽的气氛。这种布置形式适用于中小型的工作会议。半围式又可以分为马蹄形、桥形、T 字形等(如图 3.4 所示)。桥形格局较特殊,桥面是主席台或评委席,对面是咨询、述职、考评、听证、面试对象的座位,给对象的心理压力较大。

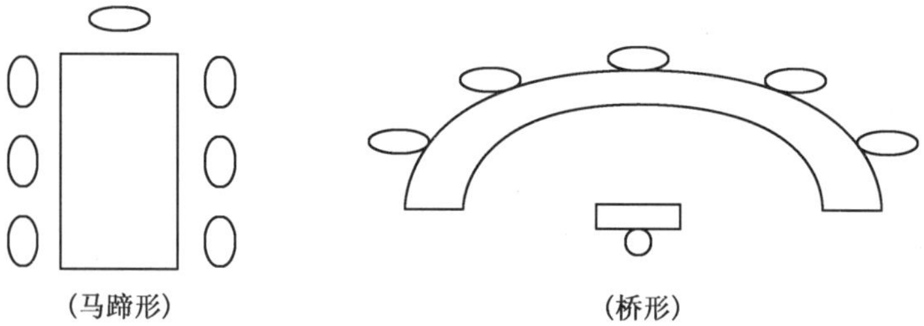

图 3.4 半围式会场布置

4. 分散式

这种会场布置的形式,就是将会场分成若干个中心,每个中心设一桌席,与会者根据一定的规则安排就座,其中领导人和会议主席就座的桌席称作"主桌"。这种座位格局既在一定程度上突出主桌的地位和作用,又给与会者提供了多个谈话、交流的中心,使会议气氛更为轻松、和谐。

这种布置适合召开规模较大的联欢会、茶话会、团拜会等。当然,这种会场座位格局要求会议主持人具有较强的组织和控制会议的能力。分散式又可以分为方桌形、V 字形、圆桌形等(如图 3.5 所示)。

(三)会议座位安排技巧

有些会议不需要排列会场内其他人员座次,但有的会议需要或必须排列,如果是代表会议或中型以上比较严肃的工作会议、报告会议等,为了保证会议和活动能够井然有序地进行,按照一定的规律和科学的原则给与会者安排座位,以便对号入座,这是秘书人员在会议组织工作中的一项重要内容。排列座次有多种方法,可以根据需要选择合适的方法。

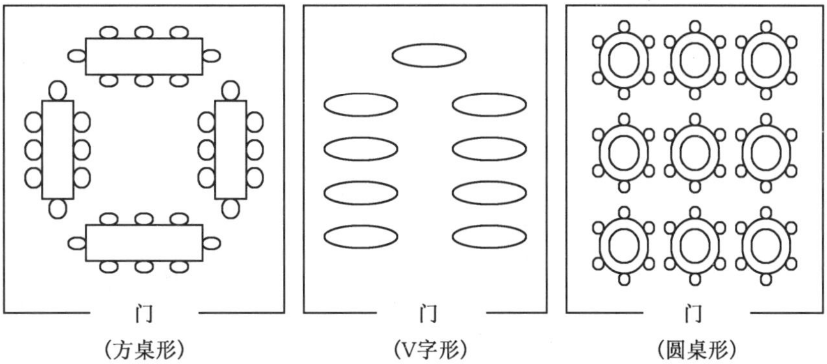

图 3.5　分散式会场布置

1. 横排法

这种排列方法的要领是，把每个代表团、小组、单位的座席从前向后排成纵向一列，按组别顺序以代表座席的朝向为准，从左至右横向依次排列座次。排列依据可以按照参加会议人员的名单以其姓氏笔画、单位名称笔画、汉语拼音字母为序，国际性会议往往按与会国家英文名称的当头字母顺序。选择这种方法时，应注意先排出会议的正式代表或成员，后排出列席代表或成员。横排法如图 3.6 所示。

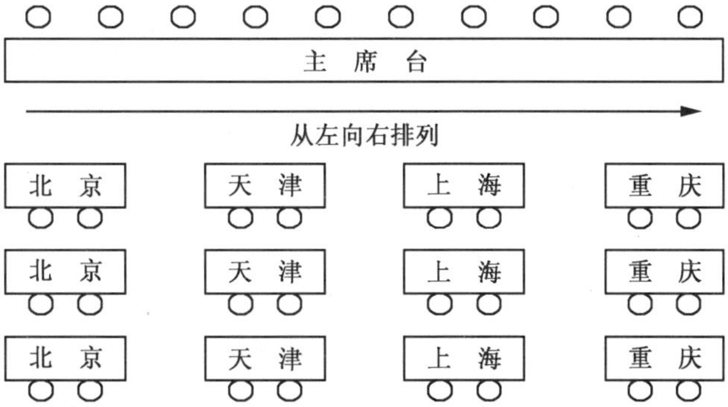

图 3.6　横排法

2. 竖排法

这种排列方法的要领是，按照既定的次序把参会的每个代表团、小组、单位的座席排成横向的一行，再按团组顺序从前向后依次纵向排列。选择这种方法也应注意将正式代表或成员排在前，职务高者排在前，列席成员、职务低者排在后。

大型代表大会采取这种排列方法比较好，党的全国代表大会的座次排列一般都是采用这种方法。竖排法如图 3.7 所示。

3. 左右排列法

这种排列方法的要领是，把每个参会的代表团、小组、单位的座席安排成纵向的列，再以会场的中心为基点，将顺序在前的排在中间位置，然后先左后右，一左一右向两侧横向交错扩展排列座次。

选择这种方法时应注意人数。如果代表团、小组、单位数量为单数，排在第一位的成员应

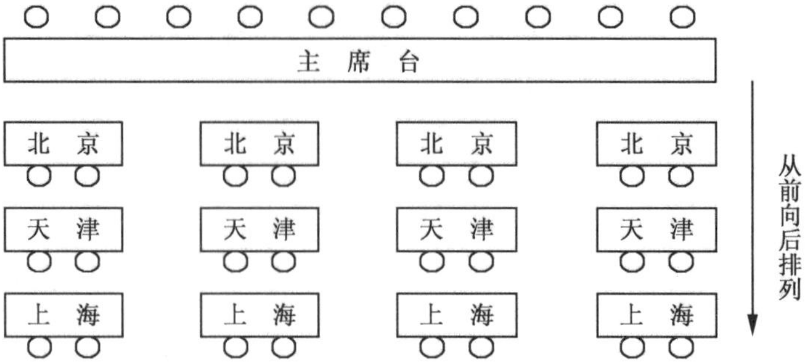

图 3.7 竖排法

居中；如果代表团、小组、单位数量是双数，那么排在第一、第二位的两位成员应居中，以保持两边人数的均衡。左右排列法如图 3.8 所示。

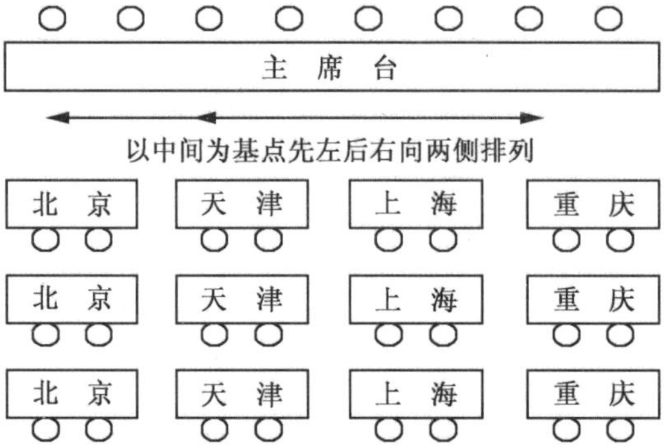

图 3.8 左右排列法

4. 座次标识方法

座次标识是指标明会议成员座次的名签、指示牌或表格。座次一旦确定，就要选择好标识座次方法。座次标识主要有以下几种方法：

(1)在主席台或会议桌上摆放名签。

(2)在与会人员出席证上注明座次(某排某号)。

(3)印制座次图表。

以上三种方法可取其一种，也可以结合使用。可以在与会成员入场之前每人发一张座次图表，或在出席证和签到证上注明座号，或在会议桌上摆放名签。主席台座次图表一般可贴在休息室，主席团成员在入场前一般先到休息室，秘书人员可提醒各位领导注意一下自己的座次。与会人员第一次入场时，会议工作人员应做适当引导。

(四)环境布置

不同的会议，要求有不同的环境。党的代表大会要求朴素大方，人民代表大会会场要求庄严隆重，庆祝大会会场要求喜庆热烈，追悼会会场要求庄重肃穆，座谈会会场要求和谐融洽，纪念性会议会场要求隆重典雅，日常工作会议会场要求简单实用。

对会场的装饰性布置并不是会议活动的必要条件，但是对会议的效果可以起到非常好的作用。对会场的装饰性布置通常是指使用旗帜、花卉、灯饰、工艺品陈设等，一般多用于一些对会议的现场气氛有特别要求的会议，如庆祝会、表彰会、联欢会、纪念会等。会场的装饰是指根据会议的内容，选择适当的背景色调或摆放、悬挂突出会议主题的装点物等。会场的装饰要讲求艺术性。

1. 主席台的装饰

设有主席台的会场，主席台是装饰的重点。因为主席台是整个会场的中心，一般应在主席台上方悬挂红色的会标（又称横幅），会标上用美术字标明会议的名称；主席台背景处（又称天幕）可悬挂会徽或红旗以及其他艺术造型等，主席台上或四周可摆放花卉。

2. 会场背景的装饰

会场背景的装饰除了主席台的装饰之外，主要指会场四周和会场的门口，这些地方可悬挂横幅标语、宣传画、广告、彩色气球等，还可摆放鲜花等装饰物，一些礼节性会见，可多摆些鲜花，同时还可在会客室四周墙壁上悬挂几幅名人字画及有特色的工艺品等作为点缀，这样更能增添会场典雅的气氛。

3. 色调的选择

色调在这里主要是指会场内色彩的搭配与整体基调，应当选择与会议内容相协调的色调，这样可以给与会者的感官形成一定的刺激，在其心理上产生积极的影响。可以通过对主席台、天幕、台布、场内桌椅及其装饰物色彩的调节而烘托整体的色调。

色彩的冷暖与明暗——红、橙、黄等色为明色，也是暖色；青、紫、蓝等色为暗色，也是冷色；绿、黑、白、金、银、灰等色为中性色。

色彩的远近与轻重——红、橙、黄等色让人觉得近而重；青、紫、绿等色让人觉得远而轻。

色彩的兴奋与沉静——暖色有兴奋之感；冷色有沉静之感。

色彩的宽广与狭隘——明色给人以宽广的感觉；暗色给人以狭隘的感觉。

一般来说，红色、粉色、黄色、橙色等色调比较亮丽明快，可以表现出热烈、辉煌的气氛，使人感到兴奋，因此适合于庆典性会议。

天蓝、绿、米黄等色调庄重、典雅，比较适合于严肃的工作会议。

4. 花卉的布置

花卉的布置对人的情绪会产生一定的影响。在世界上许多国家都有花语，比如铁树、棕榈代表庄严；万年青、君子兰表示友谊长存，万事如意；菊花表示高洁；月季、玫瑰表示喜庆；牡丹表示富贵等。根据会议内容，恰当地配置花卉，可以使人心情愉快。根据不同的花卉所表示的不同的情感色彩，对不同的会议摆放不同的花。一般性会议选择月季、扶桑等花卉，可以使人心情愉快、气氛轻松；比较庄重的会议，最好摆放君子兰、棕榈、万年青等，可以使人情感镇静、不易冲动。对花卉的选择，也可根据会议种类的不同而定。

日常工作会议由于开会时间较长，且又是处理本部门的重大问题，与会者头脑一直处于一种紧张的状态，容易疲劳，因此，在会场中可以将窗帘、四壁布置成冷色或中色，摆放棕榈、苏铁等绿色花卉，以减轻与会者的疲劳，使他们的情绪较长时间处于冷静状态。另外，绿色植物还能净化空气。

座谈会等一般性质的会议，要布置成柔和、轻松的色调，可摆放月季、扶桑一类观赏性花卉或米兰、白玉兰、茉莉等赏香型花卉，以增加团结和谐的气氛。

庆祝大会的会场，可利用暖色调布置得醒目、鲜亮些。例如悬挂旗帜、会标等，摆放鲜花，渲染出热烈喜庆的气氛。

微型案例

花卉“俗气”还是“素雅”好？

A 公司与 B 公司在深圳香格里拉酒店举行合作签约仪式，酒店服务人员按酒店例行规定，在主席台摆放了以红色为主的色彩绚丽的几盆鲜花，A 公司公关部秘书王小姐和几位会务人员提前来检查会场的布置。王小姐觉得这几盆鲜花有些俗气，就让服务人员换了几盆素雅的鲜花摆上。大家左看右看，感觉与会场的气氛不配，只好请服务员将原来的鲜花摆上。

5. 会场的气味效应

会场内的气味对与会人员的情绪和会议效率具有特殊的作用。实验表明，在会场之内施以淡淡的清香，可以使人的心情变得舒畅，加快头脑反应速度；反之，如果会场内有其他异味弥漫，会使人心情变得烦躁，产生焦虑情绪，急于离开会场。改善会场的气味环境的方法有两种：在会议室放置有清香气味的鲜花（如米兰、茉莉、月季和兰花等）；或在会议室提前喷洒少量的具有清香气味的空气清新剂（以柠檬和薰衣草香型为好），但不可过于浓郁。

（五）主席台布置技巧

主席台是会场的中心，众人瞩目，是整个会场布置工作中的重点之一。主席台的设置与否，取决于会议的大小和隆重的程度。大中型会议的会场一般都应设置主席台，以体现会场的气氛，也有利于会议主持者主持会议。

1. 主席台座次的排列

主席台的座次安排，实际上就是参加会议的领导人和贵宾次序安排，秘书人员必须极其认真地对待。要做好这项工作，首先要请领导人确定主席台上就座人员的准确名单，然后严格按名单安排座次。重大会议主席台的座次排列名单一般由秘书部门负责人亲自安排，并送有关领导审定。有的会议，领导人对座次安排有专门要求，则应按领导的意见办。

(1)国内会议主席台座次排列。通常的做法是：身份最高的领导人（有时也可以是声望较高的来宾）就座于主席台前排中央，其他领导人则按先左后右（以主席台的朝向为准）、一左一右的顺序排列，即名单上第二位领导人坐在第一位领导人（居中）的左侧，第三位领导人则坐在右侧，依此类推。如主席台上就座的人数为偶数，则以主席台中间为基点，第一位领导人坐在基点左侧，第二位领导人坐在基点的右侧，第三位领导人坐在第一位领导人的左侧。

国内会议主席台座次排列方法如图 3.9 所示。

⑤ ③ ① ② ④	⑥ ④ ② ① ③ ⑤
主 席 台	主 席 台
（主席台人员为单数）	（主席台人员为双数）

图 3.9 国内会议主席台座次排列

(2)国际性会议主席台的座次的排列。一般为主办方身份最高的出席者居中，其他来宾按身份高低一右一左、先右后左向两边排开。这与国内会议先左后右排列方法正好相反。

(3)主席台多排座位的排列。同会场座位布置相比，主席台的座位布置可以选择的形式较少，一般都采取横式。

一般根据主席台上就座的人数多少来确定主席台的长短和排数。可以是一排，也可以是多排。除前排必须通栏外，后排有时也可以分成两栏，中间留出过道。主席台上每排桌椅之间要空开适当的距离，以方便领导人入席与退席。

主席台多排座位排列方式如图 3.10 所示。

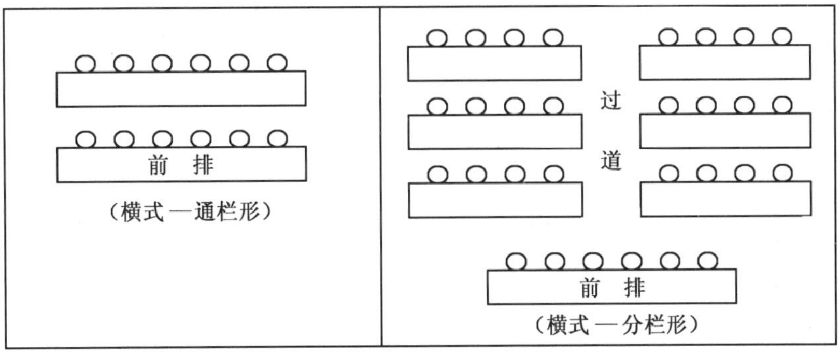

图 3.10　主席台多排座位排列

2. 讲台

设置专门的讲台，有助于突出报告人的地位，显示报告的重要性，也体现出会议气氛的庄严和隆重。因此，重要的代表大会、报告会等均需设置专门的讲台。一般情况下，讲台只设一个，可设在中央，也可设在右侧（以主席台的朝向为准）。设在中央的，位置应低于主席台，以免报告人挡住主席台上领导人的视线。较大的会场也可在主席台的两侧设置讲台，以方便代表上台发言。一些特殊的会议（如辩论会、联合记者招待会等）可不设主席台，只设两个讲台。

主席台讲台设置如图 3.11 所示。

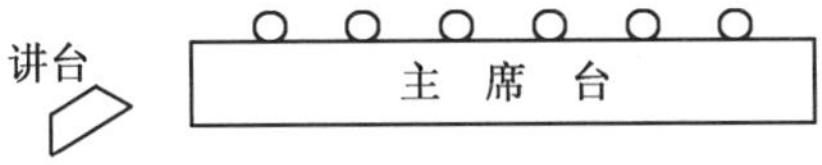

图 3.11　主席台讲台设置

3. 揭幕架

会议活动如穿插揭幕仪式（如揭碑、揭牌、揭像等），可在主席台的左侧设揭幕架，与讲台对称。揭幕架上事先放置好所要揭幕的碑、牌、像等，上面用合适的丝绒罩住。

4. 会标

将会议的全称以醒目的标语形式悬挂于主席台前幕的上沿或天幕上，即为会标。正式、隆重的会议都应当悬挂会标。

(1)会标的作用

①体现会议的庄重性；

②提示会议的主题和性质；

③激发与会者的参与感。

(2)会标的制作技巧

①格调要与会议的主题相一致；

②会标应当醒目，具有视觉冲击力；

③会标主要表现会议的名称。

5. 会徽

会徽即体现或象征会议精神的图案性标志，一般悬挂在主席台的天幕中央，形成会场的视觉中心，具有较强的感染力和激励作用。

会徽一般有两种来源：一种是以本组织的徽志作为会徽，如党徽、国徽、团徽、警徽等；另一种是向社会公开征集，选择最能体现或象征会议精神的图案作为会徽。

6. 天幕、台布与花卉

主席台的天幕与台布颜色、装饰以及花卉的选择要与会议主题气氛相吻合。

三、实用范例

20××年商务统计国际研讨会

20××年6月18日上午8:30,20××年商务统计国际研讨会在北京大学光华管理学院召开。会议由光华管理学院和国家统计局统计教育中心共同主办。大会历时2天，共计进行19个主题，36场报告。参加会议的共有嘉宾52人，正式代表155人，列席代表88人。

会议特别邀请了8位在国际学术界享有盛誉的统计学和管理学学者在主会场发表主题演讲。另外，会议还设立了8个分会场，分别就上述议题展开广泛讨论，并聘请统计学以及管理学领域的十几位国内外知名专家主持分会场的讨论。本次大会的议题包括：金融统计的理论与应用、营销管理中的统计应用、会计学中的统计应用、行为科学中的统计应用、质量管理与6 sigma管理、企业统计应用案例、统计计算与商务应用、数据挖掘与商业智能、商学院中的统计学教育、政府统计现状与发展趋势及统计学在其他商务管理中的应用。另外，会议期间有多家国际国内统计软件公司的产品展示。

主会场布置：

1. 会场布置形式

由于参加会议的人员较多，近300人，因此会议选择安排在大礼堂举行。大礼堂纵向划分为三个部分(见图3.1)。

2. 会议座次安排

(1)主席台座次：国家统计局局长、北京大学光华管理学院院长等领导及发言人坐在主席台。主持人座位靠近发言台。

(2)台下座次：嘉宾坐前三排；正式代表坐中间座位；列席代表坐左右两边座位。

3. 环境布置

(1)会议室光线充足适度，自然光与灯光共用。

(2)主席台的背景天幕用深红色的幕布，会议的中英文会标、会徽醒目地挂在天幕上。

(3)主席台的四周摆放着绿色的植物，讲台盖着深红色的绒布，上面放着鲜花。

(4)讲台上每人一个麦克风，有电脑、投影、屏幕、网络、会议同声传译设备。

四、实践训练

训练一：内部会议

1. 背景材料

2019年1月17日，上海宏达有限公司在其公司的大礼堂举行2018年年度总结暨表彰大会，办公室主任安排你布置会场。

2. 训练要求

(1)以小组为单位，共同完成此项任务。

(2)操作中需要使用的物品，要求学生课前准备或制作，如摆放在主席台的名签等。

(3)完成后，由一名成员向全班同学讲解会场的布置及采用该布置形式的原因。

3. 操作指引

根据背景材料，会场布置如下：

(1)会场布置的形式：相对式。

(2)安排会议座次：台下第一排为公司其他中层及中层以上领导；第二、第三、第四排为获奖人员。获奖项相同者坐在一排，如有同时获多个奖项者，靠近过道坐，以便进出。

(3)环境布置为暖色，突出喜庆的基调，会场入口及会场内可摆放鲜艳的花卉、悬挂彩带、气球等烘托气氛，伴随着参会人员的入场，可放喜庆的音乐。

(4)布置主席台：主席台座位标有名签，讲台及主席台四周摆放鲜花，配置麦克风，主席台上方或背景天幕悬挂醒目的会标，天幕上还可悬挂"福"字或其他艺术造型等。

(5)配齐、调试会议设备：麦克风。

4. 小结

公司的年度总结暨表彰大会，属于公司的大型、喜庆会议，所以整体布局以红色为基调，宜热闹、喜庆而大气。

训练二：外部会议

1. 背景材料

2019年4月，深圳天顺电子有限公司与深圳雅园房地产公司在深圳香格里拉酒店举行合作签约仪式，甲乙双方项目负责人提前到酒店，安排酒店服务人员布置会场。

2. 训练要求

(1)以小组为单位，共同完成此项任务。

(2)操作中需要使用的物品，要求学生课前准备或制作。

(3)完成后，由一名成员向全班同学讲解会场的布置及布置的原因。

3. 操作指引

根据背景材料，会场布置如下：

(1)会场布置的形式：相对式。

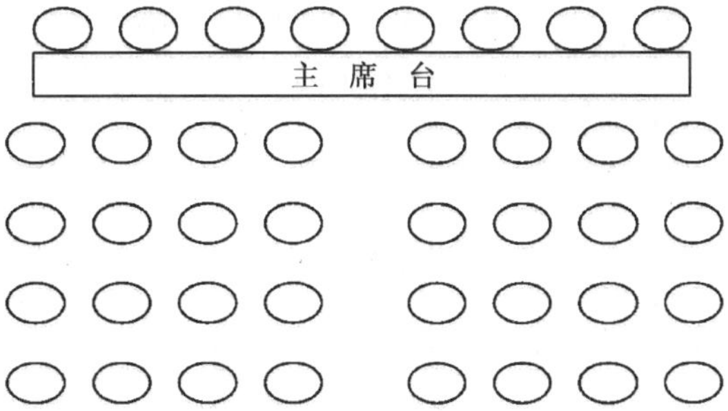

(2)安排会议座次:台下可不设桌子,只有座位即可。可请记者前排就座,其他人员可随意坐。

(3)环境布置以稳重喜气为主。宜暖色,会场入口及会场内可摆放鲜艳的花卉,伴随着参会人员的入场,可放舒缓轻柔的音乐。

(4)布置主席台:主席台座位标有名签,讲台及主席台四周摆放鲜花,配置麦克风,主席台上方或背景天幕悬挂醒目的会标。

(5)配齐、调试会议设备:麦克风、电脑、投影。

五、课外练习

1. 以小组为单位,自选背景材料,模拟一次会场布置,将会场布置情况用数码相机拍照,并写一篇不少于800字的会场布置小结。

2. 向你周围的人如父母、同学、朋友等了解如何布置会场,由他们口述,你来做记录,写一份采访记录。要求在记录中注明所采访人员的姓名、单位及联系方式。

综合练习

1. 广州天华有限公司规定,每周三下午4:00～6:00召开公司部门经理例会,会议由总经理主持,部门经理、副经理共计30人参加会议,总经理秘书做会议记录,如果你是办公室秘书,你应该做哪些准备工作?

2. 天津润达有限公司将于2019年1月10日在公司大礼堂举行2018年度表彰大会,受表彰部门有10个,受表彰个人有15人。请问秘书应该做哪些准备工作?

3. 华海集团总公司将于2019年5月20日在北京总部召开全国分公司经理会议。如果你是集团公司办公室主任,将如何安排这次会议的筹备工作?

知识结构图

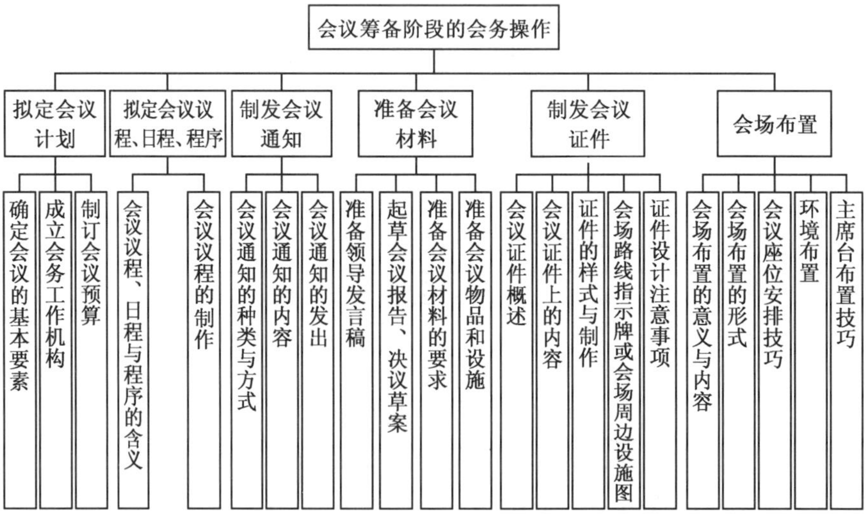

第四章　会议进行阶段的会务操作

学习目标

通过本章学习，你应能够：
组织安排会议的接站与报到工作；
做好会议记录与会议的信息工作；
妥善安排旅游、娱乐等活动；
根据会议情况安排餐饮与交通工作。

第一节　会议报到与引导服务

一、引导案例

自作聪明的高秘书

恒达公司要举办一个新产品的推广发布会，邀请了各界人士参加。很多客户对这个新产品很感兴趣，所以来参加会议的人很多，公司特地租了一个大礼堂作为会场。总经理助理林丽对会议工作进行了最后检查，因为会务组负责签到的高秘书是第一次参加这样的会务工作，她特别叮嘱高秘书明天 8:00 以前一定要到会场，做好与会客人的签到和发放证件、文件的工作。

高秘书是新来公司不久的前台秘书，刚参加工作不久就参加这样的大型会务工作，她有点紧张。晚上下班以后，她的大学同学张小燕又拉她去参加她的生日聚会，玩到很晚才回家。等她一觉醒来，发现已经 8:00 了，她赶紧简单收拾了一下，公交车也不敢坐了，打出租车赶到公司，到公司以后发现已经有一堆客人在签到台前等着签到了。林助理正在一边招呼客人，一边着急地等着她。看到她，马上要求她快给客人签到，把会议资料和午餐券发给客人。

林助理走后，高秘书赶紧把签到表、会议资料和午餐券拿到桌面上摆好。看到等候的客人这么多，觉得自己边给客人签到边发资料和午餐券太慢了，就让客人自己在签到表上签到，签完到后到她这边领资料和午餐券。这个办法的确很快，不一会儿，客人们都签完到，领了资料和午餐券进入了会场。

等到会议正式开始后，高秘书开始进行清点核对，这才发现签到的人数与她发的资料和餐券数不符合，签到表上还有 26 个人没有签到，而她手里的资料和餐券却都发完了。她立即慌了，不知道是这些人领了资料没有签到还是根本没来，让别人替领的资料。她根本弄不清楚，想去核对一下，可是她不认识他们，怎么向总经理汇报呢？高秘书不知所措了。

问题：

1. 会务秘书应怎样做好与会人员的签到工作？

2. 签到工作对于各类有选举、表决内容的法定性会议有什么重要性？

3. 高秘书的签到工作有什么问题？

二、知识介绍

做好会议的接站、报到、签到、引导工作对会议的顺利进行起着很重要的作用。接站是跨地区、全国性和国际性会议活动接待工作的第一道环节。报到是会议秘书部门掌握与会人员准确到会情况并实施组织的重要一环。签到能保证会议顺利进行，按时召开，准确统计到会人数，掌握与会人员情况，引导有利于会场内外正常秩序的建立。所以秘书人员对这些看似简单的工作，要给予高度的重视。

（一）会议接站

接站是跨地区、全国性和国际性会议活动接待工作的第一道环节。会议活动的接站同一般接待活动的接站在许多方面具有共同之处，但由于会议活动的接待对象人多面广，因此要特别注意以下几点：

1. 确定迎接规格

重要领导或外宾前来参加会议，要事先确定迎接的规格，主办方应当派有一定身份的人士前往机场、车站、码头迎接。

2. 做好接站准备

会议秘书部门或接待部门接受会议领导部门下达的接待任务后，要通过汇总回执、报名表以及打电话等渠道，尽快充分掌握接待与会人员的人数、身份，包括姓名、性别、年龄、职务、级别等，对于外地与会人员，有条件的，可为他们安排好交通工具；对自备交通工具的外地与会人员，要弄清楚他们所乘飞机、火车、汽车或轮船等交通工具的班次、抵达日期和具体时间，及早安排接待人员、车辆，安全、准时接站。同时要做好各项生活服务准备工作，迎接与会人员的到来。

3. 竖立接待标志

与会者集中抵达时，在接站处以及交通工具上要有醒目的接待标志。可用牌子或横幅，上面要标明“×××会议接待处”的字样，以便与会者辨识。接站现场较大、人员较杂时还要准备好手提式扩音机。个别接站，接站人员可以手举欢迎标志，上书“欢迎×××先生（女士）”。

4. 掌握抵达情况

随时掌握并统计抵达的名单和人数，特别要留意晚点抵达的与会者，避免漏接现象发生。

5. 介绍宾主双方

与会者到达时，迎接人员应迎上前去自我介绍，并主动与其握手以示欢迎。如果领导人亲自前去迎接重要的与会者，且双方是初次见面，可由接待人员或翻译人员介绍。通常先向来宾介绍主办方欢迎人员中身份最高者，然后再介绍来宾。主客双方身份最高者相互介绍后，再按先主后客的顺序介绍双方其他人员。这种介绍有时也可以由主方身份最高者出面。

介绍时要注意以下几点：

一是要对被介绍人的姓名、职务、职称、学衔说得十分准确、清楚，这要求接待人员事先掌握迎接人员的基本情况。

二是注意为他人介绍时，要讲究介绍顺序。应该本着“让尊者优先了解对方情况”的原则来定。一般来说，先把男性介绍给女性，把年轻人介绍给老年人，把社会地位低者介绍给地位高者，把客人介绍给主人，把未婚者介绍给已婚者，把与自己关系密切的一方介绍给另一方。在公务活动中，是以职位的高低来决定介绍顺序的，而不考虑性别和年龄。一人与多人见面，要先把一人介绍给大家，但是如果来者身份地位很高，即使一人，也应该先把其他人介绍给他。

三是介绍时要有礼貌地用手掌示意，而不是用手指指来指去。

（二）会议报到

会议报到是针对需要集中住宿的大中型会议而言，与会者从自己的工作单位或住地到达指定的开会地点时所办理的登记注册手续。报到是会议秘书部门掌握与会人员准确到会情况并实施组织的重要一环。

有些会议还要求与会人员接到开会通知后，告知会议秘书部门自己可以参加会议，也称报名。这样，会议秘书部门就可以为其做必要的准备工作，如制发证件、准备文件、排列座次、安排食宿和交通工具等。报名用电话、电报、传真、电子邮件均可。

报了名，只说明与会人员准备参加或可以参加会议，但可能还会因临时紧急公务或突发性事件而不能参加会议，所以还需要依靠履行报到手续，来确认参加会议人员、数量等。报到的过程同时也是组织会议的过程。

一般来说，重要的大中型会议既要求报名，也需要报到，普通的会议只履行报到手续即可。由下级机关自定与会人员的会议，则必须报名。如召开一个全国各省、自治区、直辖市党委秘书长、办公厅主任会议，请各省、自治区、直辖市党委秘书长或办公厅主任参加，参加人员由各地根据需要自报。类似这种会议，就必须报名，以便会议秘书部门早做准备工作。

1. 会议报到的方式

(1)与会者本人持会议通知或单位介绍信亲自报到。

(2)本单位与会人员代为报到，一个单位参加同一会议人员较多时，可以采用这种方式，由一人代劳。

(3)秘书人员代劳。

(4)电话报到。

2. 报到工作的程序

(1)查验证件。确认与会人员的资格，包括会议通知单、单位介绍信、身份证和其他有效证件。

(2)登记信息。协助与会者填写好会议报到登记表，及时掌握与会者到会的情况。

(3)接收材料。即由秘书人员统一接收与会人员带来的上交会议的材料和需要在会议上分发的材料。

(4)分发材料。将事先准备好的会议文件、用品、会议须知及住宿房间的钥匙、餐券等发给与会者。

(5)预收费用。有些会议须由与会者支付一定费用，如会务费、食宿费、资料费等，在报到时要安排财会人员现场预收费用并开具收据或发票。

(6)安排食宿。根据与会者的身份和要求，在现有的条件下合理安排，尽可能满足与会者的需要。必要时引导与会者到房间，简单介绍情况并交代好会议的第一项议程的时间、地点。

(7)报告情况。在会议报到结束时，应向会议负责人报告有关情况，包括应到人数、实到人数、缺席人数以及原因。

(三)会议签到

1. 会议签到的作用

签到,是为了及时了解应该到会的人是否都已到齐,并准确地统计出到会的实际人数。会期较长、具体活动较多、内容较重要、需要集中接待的会议活动,与会者除了办理报到手续外,还要在每一场会议活动的签到簿上签名,表明其参加了这一次会议。尤其是各级党代会和人大会,签到可以确切掌握出席人数是否达到法定的人数,这对于表决和选举结果是否有效将是至关重要的。会议签到有以下作用:

(1)便于统计实到人数,以确定法定性会议的有效性。

(2)检查缺席情况,以便及时通知有关人员到会,或通知缺席对象另行补会。

(3)庆典仪式、纪念性和追悼性会议活动的签到簿可以珍藏,留作永久的纪念。

(4)与会者的亲笔签名是第一手签到记录,是其参加会议活动的书面证明,可为日后的查考提供历史凭据。在一些法定性会议上,签到还是一种法律行为。

2. 会议签到的方式

(1)簿式签到。就是与会者进入会场前,在会议秘书人员事先准备好的签到簿上签名,以示到会。有的还要同时写上自己所在单位、职务、通信地址、联系电话等项。签名应用毛笔或钢笔。签到簿装帧精美,宜于保存,亲自签名还具有纪念意义,常常用于邀请性会议。会议活动规模较大、与会者较多并且集中到达时,可采取分头、分册签到的方法,以避免签到时拥挤的现象,影响会议活动按时进行。签到簿的封面或扉页上应当写明会议活动的名称、时间和地点,以便将来查考。

(2)表式签到。表式签到即采用格式规范的表格签到。规模较大、参加人数较多的会议活动,要多准备一些签到表,采取分头签到的方法,会议结束后,再装订成册。特别要避免用白纸或普通信笺签到,这样既不方便统计人数、检查缺席情况,也不利于将来查考。

(3)电子签到机签到。这是目前最先进的签到方式。即采用磁记录技术事先将与会者的代号记录在签到卡上,并将与会者的相关信息(姓名、性别、年龄、单位、职务、职称、代表性质、组别、代表证编号、座位号)事先输入签到机,签到者只需把签到卡插入电子签到机,签到机的识别头就能将磁信号转化为电信号,并经过签到机内单板机的识别、转换,系统就会自动统计分析,在显示屏上显示出到会和缺席的情况等一系列数据。电子签到卡可以和代表证组合制作,使用更加方便。在国外,这种签到方式现已广泛用于大中型会议。

(4)会议秘书人员代为签到。就是会议秘书人员事先准备好出席、列席该次会议人员的名单,来一位与会者,秘书人员就在他的姓名的打头字上用红笔画一个圈。缺席和请假人员也要使用规定的符号标出,如用“×”表示缺席,用“△”表示请假等。使用这种方法要有一个条件,就是秘书人员至少要认识大多数的与会者,否则会很麻烦。这种方法适用于单位内部的小型会议和工作例会。大型会议不适宜采用这种方法。

(5)签到卡签到。就是与会者进入会场前,交一张签有本人姓名的签到卡给会议秘书人员。签到卡是由会议秘书部门制发的,上有会议名称、日期和固定的号码。号码必须同与会人员名单(签到表或座次表)上的该与会者的号码一致。秘书人员根据号码找出该与会者的姓名,并在姓名的打头字上画个圈,表示该与会者已到会。目前,国内绝大部分地区和部门召开的大中型会议,大多采用此种方式。

(6)名片签到。就是在会场入口处放一个名片盒,与会者入场时将自己的名片放入盒中,从而起到签到的作用。不过,这种方式有一定的局限,就是与会人员必须都有名片,而且身上还带有名片。

(7)座次表签到。会议工作人员按照会议模型，事先编制座次表，表上的每个座位按要求填上合适的与会人员姓名和座位号码，与会人员到会时，就在座次表上销号表示出席。印制座次表时，与会人员座次安排要有一定规律，如从×号到×号是某地区(部门)代表座位，将同一地区、同一部门的与会人员集中在一起，以便与会人员查找自己的座位号。采用此种方式，可使与会人员在签到的同时了解自己座位的排数和座号，起到引导座位的效果，节省了会议组织部门的时间。

3. 会议签到表的格式

同一个单位或同一类会议的签到表应当统一格式。

(1)标题。普通的会议写明“会议签到表”即可。重大的会议还应当写明会议的名称，如“中共××××代表大会签到表”。经常性的会议，标题可以固定化，如“××××办公会议签到表”。

(2)正文。签到表的正文应载明下列项目：

一是会议名称。如标题中未写明会议活动名称，则在表格内写明。

二是主办单位。应当写全称或规范化简称。

三是举行时间。写明具体的年、月、日、时、分。

四是举行地点。写明举行会议的宾馆名称、楼号、房间号码。

五是应到单位名称或应到人姓名。这一栏秘书人员要事先填好，经常性会议活动参加的单位和人员相对固定，可在制表时将应到单位和应到人一起印出，以便与会者对号签名。这样不仅可对缺席情况一目了然，也便于统计参加人数。如有列席对象，应与出席对象分栏签到。

六是与会者签名。在应到单位名称或应到人姓名后面设置相应的空格，供与会者签名。

4. 会议签到的要求

签到是一项重要的会务工作。签到工作要求做到：

(1)认真准备。就是要求会前将有关签到工具、设备准备好。用簿式签到，要事前准备好签到簿；卡式签到，就要事先印制好签到卡；机器签到，则要准备好签到机，并要经过测试，避免到时出现故障。

(2)有序组织。就是签到的组织要有条不紊地进行。要事先安排好签到处，安排会务人员等候。如果签到同时发放文件，特别要将有关材料事先装好袋，避免代表签到时等候，显得手忙脚乱。

(3)及时统计。就是要求组织签到时，要以最快的速度统计出到会人数和缺席人数，并在会议正式召开之前报告大会主席或会议主持人，以便使其根据签到结果，宣布会议是否符合法定人数，从而决定会议能否如期召开。

统计到会人数，是一项急促而又细致的工作。在不使用电子签到机的情况下，统计到会和缺席人名单，有两种办法：一是按排按号(座)地顺序整理签到单，有少量的工作人员就可完成这一工作。但这种方法需等与会人员大部分到会后才能开始工作，在会前只能统计到会和缺席人数，不能很快提出缺席人的具体名单。二是把座次表全图印出来(上面有排号、座号、人名)，一边接受签到，一边在座次表上销号。这样做，可以随时知道谁已到会，谁未到会，一目了然，可随时把到此时为止的到会和缺席人数及缺席者姓名上报。

(4)准确无误。即签到的结果必须以准确的数字来体现，既不允许人数不符，也不允许出现“大约”“左右”一类的模糊数字。

5. 报到与签到的联系与区别

(1)报到与签到的联系。报到与签到都是指与会者到达会场时应办理的手续。会期较短的会议,一般只办理签到手续;会期较长,并且需要集中接待的会议,与会者不仅要签到,还要办理报到手续。

(2)报到与签到的区别。报到是指与会者到达会议地点时办理的登记注册手续,但不表示每一项活动和会议都保证参加;签到则是与会者在每一项活动或会议的签到簿上签字,表示出席了此次会议或活动。

(四)会议引导

引导是指会议活动期间会务工作人员为与会者指引会场、座位、展区、餐厅、住宿的房间以及指示与会者问询的路线、方向和具体的位置。引导虽然看似小事,却能给与会者提供许多方便,使他们感到亲切,也有利于会场内外正常秩序的建立。

引导工作贯穿于整个会议期间,每一名会务工作人员都应当履行为与会者引导的义务。但在大型的或重要会议报到以及进入会场时应当派专人负责引导,这类专职引导人员常常称为礼仪人员。

负责引导的礼仪人员要统一着装,熟悉会场的布局以及各种配套设施的情况。大型会议活动的礼仪人员还要了解本地的交通、旅游、购物等情况,以备与会者随时咨询。国际性会议的礼仪人员还要掌握外语会话能力。

小资料

引导就座的小知识

日常的小型会议,与会人员一般都有自己的习惯座位。但多数会议需要与会者按照会前安排好的座位或区域就座。

有些小型会议也需要与会者有固定的座次,应在出席证或签到证上注明座号,并在每个会议桌上摆置名签,并同时印制“座次表”发给与会人员,与会人员第一次入场的时候,会议人员应做必要的引导,以方便与会人员尽快入座。

召开大型会议,为了方便与会者尽快就座和保持会场秩序,都需要会议工作人员采取某种方式引导座位。比如,在会议厅召开的大中型会议,一般都采用对号入座的方式或是将会场划分为若干区域,以地区或部门行业为单位集中就座,根据不同情况,有的也可采取随便入座的方式。无论是采取对号入座还是随便入座,或是划分区域入座,都可以设立指示座位的标志或由会议秘书工作人员引座。

三、实用范例

东海公司定于2019年10月15日在杭州召开为期两天的新产品推广会,邀请了国内外十几家合作公司的管理人员、技术人员近百人参加。此次会务工作由办公室负责。办公室主任王志强是一位办会经验非常丰富的领导,他将会议任务分解,交由办公室相关人员分别负责,使这次会议取得了圆满的成功。

关于会议的报到与引导工作的要点,他向会务组工作人员做了如下介绍:

1. 做好接站报到工作

(1)编制与会人员抵达的时间表(包括与会代表的名单,飞机、火车、轮船的班次及抵达的准确时间，与会代表的联络方式)。

(2)准备足够的车辆和接站的人员。接站人员人手一份接站的时间和路线表，按事先的分工接站。

(3)在接站处以及交通工具上要有醒目的接待标志，可用牌子或横幅，上面要标明“×××会议接待处”的字样。

(4)对于自备交通工具的外地与会人员，要事先通过发传真或打电话的形式告知报到地点的详细路线图。

(5)在报到处的周围设立引导牌和标识牌，标明报到的具体位置。

(6)接待人员将预先准备好的文件袋(包括文件、证件、餐券、住宿房间号码、文具等)发给报到人员。必要时，引导与会者去其住宿的房间，并简单介绍周围的情况和开会的要求。

2. 发放会议文件资料注意事项

(1)为与会者每人发放一个文件袋，袋上标明与会者的姓名，并注明“会议文件”的字样。

(2)分发重要文件一般要编号、登记。文件编号通常印在文件首页的左上角处。字体字号应有别于文件正文。具有保密内容的文件，还要注明密级。

(3)一些征求意见稿或保密性文件，需要在会后退回的，则应附上一份文件清退目录。

(4)分发会议资料时要适时适量。准备会议资料不能有多少代表就打印多少份，有可能出现临时增加与会者，或者出现代表丢失材料的情况，一定要留有充分的余地。

(5)内容重要又需事先送达与会者的文件，可通过专人递送或用传真、快递等方式送达。

3. 设计会议报到登记表

会议报到表可由会议组织者按照与会人员在报到时需要登记的项目设计印制。常用报到表如下，如果列数较多，可将版面设计为横向排列，这样才有足够的空间填写内容。

×××会议报到登记表

(2019年10月15日)

序号	姓名	性别	年龄	工作单位	职务	通信地址、邮政编码	固定电话、手机、传真	房间号码	单位网址	电子邮件	需订返程票情况(时间、终点站等)

4. 设计会议签到表

根据会议情况考虑是否需要会议签到表，许多会议往往只使用会议报到登记表。

会议签到表

会议名称			
主办单位			
时间(　年　月　日　时　分)		会议地点	

续表

出席单位	签　名		
×××			
×××			
×××			
×××			
×××			

5. 座位引导

为了保证会议入场的秩序，大中型会议，一般应事先制作好各种座次标识用品（如主席台或会议桌上的名签卡片、座次图表、指示牌等），采取对号入座的方式，或是将会场划分为若干区域，以部门或地区为单位集中就座。由会务人员引导就座。如果是内部会议，与会者一般都有自己的习惯座位。

四、实践训练

1. 背景材料

东海电子有限公司定于2019年2月20～25日在深圳西丽度假村召开分销商会议，有新老客户共20人参加会议。

2. 训练要求

(1)完成会议接站、报到、签到和引导工作。

(2)完成后，由小组讨论，推选出一人代表小组向全班同学做口头总结，指出这四项工作的完成要点。

3. 操作指引

(1)操作时，两个组可以配合完成。一个组担任场地布置与扮演到会人员角色；另一组担任会务接待工作。

(2)操作中需要使用的道具（如扩音设备、接站标志牌、签到表、名签卡等），可让学生制作，提前或现场布置。

(3)接站、报到与会议引导的主要工作内容如下：

①接站。编制与会人员抵达时间、地点表；准备好接站车辆和接待标识。

②报到。设立引导牌和标志牌指示报到处；查验与会者的证件；设计会议报到登记表并请与会者在表上登记个人信息；发放会议文件资料；预收会费；安排与会者住宿。

③座位引导。会务人员应提前将名签摆放在会议桌上，会务人员将客人引导至会议桌相应的座位上。

4. 小结

会务人员的接站、报到与引导工作，是参会人员与组织方的第一次“亲密接触”，因此，好的开端至关重要，会务人员一定要打好“第一仗”。

五、课外练习

1. ××大学将举行建校一百周年庆祝大会。请根据会议签到的要求，设计一份会议签到表。

2. 东海公司即将召开2019年年终总结暨表彰大会，与会人员近600人，为避免入场时产生混乱，作为公司秘书，你将采取哪些措施布置会场，并顺利引导与会者就座？

3. 案例分析

参会人员来早了？

××省在××市召开一个经验交流会议，会议通知第一天下午报到，第二天召开会议。负责接待的会务人员想，路都比较远，参会人员不可能来得太早，下午2:00上班再去迎接就可以了。谁知，路远的同志怕来晚了，出发得很早，刚过12:00就到了。他们到了酒店后没有人接待，也进不了房间，只好待在大厅里。这些同志把电话打给负责接待的会务人员的上级领导，领导又打电话到办公室。会务人员匆忙赶过去，看到提前到达的参会人员一个个不太愉快的脸色，心中很不是滋味。

问题：

(1)会议接待部门的工作人员有无失职之过？

(2)会务人员应该如何做好报到工作？

第二节　会议记录

一、引导案例

会要是能重开一遍就好了

最近一段时间，销售部正在策划公司新产品的推销方案，从刘经理到员工都忙得不亦乐乎，秘书李丽当然也不例外。今天上午一上班，刘经理就召开了一个全部门的紧急会议，会议主题是讨论推销方案，刘经理让秘书李丽做好会议记录。李秘书心想没问题，每次开会会议记录都是她记的，驾轻就熟，小菜一碟。

在会上，刘经理开门见山地说："前些日子制订的新产品推销方案交到总经理办公室，经过经理办公会议讨论后，觉得方案有很多不妥之处，创意也不够。所以总经理要求我们重新制订方案，一定要赶在销售旺季推出，并保证一炮打响。现在，离总经理规定的时间没几天了，请大家开动脑筋，集思广益，积极发言，今天一定要讨论出一个令人满意的方案，保证这次新产品销售获得成功。总经理说了，如果这次新产品销售成功，公司给我们销售部全体成员每人发一个大红包。"

刘经理话音未落，大家就迫不及待地发言。也许是受大红包的鼓舞，今天的会议特别热烈。大家都争着献计献策，从方案的可行性、成功的概率到关键环节的把握，建设性的意见层出不穷，提出的创意也是五花八门、稀奇古怪。

李丽可忙坏了，她负责记录，没想到今天同事们这么能说，七嘴八舌。她为了提高记录速度，把同音字、汉语拼音字母、数学符号等秘书的速记本领都用上了，但还是不能准确地记录每一个人的精彩发言，有些部分只好跳过去，有些部分只记了个大概。

会议开得很成功，刘经理和大家都深受启发。会后，刘经理让李丽把会议记录整理好拿给他，作为制订新推销方案的重要参考。李丽看着她记得乱七八糟的会议记录，自己都有些晕，心想要是会议能重开一遍就好了。

问题：

1. 职业秘书应该怎样做好会议记录？

2. 李秘书为什么会发出“要是会议能重开一遍就好了”的感慨？

3. 召开会议使用录音、录像设备有何好处？

二、知识介绍

会议记录是如实记录会议的基本情况，会议中的报告，会议上的讲话、发言和决议等内容的一种应用文体，是一种重要的事务文书。

（一）会议记录的作用

会议记录是记载会议基本情况的文字材料，是日后工作中可供查考的凭证。它可以为检查会议决议的贯彻执行情况、整理会议纪要、下达与上报会议精神、分析研究与总结工作提供依据。它的制作质量如何，不仅直接影响据此形成的有关公文（如会议纪要、会议简报）的质量，而且会影响其日后转化为档案的质量。因此必须重视会议记录工作。

1. 会议记录是分析研究会议议题的依据。任何一个会议都有明确的召开目的和议题。会议的发言、讲话就是围绕会议的目的和议题进行的，它包括与会者对会议议题的看法、态度、建议、意见等。有了完整的会议记录，会议主持人就能从中分析出与会者对会议议题的基本倾向（是赞成还是反对），从而找到达到会议目的的途径。

2. 会议记录是编写会议纪要和会议简报的基础。会议纪要、会议简报是在会议记录的基础上产生的，只有以好的会议记录作基础，才会有好的会议纪要、会议简报。重视会议纪要、会议简报，轻视会议记录，在一定程度上颠倒了会议材料间的源和流的关系。

3. 会议记录是查证会议情况的凭证。会议记录是公务文件的组成部分，是重要的档案资料。特别重要的会议记录还是永久保存的资料。

（二）会议记录的种类

1. 按会议记录的详细程度划分

（1）详细记录

一般适用于某些特别重要的会议，某些主要领导同志的重要讲话、系统发言等。要求做到尽可能完整地“有言必录”，包括发言中的插话等，都要详细记录。这种记录有的采用符号速记，有的使用录音设备，会后根据录音整理记录；也有的是速记和录音二者兼用。但有些会议不适宜录音，就只能运用速记。

（2）摘要记录

一般适用于各级党政机关的日常会议。要求择要而记，即选择那些与会议主题相关的内容（会议议题、发言要点、结论、决定事项等）记录。这种方法要舍弃一些内容，记录主要精神。这种记录采用汉字直接记。

摘要记录比较实用，所以应用最广。现在高级党政机关召开的会议，如全国党代表大会、全国人民代表大会等，除了全体会议和中央主要领导同志做长篇重要讲话需要做详细记录、速记或录音外，小组会议基本上都采用摘要记录方式。

2. 按会议召开形式的不同划分

（1）报告式会议的记录

报告式会议通常由领导同志作中心发言，或传达上级的会议精神，或做工作报告，或就某个问题做重要讲话。这类会议，会上的重要报告和讲话一般都要正式行文或印发书面材料，因此只要做简单的记录，摘要记下会上的报告事项、讲话要点即可。如果会上的报告和讲话没有书面材料，就得详细记录，尤其是有关方针、政策问题，一定要准确无误地记下来。

(2)座谈式会议的记录

座谈式会议气氛较活跃，发言较普遍，包括各种类型的情况汇报会、学习讨论会、工作研究会、民主生活会等。对于情况汇报会，一般会后要整理成文，做较详细的记录。对于学习讨论会、工作研究会，可简要记录一般性的相似的看法，而重点记录那些分析深刻的有独到见解的看法。对于民主生活会，应尽可能逐条记录大家提出的批评和建议，有些重要的批评意见，应尽可能记录原话。

(3)议决式会议的记录

议决式会议的任务是讨论和通过某些决议事项。一是要记讨论情况。对于与会者意见比较一致的一般性问题，可做要点记录；对于关键性的重大问题，或分歧较大、争论比较激烈的问题，应详细记录每个人的发言，发言中间的重要插话也要加括号记明。二是记表决情况。对会议决议或决定事项，应逐项写清，并记明赞成、反对与弃权的票数。

3. 按会议记录的记录手段划分

(1)手工记录。即由会议秘书用文字或记录符号在纸面上记录。

(2)机器记录。即借助各种记录信息的机器设备，如照相机、录音机、录像机、摄影机、计算机等记录。

4. 按会议记录的记录载体划分

(1)书面记录。即将会议信息记录在纸质材料上。

(2)音频记录。即用录音带、磁盘等记录会场内的语音信息。音频记录能完整记录与会者的发言内容，便于整理，也是书面会议记录的重要补充。重要会议常常采用录音的方法，以便使一些重要讲话和精彩的报告得以原汁原味地保存。

(3)视频记录。分为动态视频和静态图像两种。动态视频即运用摄像机等视频设备将会议活动的场面记录在录像带、摄影胶片和计算机储存器中。这种记录能记录会场内的活动场面，并能直观地再现。静态图像即使用照相技术拍摄会议的现场，是书面会议记录的补充形式。

5. 按会议记录使用的符号划分

(1)汉字速记。即对汉语字、词、句、段加以合理精简、缩略和符号替代，以草书的快写方法记录。

(2)拼音速记。即运用声符和音符两种速记符号组成音节符号(音符)，加上合理的省略记录。

以上两种记录要用规范的文字整理才能归档。

(三)会议记录的格式和内容

1. 标题

(1)专用性标题。

该标题由会议的具体名称加“记录”构成。如《××公司行政办公会议记录》。重要的会议应写清会议的具体内容。如《××厂党委关于加强企业思想工作研讨会记录》。如果标题中需体现会议的届次，可将届次空出，记录时用手工填写，如《××学会第(　)次理事会会议记录》。大中型会议往往有主席团会议、代表团团长会议、分组讨论或审议会等，可使用格式统一的记录用纸，标题格式为《××(单位)第×届××代表大会第×次全体(或主席团)会议记录》。

(2)通用性标题

该标题适用于一般的会议。标题只写“会议记录”4个字即可。如果在本单位内部各部门通用,可采用写明本单位名称,如《×××(单位)会议记录》,会议名称则写在首部的表格中。

具体采用哪种形式的标题,应该根据会议的实际情况、会议主持人的指示或单位、部门的惯例而定,但例会总是采用第二种形式。

2. 首部

这是会议记录的前置部分,主要记载会议组织情况,其项目包括:

(1)会议的名称

写明召开会议的机关、会议的年度届次、会议的名称(要写全称)。

(2)会议时间

包括会议起止时间和中间休会时间。要写清年月日,有时还要注明是上午、下午,还是晚上,重要的会议还应写明“×时×分”。

(3)会议地点

应该写确切,具体写会场名称,如“××会议室”,或写房间号码,如“××号房间”。

(4)会议主席或主持人

要写具体的姓名和职务。联席会议、多边会议还应当写明主持人所在的单位名称。如“××公司党委书记×××”。

(5)与会人员

包括出席、列席、缺席人员,要写全姓名。出席者姓名,按其职务、级别或所在单位的序列排列。因故缺席者以及列席者的姓名也要列上。列席者是指不是会议的成员而应邀参加会议的人。缺席人员应注明缺席原因(如学习、出差、生病、无故等)。既可单独作为一条,也可以写在出席人、列席人的项目中,在括号中注明某某人因何故缺席,如“张××因病请假”“王××因公出差”等。人数不多的重要会议,要写清与会人员单位、姓名、职务,如果是工作例会,也可只写缺席者的姓名,注明其他人员全部到会;人数多的大中型会议,可只写出席范围和总人数,如“××会议第三组全体成员××人”“××学院系、处级以上党员干部××人”等。

(6)记录人

写明记录人,一是说明记录内容的真实性,二是表示对记录的真实性负责。为了表示记录者对与会人员的尊重,记录人员的姓名要写在首部的末尾。

在记录中凡涉及人名的首先要写全姓名,不能只写姓不写名,如写成“周、吴、郑、王”等。其次是有职务的应将姓名与职务连起来写,并写清正、副职或职称,不能只写职衔、职称加姓,并且正副职不分,如“刘书记、张县长、王主任、白工程师”等。这些内容可在会议主持人宣布开会之前写好。

3. 主体

这是会议记录的核心部分。会议进行情况包括主持人开场白、大会主题报告、讨论发言、会议决议共四项内容。这是整个会议记录的重点部分,应认真记录。会议记录的保存和利用价值是由这部分来决定的。具体包括:

(1)主持人的开场白

这是了解会议意图的主要依据,应着重记录。

(2)大会主题报告

这是会议的核心。如果发言者有书面讲话稿的,则应记录报告的题目,并注明“原文见附件”；如果中心发言者没有书面发言稿，则应记下发言的要点。

（3）讨论发言

按发言顺序将每个发言人的姓名及发言内容记录下来。发言人的姓和名应齐全，职务可在姓名后加小括号注明。

（4）会议决议

会议最后如形成决议，则应把决议梳理概括清楚，然后分条列出来。决议有时可从主持人的总结讲话中记录下来；有时则需要记录员根据表决发言的内容加以归纳概括；有些会议经过讨论暂时议而不决的，应在记录时注明“暂不决议”，以示交代本次会议的结果。

另外，还可记录会场情况。即指会议期间会场内所发生的与会议进程有关并且具有记录价值的情况。记录会场情况可以更加全面反映会议的气氛以及与会者的情绪和态度，如与会者的掌声、笑声、迟到、早退、中途退场以及其他影响会议进程的情况。

会议记录主体结束时，转行，空两格，标注“散会”“结束”“完”等字样。另外，会议中间休息，可在记录中断的地方，转行，空两格，写上“休息”两字。会议重新开始，另起一行，空两格接着记录。

4. 尾部

尾部用于各项署名。署名是对记录的真实性郑重负责的体现。以下四种人需要署名：

（1）记录人。会议记录人必须在会议记录上签字，以示负责，同时也便于日后核实情况。

（2）审核人。重要的会议记录应由会议主要领导人审核，确认无误后签字。审核人对记录的真实性负领导责任。

（3）发言人。论证会、鉴定会、听证会以及国际性组织的重要会议，与会者的发言常常是决策、定案的重要依据，因此可以要求发言人会后核对记录并签字。

（4）法定的签字人员。如《中华人民共和国公司法》明确规定，各类公司的股东会、董事会应当对所议事项的决定做会议记录，出席会议的股东、董事应当在会议记录上签名。

署名置于尾部，用以表示记录的完整性，同时也避免有人在正文部分私加文字。一般性会议记录也可以将记录人、审核人置于首部，但必须在结尾处写明“会议结束”的字样。发言人签署应当置于尾部。

（四）会议记录的要求

写好会议记录要达到以下几点要求：

1. 要快速、准确。如果记录跟不上发言，记录下来的内容残缺不全、不准确，经过记录者概括和归纳失去了原意，这都是不合要求的。所以，做好会议记录并不是一件很容易的事情，只有不断地提高听、写能力，更确切一点说，只有不断地提高理解与表达能力，才有可能做出完整、准确的会议记录。

2. 要客观、真实、完整。因为会议记录不仅是重要的文书档案，还是整理与会人员讲话、起草会议简报、会议纪要乃至正式文件的基础，而且为会后进一步研究问题、总结工作提供重要的原始依据和材料。它是日后查考的重要依据和凭证，是重要的历史档案。因此，记录人员应该有高度的责任心，以严肃认真的态度忠实记录发言人的原意，特别是重要会议和重要发言，应记原话，不得任意取舍增删，改变原意。会议的重要情况，发言的主要内容和意见，必须记录完整，不可遗漏。

3. 要规范。记录方法可采用符号速记，也可采用文字记录。重要会议、重要领导人讲话可速记，这样记录比较准确、完整，但整理翻译要费些时间。一般会议，使用文字摘要记录就可以了。重要会议应配备两名记录人员，还可辅以录音机，以资印证。会议记录的字体要力求清晰易认。会议记录人员不要使用自造的简称或文字。凡是会议记录都应设有单独记录本，便于保存，重要会议记录本应编写号码。

4. 重要的会议记录要保守秘密，不得透漏给无关者，更不能把会议记录内容外传。

5. 层次分明，段落清楚，语句通顺，文字准确，标点、字迹清晰，避免错别字。

（五）会议记录的注意事项

1. 做好会议记录准备工作

（1）准备足够的钢笔、圆珠笔、铅笔、笔记本和记录用纸。

准备好录音机和足够的磁带来补充手工记录。定期召开的会议或保密会议一般不录音。另外还可选择笔记本电脑、电子记事本等工具来记录会议信息。

（2）要备有一份议程表和其他的相关资料和文件，需要核对相关数据和事实时随时使用。

（3）提前到达会场，了解与会人员的座位图，便于识别会议上的发言者。

（4）在利用录音机的同时，必须手工记录，可以防止录音机中途出故障。

（5）安排记录席位时要注意尽可能靠近主持人和发言人，或扩音设备旁，便于准确清晰地聆听他们的讲话内容。

2. 会间记录服务

会议记录是会议内容和过程的真实凭证。一份完整、简洁、条理清楚的会议记录可以作为今后对已讨论过的事务查阅参考的凭证。记录必须体现会议的实际进程、会议的主要情况、发言的主要内容和意见，不能有所遗漏。

倾听是记录人员从会议上吸收信息的主要渠道和方式。记录人员应该做到：

（1）耳到心到。要做到“耳到”，就是无论遇到自己感不感兴趣的话题，或者发言者对不对自己的口味，记录人员都必须调整好自己的心态，全身心投入聆听。

（2）苦练坐功。记录人员要有正确的坐姿，在会议过程中尽可能自始至终正襟危坐。同时还要坐得住，不能轻易离席，随便进出会场，不然会中断记录内容；也不要抽烟，频繁喝茶，因为这样容易打断记录思路。

（3）排除干扰。记录人员的手机可设在静音振动状态，以备拨打接听与会议有关的电话，无关电话一律不接。若自己的邻座健谈，想要与自己私下交谈，要设法婉拒，告知对方自己在专司记录，无暇交流。

3. 会议记录的重点

（1）会议中心议题以及围绕中心议题展开的有关活动。

（2）会议讨论、争论的焦点及其各方的主要见解。

（3）权威人士或代表人物的言论。

（4）会议开始时的定调性言论和结束前的总结性言论。

（5）会议已议决的或议而未决的事项。

（6）对会议产生较大影响的其他言论或活动。

4. 会议记录的方法

（1）根据需要，采取详记和略记相结合的方法。

（2）漏记之处，可事先做出记号，然后对照录音磁带修改，也可提示会议主持人请发言者重复内容或对某一术语做出简要的解释。

（3）在记录与会者提出的意见、建议时，要把人名记录下来。

5. 会后整理完善

会议纪要内容的来源是会议记录。因此，会后及时整理好会议记录很重要。由于现场记录十分紧张，字迹不可能很清晰，而且每个人都有一套适合自己的现场记录法，有些常用术语，当场记录时往往简化了，不及时整理，时间一久，有些问题就搞不清楚了。整理时，要把简化的语句尽可能补充完善，做到语言文字规范化，当然不能变动原意。

整理好的会议记录，一般都应存档。有些会议记录对会后的工作至关重要，对于这类会议应该迅速建立专门的档案，除会议记录外，与会者的名单、联系地址、会议的组织情况、下一步编印的会议纪要和其他有关资料也应视情况一并存档。

三、实用范例

［例 1］　××厂政工会议记录

××厂党委第×次政工会议记录

时间：××年×月×日上午八时

地点：三楼会议室

出席人：张××（党委书记）、赵××（宣传部部长）、李××（组织部部长）、黄××（团委书记）、吴××（党委办公室秘书）、各车间、科室支部书记

缺席人：钱××、孙××（外出开会）

主持人：张××（党委书记）

记录人：吴××（党委办公室秘书）

（一）报告

赵××传达市委宣传部部长高××关于《宣传工作和思想政治工作要“转轨”》的讲话。（略）

（二）讨论

我厂如何按照讲话精神，抓好宣传工作和思想政治工作，保证全厂各项生产任务的完成？

张××：我先说几句。高部长的讲话，为我们进一步做好全厂宣传工作和思想政治工作指明了方向。就我厂而言，过去我们对这项工作不能说不重视，但程度不够，方法不活，显得沉闷、呆板。在今后工作中，我们应当采取有效措施，把宣传工作和思想政治工作有机地结合进来，适应“转轨”的形势需要，搞得活跃一些，使之更好地为我厂的生产和建设服务。关于措施，大家再议议。

黄××：为了落实讲话精神，厂团委准备在年内召开三次讨论会，适时掌握团员职工的思想动态，引导他们沿着正确道路发展；还准备举行两次文艺会演，以宣传工作和思想政治工作为核心内容，进一步深化大家的观念意识。此外，还准备在年终搞一次总结评比活动，表彰一批思想先进、工作成绩显著的同志。通过这些途径，调动大家的积极性，以便把我厂的生产搞得更好。

李××：……（略）

焦××（第一车间主任）：……（略）

（三）决议

通过讨论，大家一致通过以下三项决议：

1. 本周内利用两个半天时间，组织有关人员集中传达学习讲话精神，提高认识，统一思

想。

2. 各车间科室支部书记在认真学习的基础上,结合本部门实际情况,总结前一段的政治工作,制定下一步工作计划。

3. 第三季度末召开政工会议,交流有关宣传政治工作"转轨"的经验。

主持人:(签名)

记录人:(签名)

[例 2] 腾飞服装公司会议记录

腾飞服装公司会议记录

时间:2019 年 12 月 5 日

地点:恒大会议室

出席人:杨×(总经理)、吴××(副总经理)、唐××(总经理助理)、王××(服装设计师)、黄××(市场部经理)、赵×(生产部主管)、钱××(市场预测员)及各部门主要负责人

缺席人:朱××(病假)、孙××(出差)

主持人:杨×(总经理)

记录人:唐××(总经理助理)

会议内容:

一、议题

2019 年工作计划及基本安排

二、讨论

总结 2018 年工作完成情况,并在此基础上提出 2019 年总体工作目标,讨论为完成目标所需的人员及其他配备。

与会者发言(按发言顺序记录):(略)

三、决议

1. 各部门负责人向本部门传达会议内容。

2. 各部门内部讨论后,提出本部门详细的工作计划和安排,并在两周内报总经理办公室。

3. 在全体员工中召开动员大会,鼓舞员工的工作热情。

主持人:杨×(签名)

记录人:唐××(签名)

[例 3] 对一篇会议记录的评析

××××学校第×次办公会议记录

时间:2019 年 11 月 8 日

地点:行政办公楼二楼小会议室

出席人:×××(校长)、×××(总务副校长)、×××(校长办公室主任)、×××(总务科长)、×××(校长办公室秘书)及各科室主要负责人

缺席人:×××、××

列席人:×××(主管会计)

主持人:×××(校长)

记录人:×××(校长办公室秘书)

(一)报告

1. ×××(总务科长)报告学校基建进展和开支情况。(略)

2. 主持人传达省人民政府《关于压缩行政经费的通知》。(略)

(二)讨论

学校如何按照省人民政府的通知精神，抓好行政经费的合理开支，做到既勤俭节约、减少开支，又不致影响正常的教学、科研等项工作？(发言情况略)

1. 利用两个半天时间(具体时间由各科室自己安排，但必须安排在本周内)，组织有关人员集中传达学习省人民政府的通知精神，提高认识、统一思想。

2. 各科室负责人在认真学习、吃透文件精神的基础上，利用下周政治学习时间向群众传达、宣传。

3. 各科室责成有关人员根据通知要求，重新检查和修订本年度行政经费开支预算，务必于两周内报总务科；由总务科汇总，制订全校压缩计划报校长办公室。

4. 各科室必须严格控制外出开车和学习的人数，财务部门要把好报销关。

5. 借学习和贯彻通知精神的机会，对全校师生员工普遍进行一次勤俭节约、艰苦奋斗的传统教育。

6. 由校长办公室负责催办。

散会。

主持人：×××(签名)

记录人：×××(签名)

案例评析：

这则会议记录，标题由单位名称、会议名称、文种三要素构成。会议组织情况、会议进行情况、尾部三部分符合记录要求，格式相对规范。但内容方面还是存在一定问题：

一是时间有失详细、具体。“2019 年 11 月 8 日”究竟是上午、中午，还是晚上？几时召开的？对于时间应特别注意要写得明确、具体，不能含糊。

二是缺席人一项，除未标明身份外，也未交代其缺席的缘由，也有失妥当。因此，应在姓名之后用括号注明，如“(外出开会)”等。

三是缺少讨论和发言情况的记录。会议进行情况虽是摘要记录，但是发言和讨论的内容等应该被简明扼要地记录下来。

四是应将会议决议列为第三部分，放在讨论这一内容里，层次不够清晰。

[例 4]　会议记录参考模板

模板一：

××公司会议记录

会议名称：
时　间：　　　年　　　月　　　日　　时　　分
地　点：
主持人：
出席人：
列席人：

续表

<table>
<tr><td colspan="3">缺席人：</td></tr>
<tr><td colspan="2">记录人：</td><td>共　页</td></tr>
<tr><td colspan="3"></td></tr>
<tr><td colspan="3">发言人(签名)：</td></tr>
<tr><td>主持人(签名)：</td><td>记录人(签名)：</td><td>审核人(签名)：</td></tr>
</table>

模板二：

会议记录

××部第[　　]号

<table>
<tr><td colspan="2">会议日期：</td><td colspan="2">会议时间：</td><td colspan="2">会议地点：</td></tr>
<tr><td colspan="2">主　席：</td><td>列　席：</td><td colspan="2">上级指导：</td><td>记录整理：</td></tr>
<tr><td colspan="6">主　题：</td></tr>
<tr><td colspan="3">出席人员：</td><td colspan="3">缺席人员：</td></tr>
<tr><td>项　目</td><td colspan="2">内　容</td><td>执行单位</td><td>预计
完成日期</td><td>实际
完成日期</td></tr>
<tr><td>一、上期追踪</td><td colspan="2"></td><td></td><td></td><td></td></tr>
<tr><td>二、决议事项</td><td colspan="2"></td><td></td><td></td><td></td></tr>
<tr><td>三、协调事项</td><td colspan="2"></td><td></td><td></td><td></td></tr>
<tr><td>四、宣达</td><td colspan="2"></td><td></td><td></td><td></td></tr>
<tr><td>五、上级指示</td><td colspan="2"></td><td></td><td></td><td></td></tr>
<tr><td>六、临时动议</td><td colspan="2"></td><td></td><td></td><td></td></tr>
<tr><td>与会人员会签</td><td colspan="2"></td><td></td><td></td><td></td></tr>
<tr><td>备　注</td><td colspan="5">本会议记录已发 E-mail 到贵邮箱，如需留底请自行复印。</td></tr>
</table>

文件归档人：　　　　文件归档日期：　　　　会议主席签字：

四、实践训练

1. 背景材料

飞腾公司于 2019 年 2 月 17 日召开公司各部门经理例会，由公司副总经理李维主持会议，地点在公司办公楼第一会议室，要求公司各部门经理到会，其中人力资源部经理因病缺席。此次会议研究公司新产品的生产与销售问题，由秘书程伟担任会议的记录员。

2. 训练要求

(1)教师指定学生扮演不同的角色：1 号扮演公司副总经理李维，2 号扮演市场部经理，3 号扮演技术部经理，4 号扮演企划部经理，5 号扮演财务部经理，6 号扮演生产部经理，7 号扮演公关部经理，8 号扮演信息部经理。

(2)其他所有同学扮演秘书程伟担任记录员，做会议记录。

(3)教师选取的 8 位同学有 5 分钟准备发言稿的时间，其他同学利用这个时间布置会议场地。

(4)会议结束后,教师随机抽取一名会议记录人员,由其向全班同学宣读会议记录,会议主持人对其会议记录的准确性与完整性给予评价。

3. 操作指引

(1)安排记录席位时要注意尽可能靠近主持人和发言人,或扩音设备旁。

(2)设计会议记录模板,要特别注意人力资源部经理因病缺席,应在缺席人一栏中做记录。

(3)会议记录在定稿打字之前,要把草稿送公司总经理签字批准,一经签名,任何地方都不能再做改动。

(4)会议主持人应向记录员交代,此次会议内容要保密,不可随意外传。

4. 小结

做好会议记录的几点要求:(1)要快速、准确;(2)要客观、真实、完整;(3)要规范;(4)层次分明,段落清楚,语句通顺,文字准确,标点、字迹清晰,避免错别字;(5)重要的会议记录要保守秘密,不得透漏给无关者,更不能把会议记录内容外传。

五、课外练习

1. 分析以下材料,思考会议记录保密的重要性。

人到中年的赵秘书担负着县委常委会议的记录工作,与已经升任为县委县政府的部长、局长的一些同事们相比较,没有什么实权,但他能参加一个县的最高司令部的决策会议,还是令人刮目相看的。老赵当然深知保密工作的重要性,一般情况下,他对不该说的重大机密还是能做到守口如瓶的。但老赵有一个弱点——虚荣心强,还好讲所谓的义气。有时有意向他打听县委常委会议某种情况的人,给他说几句好听的,给他戴顶"高帽子",他就有点把持不住了,感到打听的事也不算什么国家机密,就可能用暗示的语言给别人泄露一些消息。如常委会决定提拔此人,他就会说一句"准备请客吧";如决定处分此人,他就会说一句"情况不妙",这实际上等于说出了常委会的决定。虽说这些事情不一定是国家机密,但都有一定的办事程序,有一定保密期。随便泄露不该说的事情,很可能给工作带来被动,甚至造成不良后果。于是,一些人给老赵起了个外号,叫他"温度表",意思是从他身上能看出常委会的有关情况。县委领导发现了这个问题后,为了对工作和他本人负责,及时给他调换了工作。

2. 案例分析

一字之差　两人"升降"

洪鑫是宏远公司董事长的秘书,近期,公司召开了一次上半年产品销售工作会议,由洪鑫做会议记录。会后,生产部经理、销售部副经理分别找到董事长,反映会议记录工作中出现差错的问题。原来,在会议记录中,生产部经理被"降职"变成了"副经理",而销售部副经理却"升职"变成"经理"了。原来是洪鑫粗心大意,在记录中出了错,审签领导也没有认真审核就签了字,结果出现了不该出现的差错。一篇会议记录,这儿多了一个"副"字,那儿少了一个"副"字,就会造成会议记录的失真。这一教训是深刻的。经过这次事件,洪鑫深刻反省了自己,结果又查出一个大毛病,他以前做的会议记录首部的信息往往残缺不全,不是没有会议的名称,就是忘了记录会议的时间;与会人员的姓名每次都做了记录,却看不出其参加会议的资格(出席还是列席);至于缺席情况他是从来不记的。这让他做的会议记录大打折扣。由此,他得出的结论是:在会议记录工作中,必须细心、细心、再细心,谨慎、谨慎、再谨慎,以保证会议记录的质量。

问题：

(1)作为秘书，应如何做好会议记录？

(2)会议记录的内容是什么？

(3)做会议记录的要点是什么？

第三节　会议信息服务

一、引导案例

会议简报为何迟而不发？

宏达公司即将举办一个为期3天的大型新产品介绍会，编发会议简报的工作由王秘书负责。

会议如期召开，进行得很顺利。参会的新老客户很多，大家对公司推出的新产品非常感兴趣，纷纷向总经理表示订货的意向。总经理很高兴，希望这些好消息在会议期间尽快发布，以沟通信息，鼓舞士气。可是，不知为何，迟迟不见王秘书编发的简报出来，想询问一下情况，却一直没腾出时间。

会议已经过了大半，还是不见简报的踪影，总经理很纳闷，就让李秘书去王秘书那里看看到底是怎么回事。

李秘书到了王秘书的办公室，看到王秘书还在埋头苦写，就转达了总经理的问题，王秘书说："我马上就写完了，写完后立刻交给总经理。"李秘书觉得很奇怪，问道："简报不是很难写，你怎么写得这么慢？"周秘书满腹委屈，说："怎么不难写，我写了好久好不容易才写了两万字。"说完，打开电脑给李秘书看，李秘书仔细一看，王秘书写的哪是会议简报啊，分明是一份会议报告嘛！她问王秘书："你知道简报的重点在短和快吗？一份简报一般不会超过1 000字。你写了这么多，怪不得你写得这么慢，看来你对简报的作用和写法根本不清楚。时间有点来不及了，我跟你一起写吧。再晚一些时间，编出来的东西就不叫简报而叫旧报了。"

王秘书在李秘书的帮助下，修改了原来的稿子，按照简报的格式，编发了两期简报，交给总经理，总经理审阅后对王秘书说："赶快印发，以后要注意提高工作效率。"

问题：

1. 宏达公司的新产品介绍会为什么要编发会议简报？
2. 会议简报包括哪些内容？
3. 会议简报的格式是怎样的？
4. 为什么李秘书说"再晚一些时间，编出来的东西就不叫简报而叫旧报了"？
5. 除了会议简报之外的会议信息服务还有哪些？

二、知识介绍

(一)会议信息的概念与作用

1. 会议信息的概念

会议信息是指有关会议召开的各种情况，诸如开会的时间和地点，出席人员，会议的议题和议程，会议就某一方面问题所做的决定及贯彻意见、措施等。会议信息通常表现为会议通知、会议简报、会议纪要、会议报道,以及会议的传达提纲、要点等形式。这里讲的会议进行阶段的信息不是指开幕词、工作报告、闭幕词等已经形成的文件中所包含的比较成熟、集中的信息,而是指一般与会人员发言中所提供的零星、分散的信息,秘书应加以收集和编发。

会议信息的收集要本着“准确、及时、全面、适用”的原则,通过会议的正式报告、研讨会上的讨论发言、与会者的议案以及会下的广泛交谈,随时获取有价值的信息,供领导者参考或供会议交流。

2. 会议信息的作用

会议信息具有交流、深化、反馈、决策依据、储存备查等作用。

与会者来自不同部门、单位、系统或地区,他们了解各种不同的情况,又往往有自己的见解和态度。因此,他们的发言及听取他人发言就具有互相交流的作用。

与会者互相交流的同时,必然有个深化的过程。相同的意见互相补充、成熟、完整;不同意见互相启发、切磋、争论、修正,模糊的会变得明朗,分歧的也可能取得一致。

与会者大多来自基层,来自生产、工作的第一线,他们所提供的情况、意见本身就是社会实践的反馈,又往往具有更广泛的代表性。因此,值得高度重视。

与会者信息中的正确、合理的部分,应被会议主席或与会的领导者吸收、采用,作为制定政策、策略或修改决策的依据。因为实践是检验真理的唯一标准,一切管理工作的基本过程就是“决策执行→反馈→再决策→再执行→再反馈”的过程。

与会者信息中可能有一部分暂时对决策不起作用,但只要是真实的、新生的、有代表性的或确有见地的,也应加以重视,需要收集、整理、立卷、归档,以备日后查考之用。

(二)获取会议信息的渠道

会议是组织内部或系统内部交流信息的重要方式。在会议内交流信息的主要途径是讲话或发言,即口头表达。这种表达与书面表达相比其特点是具有“一过性”,即一说即成过去,基本不能复原。通过会议渠道获取信息的方式通常是即时记录,但其速度往往比嘴说要慢,因而有可能不能保持信息的完整性,甚至可能将重要信息遗漏。即时记录对记录人员的素质和能力是个严峻的考验。借助录音手段可以弥补记录不全的缺陷,不过也有两点不足:一是录音后的整理工作量大,且时效性、保密性等受到影响;二是出于保密等方面的要求,并不是所有会议都能录音。造成会议信息获取不全的另一个情况是分组讨论时小组人员数量不足、水平不一,而分组讨论时所交流的信息往往是很珍贵的,是在集中的场合中所得不到的。这一点尤其需要重视并设法加以解决。会议内交流信息也可采用文字表达形式,如某些报告、讲话、发言有文字稿,有些活动如选举就直接使用文字,等等。获取这样的信息要及时索取并保留文字稿,根据需要和可能制作备份。在会议中采集的信息,要依据会议的性质、内容、时机、与会人员和发言讲话人员的身份等,确定取舍和归集的形式,防止曲解和泄密。

会议秘书要通过以下渠道广泛收集会议信息:

1. 各种会议记录,如主席团会议记录、团长会议记录、分组会议记录等。

2. 召集各团组联络员碰头会,汇总情况。

3. 收集代表的提案、发言稿、书面建议等。

4. 统计分析与会者的签到、报到信息。

(三)会议信息工作的程序与方法

会议信息工作的基本程序是:记录、核实、汇总、整理与筛选、编写、发送或归档。

1. 记录

主要是做现场笔记，可采用通用文字记录或专业符号速记（会后应译成通用文字稿）。重要的会议可由两名秘书同时记录。记录的详略应视内容的重要程度和意见是否重复而定。重要的、有新见解的应详记，即尽可能把每句话的意思都记录下来，重复的则记其概要或表态，赞成谁的意见或不赞成谁的意见，表态性意见对统计某个意见的代表性和赞同数量有用处。

大多数会议允许录音。录音比笔记更具完整性，录音可供秘书在会后核对、补充或修改文字记录。但录音比起文字记录来仍处于次要地位，只适用于人数少、会场条件好的场合，且整理录音时需要比较强的辨听能力，因此只能作为一种辅助手段。何况，一些保密性会议根本不允许录音。

记录的方法还有摄影和录像。摄影可以记录画面、形象，录像不仅有连续的画面，还可同时保留声音。从这方面来说，摄影和录像比笔记与录音又进了一步。但是，摄影只是静止的画面，录像一般也不可能是全过程，而只是几个重要的片段。因此，摄影的相片和录像通常只能作为会议的宣传、补充和纪念之用。

2. 核实

秘书在会议现场做的发言记录很可能有遗漏或错误，需要会后及时予以核实。两位秘书同时做记录的，需要将两份记录对照、相互补充，合成一份比较完整的会议记录。有录音的，应将录音与文字记录核对、补充或修改。会场上未听清的内容，尤其是重要的人名、地名、时间、数据、引文等，必须找发言人核实无误。

3. 汇总

小型会议只有一份会议记录，自然比较简单。如果是大中型会议，或同时有几个会场，或有大会发言又有小组讨论，信息来源不止一处，就需要汇总。信息汇总首先把多种会议记录汇合在一起，或听取、记录各小组的口头汇报，或收阅发言人的发言稿，或是因某种原因不上台发言却提交的书面发言稿。总之，应将会议全过程中所提供的信息尽可能齐全、完整地收集、汇总在一起。

4. 整理与筛选

汇总的信息往往是大量的、分散的，甚至是杂乱的、良莠不齐的，必须加以整理。

整理的第一步是“归纳”，即将多数的、同类的信息归纳在一起。剩下个别的，如果是重要的、正确的，也应该挑选出来。然后进行第二步“筛选”。筛选就是过滤、挑选出有用的信息，同时把极少数陈旧、不真实、无意义的信息扬弃。

5. 编写

经筛选的信息，仍然是原始信息，须由秘书加以编写。编写的方法一是归纳法，即秘书把共同的、有代表性的意见加以归纳、概括，用简明的文字重新表达。二是摘要法，即把重要的发言原文原句摘录。对相片、录音和录像则采用选取和剪辑的方法。

总之，秘书应将会议的文字与录像信息编写并挑选出来，印制成资料，供与会人员学习参考。

6. 发送和归档

经编选、印制的材料，有利于会议进展的，应及时发送给与会人员。暂时不用、但日后有参考价值的材料，则应立卷、归档，以备会后查考之用。

（四）会议信息编发的形式

会议信息编发的主要形式是会议简报或情况反映。会议简报是会议情况的简要报告，一般情况下以正面反映会议情况为多，印发范围也较宽。情况反映是会议代表对会议情况的反映，带有一定的内部性，主要反映与会人员对一些重要问题、原则问题的表态性意见，对某些重要问题的不同看法，对当前存在问题的分析与建议，对某些问题比较深刻的见解等，印发范围较窄。会议简报和情况反映都是为领导掌握会议宏观情况而服务的，编印会议简报或情况反映是及时反映会议进程、交流会议情况、提高会议质量的一种有效方法，是领导同志全面了解会议动态的重要渠道。

中型以上会议常需要编写简报，以迅速反映会议中值得注意的动态和问题。编写、印发会议简报应坚持少而精的原则，力求精辟简短、新鲜迅速。简报的发放范围可视内容确定，有的发给全体与会人员，有的发给各组负责人，有的则只送达会议领导人。只送达会议领导人的简报也可以采用发增刊的形式。

会议简报具有“简、真、新、快”的特点。每期简报的字数在两三千字，可是内容很广，既有会议的综合报道，又有发言摘要，也有花絮新闻，内容都经过核实，具有高度的真实性和新闻性。

简报编发速度要快，往往对于下午的情况，当天晚上就选、写、编、印，第二天早上就发送到与会者的手中。但简报属于内部文书，简报上所登载的信息往往未经原发言人审核，仅供会上交流之用。会议简报与会者可以带回，作为宣传、传达的材料，但不能公开发表或引用。简报稿由秘书人员撰写，简报由会议秘书处编印。

编印会议简报或情况反映应注意：

第一，注意典型性和代表性。要抓重点、抓特点，筛选代表的发言，要有典型性和代表性，不必要的、重复的内容或问题可以不编。

第二，注意真实性和公正性。要实事求是，准确客观，对记录的发言进行整理编稿时不人为拔高和缩小，尊重事实和现实，同时要防止只报喜不报忧。

第三，体现快速性和简短性。文字要简练、篇幅要短小，真实迅速地反映值得注意的动态和问题，快速敏捷、讲求效率。

第四，注意保密性和安全性。对一些重要和具有保密内容的会议而言，要做好编印过程中的保密工作，严格控制分发范围，并按规定程序审签和分发。

（五）会议信息的对外宣传

如果会议领导者认为必要，会务秘书应积极搞好对外宣传工作，这项工作最重要的是掌握信息的保密度，做到内外有别，若召开记者报告会，还应提前做好准备。

对外宣传报道可以采取多种方式：

1. 由会议秘书撰写新闻报道稿件，经领导者审阅后向媒体发送。

2. 在会议召开期间，邀请有关报社、电台、电视台派记者驻会随访，发布消息。

3. 在会议结束时，召开记者报告会，由会议领导者直接介绍会议情况，并亲自回答记者提出的问题。

（六）编写会议简报

1. 会议简报的编写方法

编写会议简报时，常用的方法有两种：

(1)报道式

即采取新闻报道的方式，介绍会议活动以及分组活动的情况。可分为“综合性报道”“专题性报道”和“动态性报道”三类。

(2)转发式

即把在分组活动中具有代表性或重要价值的发言或书面建议加上编者按予以转发。可分为全文转发式和摘要转发式。

2. 会议简报的结构模式

(1)报头

报头位于简报首页的上方,约占1/3的版面,包括:

①编号,即每份简报的印制顺序号,带有密级的简报必须编号,以便登记、签收和清退。编号标注于简报的左上角。

②保密要求。带密级的简报,应在右上角注明密级;会议内部文件则注明“注意保密”或“会后清退”。

③简报名称。由会议名称+简报组成,如《××省工商行政管理系统党风廉政建设和反腐工作会议简报》。简报名称要居中,其中简报二字字号要大,以示醒目。

④期号。期号按编发顺序排列,有的还可以标出累计的总期号。标注于简报名称下方居中。属于“增刊”的期号,要单独编排,不能与“正刊”期号混编。

⑤编印机构。编印机构一般写会议秘书处,标注于期号的左下方。

⑥印发日期,即简报实际发出的日期,用阿拉伯数字标注于期号的右下方。

(2)报身

①标题

标题要求概括、醒目、简短、富有吸引力,居中以较大的字体书写。写法分两种:一是单行式标题,可分为概述式、设问式、比拟式、对仗式、比喻式、顶真式等写法。二是双行式标题,由正、副标题组成。

②按语

按语又称编者按,一般根据会议活动领导机构的意图起草,用以说明转发目的,提示内容,表明态度,以引起注意和重视。按语可分为说明性按语(说明转发原因和目的)、提示性按语(提示内容的重点和要点)、评述性按语(对转发的发言和建议发表意见、表明态度)。按语的字体字号要与正文有明显区别。转发式简报要编写按语。

③正文

正文是会议简报的核心。常用的写法有三种:

综述法:即由编者采集各方面的言论、意见加以概括而成,相当于会议的综合报道,将会议的进程、出席情况、会议的发言和议程一一加以反映。

重点报道法:重点反映会议的某个重要报告的内容、小组讨论情况或一个与几个人的发言等。

摘要法:摘录代表发言的概要,供与会者参阅。

(3)报尾

位于简报末页的下端,以两条平行横线相夹。左侧注明简报的发送对象和范围,即写明:“报:×××;送:×××;发:×××”,上下顺次排列,右侧注明印刷份数,即“共印×××份”。报是上报的意思,报给上级单位;送的对象是平级机关和不相隶属的机关;发是下发的意思,发给下级机关。

三、实用范例

［例 1］　综合性会议简报

行政办公室 2018 年年终工作总结会议简报

行政办公室于 2019 年 1 月 24 日召开了全科室人员参加的年终工作总结会议，刘××主任主持了会议，分管领导曾书记出席会议。

会议中刘××主任通报了行政办公室在 2018 年度年终绩效目标考核的成绩，充分肯定了我们全科室成员在 2018 年工作中付出的努力和成绩，在履职能力、指导基层的服务态度、廉政建设、科室学习等方面做得比较到位，得到了处领导、基层单位与机关科室的一致认同。绩效考核工作方面，与机关各科室通力协作，效果良好，不管是基层单位还是机关科室的管理水平均上台阶；规范公文流程，提高公文流转速度，并进一步规范了公文格式及处局域网发文；宣传报道工作，在处属各单位的大力支持下，圆满完成水利厅下达的指标，并且我处局域网的建设得到厅局的高度肯定；车辆管理方面，保证了全处各项工作的顺利开展，并实现全年无行车事故；食堂工作任务较 2017 年翻了一番，通过精心管理，不断完善，食堂管理水平上了一个台阶；供水站工作在全处各单位、各位职工的支持下，已逐步实现规范化管理，并在都江堰系统内取得了第一的好成绩。

会议在肯定成绩的同时，也详细分析了工作中的不足，科室内部协作、部门之间协调、科室内部管理等方面还有待提高。会议还对办公室 2019 年的工作进行了详细的安排和规划。

会议最后，曾书记对办公室 2018 年的工作给予了充分的肯定。他指出，办公室是综合部门，是单位的神经中枢，负责工作信息的上传下达、内外协调、工作面广、工作量大，还将面临很多突发性、临时性事件，容不得半点马虎。希望大家总结过去、开拓未来，在新的一年中取得更好的成绩。曾书记还代表处班子，结合最新的“四风”“禁令”等文件精神，对办公室提出要求，即严格遵守中央的“八项规定”和省委的“十项规定”，管好自己并管好自己的身边人。并祝愿全体职工过一个祥和安康、幸福美满的新春佳节。

——资料来源：四川省都江堰人民渠第二管理处网站。

［例 2］　专题性会议简报

江苏省第十四次围产医学学术会议简报

2019 年 5 月 16～18 日，“江苏省第十四次围产医学学术会议”在宿迁市成功举行。会议由江苏省医学会、江苏省医学会围产医学分会主办，南京鼓楼医院集团宿迁市人民医院协办。

本次会议旨在促进我省围产医学技术的推广、普及和提高，为基层医院产科、儿科诊疗技术的提高与围产期产儿实践管理提供具体可行的指导，促进我省围产医学事业进一步发展。江苏省医学会胡寅秘书长、江苏省卫健委妇幼处刘益兵处长、中华医学会围产医学分会前主任委员朱建幸教授出席了开幕式，并做了重要讲话，分析了围产医学的现状，并提出发展期望。

会议期间共举行了 12 场专题讲座及 16 场大会论文发言。内容涉及剖宫产产后出血相关问题、妊娠期贫血相关问题、瘢痕妊娠问题、产科弥散性血管内凝血的诊治、江苏省产前诊断现状及任务、新生儿 B 族溶血性链球菌的现状及预防、围产期巨细胞病毒感染的诊治、低血容量窒息的产房复苏、早产儿管理及产儿合作、新生儿低血糖脑损伤及新生儿败血症的相关问题。

来自省内外各市县的 396 名新生儿科及妇产科医护人员参加会议，创历届江苏省围产医学学术会议参会人数之最。会议期间召开了江苏省医学会围产医学分会全体委员、青年委员会委员工作会议，成立了母胎学组和新生儿复苏学组，就目前围产医学的现状、任务、工作计划做了深入讨论。本次会议对提高我省产科、儿科诊疗技术，推动围产医学技术的专业化、规范化发展具有重要意义。

［例 3］ 动态性会议简报

首届“中国—阿富汗智库对话”会议在上海外国语大学虹口校区召开

2019 年 10 月 24 日，由上海全球治理区域与国别研究院（Shanghai Academy of Global Governance & Area Studies）举办的首届“中国—阿富汗智库对话”会议在上海外国语大学虹口校区召开。

出席论坛的嘉宾阿方嘉宾有：前阿富汗国防部副部长、阿富汗战争与和平研究所创始人 Ahamd Tamin Asey 先生及夫人 Roya Salem，阿富汗前农业部部长 Assadullah Zamir 先生，阿富汗社会政策研究所高级研究员、专栏作家 Azizullah Koshan 先生，阿富汗《8 点时刻》报刊主编 Mohammad Ferdaws Kawish 先生，中阿友谊协会会长 Waisahmad Baheen 先生。上海全球治理与区域国别研究院高健秘书长，中国前驻巴基斯坦大使陆树林先生，上海国际问题研究中心南亚研究室主任王德华教授，兰州大学阿富汗问题研究院主任朱永彪先生，中国国际广播电台、阿富汗问题高级研究员席猛先生等中方嘉宾参与了本次智库对话活动。

智库对话围绕三个议题展开，分别为：阿富汗和平谈判与重建；建立多边反恐机制；阿富汗的经济发展与“一带一路”倡议。

在第一个议题的讨论中，代表团团长 Asey 发表了主题为“和平对话不等于和平机制”的讲话。他认为，阿富汗问题是历史形成的极为复杂的地区问题。在内部力量斗争未果的情况下，国际社会的外部力量进行了介入和干预，甚至试图影响或控制事态的走向，使阿富汗问题异常复杂。在多方努力下虽然促成了多次和平对话，但是阿富汗尚未实现和平。外部力量的介入可以降低展开和平对话的难度，但是和平对话的进程需要由阿富汗人民主导。美国和北约撤回在阿富汗的武装力量将对和平进展产生积极影响。

阿富汗代表团专家认为，印度和巴基斯坦都不应该将阿富汗作为克什米尔问题上博弈的棋子。如果可以搁置纷争，巴基斯坦和阿富汗将会是天然的友好邻居；上合组织将在阿富汗和平对话进程中发挥重要的不可替代的作用，上合组织在反恐以及安全领域将提供一个良好的合作平台，阿富汗可以在反恐等领域获得多边合作与支持。

在关于建立多边反恐合作机制的主题讨论中，阿富汗前农业部长 Assadullah Zamir 发表了主题为“东伊运的起源与发展状况”的讲话。他认为在当前形势下，东伊运是恐怖主义中的突出矛盾，东伊运是阿富汗与中国共同需要面对的恐怖组织，在这一问题上中国与阿富汗的立场完全一致。这些恐怖分子常年活跃在阿富汗、巴基斯坦以及中国边境地区。在谈及塔利班运动时，他强调塔利班不能被单纯地定义为恐怖组织，塔利班在阿富汗地区具有极大的影响力。塔利班改变了传统的武装冲突的活动方式，转向了以网络为平台、信息技术为工具的媒体渗透；塔利班依旧是以伊斯兰保守思想为基础的政教合一的意识形态。

阿富汗前国防部副部长 Asey 指出，中国是阿富汗的好邻居，中阿边界的稳定可以有效推动反恐局势的发展。在反恐问题上，阿富汗应当向所有邻国释放诚意，只要积极合作，保障地区性和平稳定，就会为阿富汗带来积极效应。中方代表王德华教授认为，国际社会对塔利班的定义至关重要，因为“恐怖组织”这一定义是否适用于塔利班将直接影响对其政策，需要谨慎对待和引导塔利班通过正常的途径来表达政治诉求。中阿专家均指出在恐怖主义问题上，没有任何一方可以独善其身，只有在多边合作机制框架下才可以解决在新条件下更具威胁力的恐怖主义问题。

会议的最后一个议题为阿富汗的经济发展与“一带一路”倡议。王德华教授提出了4“W”s，即“一带一路”倡议是什么？中阿过去与现在的关系如何？中阿经济合作的机遇与前景是什么？我们应该采取的打破亚洲命运共同体的伙伴关系壁垒的措施是什么？王德华教授指出“一带一路”倡议为亚洲带来了历史性的发展机遇，阿富汗的加入会极大增加“一带一路”的活力，同时为阿富汗带来巨大红利。中阿双方嘉宾均认为中国的“一带一路”倡议可以为阿富汗的经济发展起到极大的助推作用；在政治上，中国积极推动和谈进程；在经济上，中国持续加大对阿富汗的投资。中阿嘉宾均肯定了“一带一路”和中巴经济走廊的作用，二者对周边地区和世界经济的复苏与发展提供了强劲的动力和良好的示范效应。高健秘书长认为，中国与阿富汗应该探索更为有效的投资模式，为中阿两国的经济发展共同助力。

三项议题全部结束后，高健秘书长做总结发言，他首先感谢阿富汗代表团和中方专家学者对本次研讨会的大力支持，并充分肯定了这次对话会的重要意义。高健秘书长认为，作为邻邦与地区的重要参与国，中国为阿富汗问题解决发挥不可替代的作用，中国在推动阿富汗局势和解与地区和平领域大有可为。他表示上海全球治理与区域国别研究院将会更好地发挥智库作用，为中国阿富汗交流发挥更为积极的作用。

四、实践训练

1. 背景材料

华电集团公司2019年工作会议简报

1月17日，华电集团公司2019年工作会议在京召开。会议总结工作，分析形势，部署任务，确保全面完成年度目标任务，加快建设具有全球竞争力的世界一流能源企业。

……

2018年，公司上下在以习近平同志为核心的党中央坚强领导下，认真贯彻落实党中央、国务院以及国资委各项部署，以高质量发展为主题，以深化供给侧结构性改革为主线，加强党的建设，狠抓提质增效，加快转型升级，深化改革创新，强化安全环保，各项工作取得了积极成效：讲政治，抓整改，党的建设不断加强；稳增长，提效益，经营工作成效显著；抓升级，促转型，高质量发展加快推进；推协同，重支撑，产业互补优势不断增强；履责任，勇担当，三大攻坚战开局良好；推改革，重创新，发展活力持续增强；强管理，夯基础，安全生产保持平稳运行。公司主要指标实现“一个超额、一个下降、多个增长”：全面超额完成了国资委业绩考核指标，资产负债率77.83%，较年初降低2.88个百分点，近十年来首次降低到80%以下。完成发电量5 559亿千瓦时，同比增长8.52%；营业收入2 152亿元，同比增长8.5%；煤炭产量5 078万吨，同比增长13.7%；供热量3.04亿吉焦，同比增长20%。清洁能源装机占比39.7%，同比增长0.7%。

华电集团公司董事长、党组书记温枢刚指出，2018年是我们辛勤耕耘的一年，也是硕果纷呈的一年，这一年的成绩是奋斗得来的。回顾华电发展历程，奋斗也是贯穿始终的关键词。成立16年来，公司始终牢记央企使命担当，坚决落实中央战略部署，从单一发电集团转型为发电、煤炭、金融、科工四大产业协同发展的综合性能源集团，走出了一条具有华电特色的改革发展之路。

在深入分析内外部形势后，温枢刚指出，去年以来，集团公司深入贯彻落实党的十九大精神，对建设具有全球竞争力的世界一流能源企业做了初步规划，制定了指导意见，进行了积极探索和实践。在此基础上，要进一步明确公司的愿景目标就是建设具有全球竞争力的世界一流能源企业。围绕这一目标，根据形势变化，公司确定的中长期发展思路是：深入学习贯彻习近平新时代中国特色社会主义思想和党的十九大精神，坚持和加强党的全面领导，坚持稳中求进工作总基调，坚持新发展理念，坚持推动高质量发展，坚持改革创新，以供给侧结构性改革为主线，持续推进从保障供应向增加有效供给转变、从规模扩张向注重效益提升转变、从要素驱动向创新驱动为主转变，推动质量变革、效率变革、动力变革，实现一流的可持续发展能力、一流的价值创造能力、一流的国际化运营能力、一流的科技创新能力、一流的企业治理能力、一流的品牌影响力，加快建设具有全球竞争力的世界一流能源企业。概括起来是：准确把握“五个坚持”，持续推进“三个转变”，努力实现“六个一流”。

……

华电集团公司党组副书记、副总经理任书辉在总结讲话中就贯彻落实工作会议提出三点要求：一是认真学习、深刻领会，切实把思想和行动统一到会议精神上来；二是真抓实干、攻坚克难，全力抓好各项目标任务的落实；三是统筹谋划、精心组织，扎实做好岁末年初各项重点工作。

2. 训练要求

由教师指定一名同学（或同学毛遂自荐）在黑板上设计简报的结构模板，其他同学在下面设计，结束后由教师现场点评。

3. 操作指引

(1)为这份会议简报加写标题，并确定报、送、发的对象。

(2)为这篇会议简报设计结构模板。

4. 小结

(1)会议简报导语的写法

①概述式导语

例1采用此法，用概述的方式介绍会议活动的概况，包括会议的名称、时间、地点、主办单位、与会人员。综合性会议简报常使用这种导语。

②点题式导语

例2采用此法，简报一开始便直截了当切入主题。专题性会议简报经常使用这种导语。

(2)会议简报参考模板

编号：×××　会后清退

××××××××会议

简　报

（第×期）

×××　2019年×月×日

××××××××××××××××（标题）

编者按：××××××××××××××××××，×××××××××。

××××××××××，××××××××，×××××××××，××××××××××××，×××××，×××××××××××××××，×××××××××。

××××××××××，××××××××，×××××××××。××××××××××××××××，×××××××××××××××××，×××××××××。××××××××××，××××××××××××××××，×××××××××。

××××××××××，××××××××，×××××××××，×××××××××。×××××××××××××，×××××××××。××××××××××，××××××××××××××××××，××××××××××。（正文）

报：
送：
发：

（共印××份）

五、课外练习

1. 请根据以下会议发言记录编写当天的会议简报。

2019年中国发展高层论坛专题研讨会

9月6～7日，由中国发展研究基金会主办的2019年中国发展高层论坛专题研讨会在北京举行，主题为"贸易、开放与共享繁荣"。论坛聚集了数百位中国政府高层领导、全球商界领袖、国际组织和中外学者。以下是与会秘书就部分与会代表的发言做的记录。

时间：9月6日上午

地点：北京钓鱼台国宾馆

主持人：中国发展高层论坛秘书处秘书长、中国发展研究基金会副理事长卢迈

会议发言记录如下：

全国政协人口与环境资源委员会主任、中国发展研究基金会理事长李伟：今天的世界经济，早已进入你中有我、我中有你的一体化时代，经济全球化的时代潮流不可逆转，只会不断深化。各个国家在一些问题上存在利益差异和观点分歧很正常，关键是要加强对话、协商、交流、互鉴。我们很高兴将今年研讨会的主题确定为"贸易、开放与共享繁荣"，在这一主题下，将围绕全球经济增长展望、中美经贸关系前景、加速开放的中国、英国脱欧与欧盟前景、中国经济的韧性与高质量发展、全球创新合作等重大议题展开讨论。"沧海横流，方显英雄本色。"我们正

处在一个需要并可以造就伟人、需要并可以造就大批真正的企业家、需要并可以造就更多真正的经济学家的时代。

国务院发展研究中心党组书记、副主任马建堂：经济全球化促进了生产要素在全球的自由流动和合理的配置，形成了更加合理的产业链。发达国家作为全球价值链传统的主导者、贸易规则的制定者，能够通过全球布局实现利润的最大化，不断向附加值更高端升级。发展中国家作为经济全球化的积极的参与者能够利用外资发展自身的产业，不断缩小与发达国家的差距。经济全球化遭遇了波折，面对经济全球化进程的滞缓，中国坚持走包容普惠、互利共赢的人间大道，坚定不移扩大对外开放，坚定不移维护全球多边贸易体制，为全球经济繁荣和建设开放型世界经济提供中国的智慧，贡献中国的力量。

美国奥尔布赖特石桥集团联席董事长、美国商务部前部长卡洛斯·古铁雷斯：第二次世界大战后建立的全球贸易和投资体系在近40年内不断加强，今天在座的所有人都从中有所受益。在所有国家中，美国作为世界上最大的经济体，是其中最大的受益者之一。中国也从中受益良多，它已成为全球最大的贸易国和最大的外国直接投资目的地之一，中国为全球资本流动做出了巨大的贡献。与此同时，中国提出的“一带一路”倡议也符合这种互联互通的理念。

国家发展和改革委员会副主任、国家统计局局长宁吉喆：中国将进一步推进高水平开放，发展更高层次的开放型经济，以开放促改革、促发展，推动形成全面开放新格局。对外开放是中国的基本国策。当今世界正处于百年未有之大变局。经济全球化在曲折中前行，单边主义、保护主义日益抬头，多边贸易体制受到冲击。但中国开放的大门不会关闭，只会越开越大。今年以来，中国政府推出了一系列扩大开放新举措，取得明显成效。前7个月，在全球贸易投资低迷情况下，我国货物贸易、服务贸易、实际利用外资均实现了正增长。下一步，中国将进一步推进高水平开放，发展更高层次的开放型经济，以开放促改革、促发展，推动形成全面开放新格局。

资料来源：邢郑、庄红韬：“2019中国发展高层论坛专题研讨会”开幕，中国发展研究基金会，2019年9月6日。

2. 请阅读下面这份简报，并回答问题。

黄山旅游发展股份有限公司2019年度工作会议简报

3月28日，黄山旅游发展股份公司召开2019年度工作会议暨“二次创业”誓师大会，全面总结2018年度各项工作，部署安排2019年度重点工作。此次会议是公司新的组织架构落地后召开的首次公司层面的重大会议，也是明确目标、鼓劲加油、吹响冲锋号、奋力开创“二次创业”新局面的一次重要会议。

……

市委常委、景区党工委书记、管委会副主任吴文达指出，2018年，公司上下团结一致、克难而进，以“不必扬鞭自奋蹄”的生动实践，有力诠释了“改革永远在路上”的时代内涵，以苦干实干的丰硕成果，为全市和景区经济社会发展做出了重要贡献。2019年是中华人民共和国成立70周年，是邓小平同志视察黄山并发表“黄山谈话”40周年，也是黄山旅游再出发的起航之年，时点特殊、任务艰巨。刚刚闭幕的全国“两会”，进一步提出了“发展全域旅游，壮大旅游产业”的要求，要实现“中国旅游黄山再出发”，景区及公司上下必须协同一致、奋力拼搏、攻坚克难、共同追梦。

吴文达强调，要坚持两个“一以贯之”，确保“党的领导”和“现代治理”双强化。在政治上把牢方向，在思想上管好大局，在组织上保证落实。要投身全域旅游实践，扛起"融合带动"和"幸福提升"双担当。积极扛起生态环保、旅游安全、以旅彰文、龙头引领、旅游扶贫的担当。要注重落实落地见效，实现"二次创业"和"品质革命"双突破。纾困解难升级传统业态，夯实基础优化产品服务，加快拓展抓紧落地见效。以更加开阔的视野、更加扎实的作风、更加有力的措施，在解放思想、改革创新上迈出新步伐，加快构建黄山旅游价值取向、科学的标准体系和工作流程，在促进黄山旅游"二次创业"上取得新进展，为谱写新时代黄山旅游再出发新篇章努力奋斗！

董事长章德辉全面总结盘点了公司近年来改革发展所取得的可喜变化，并指出，要深刻认识文旅行业消费需求更加多元、市场竞争更加激烈、门票经济面临天花板的发展态势，准确判断公司正处于"历史问题的消化期、新旧动能的转换期、改革发展的攻坚期"的发展阶段，深入剖析公司面临的相关问题，对标先进、系统总结、深度思考、科学论证，从确保完成既定的经营指标、投资任务、改革举措、对外拓展计划、打造黄山旅游服务品牌和推动全面从严治党工作不断引向深入六个方面发力，继续推进黄山旅游"二次创业"伟大征程。

会议签订了2019年度业绩管理合同，对2018年度公司涌现出来的先进集体和个人进行了通报和表彰。公司有关高管作了"二次创业"表态发言。

公司高管、各经营机构班子成员和人事行政部经理，受表彰集体和个人代表共210余人参加会议。

黄山旅游发展股份有限公司
2019年3月31日

问题：

(1)这篇会议简报的编写方法属于报道式还是转发式？

(2)这篇会议简报的正文采用了哪种写法？

第四节　会议旅游、娱乐与陪同服务

一、引导案例

中共中央办公厅、国务院办公厅关于进一步精简会议和文件的意见

《中共中央办公厅、国务院办公厅关于进一步精简会议和文件的意见》(下称《意见》)是2001年12月4日中共中央办公厅、国务院办公厅发布的政策参考文件。

党的十五届六中全会做出的《关于加强和改进党的作风建设的决定》(下称《决定》)明确提出："改进领导方式和工作方法。下决心精简会议和文件，改进会风和文风。"近年来，党中央、国务院多次强调要改进作风，深入实际，切实精简会议和文件，并采取了一些实际措施，取得了一定成效。但是，会议过多，请领导同志出席事务性活动过多，各类文件简报过多的情况仍然没有根本改变，影响了领导机关和领导干部同人民群众的密切联系，不利于各级党委和政府集中精力抓工作。为此，要把进一步精简会议和文件，作为全面实践"三个代表"要求，认真落实十五届六中全会精神的一个突出问题来抓。经党中央、国务院同意，现重申并提出以下规定和要求：

一、采取有力措施，坚决精简各类会议活动

1. 减少会议活动数量。从中央和国家机关做起,各地区、各部门安排会议活动一律要从严掌握。能不开的会议坚决不开,可以合并开的合并召开;要尽可能利用现代通信和技术手段召开电视电话会议,条件具备的可以直接开到基层,避免层层开会。一律不准巧立名目召开各种属联谊性、轮流做东的“片会”。以党中央、国务院名义召开的全国性会议要统筹安排,从严控制;中央和国家机关各部门每年召开的本系统全国性工作会议原则上只开1次,特殊情况不得超过2次。各地区、各部门首先是省部级以上的党政机关要严格控制举行各类纪念会、研讨会、表彰会、剪彩、奠基、首发首映式以及各种检查、评比等活动。元旦、春节期间,党政机关之间不搞相互走访拜年活动。对必须举办的会议和活动,要明确主题,充分准备,注重实效。

2. 压缩会议活动规模。各类会议活动要尽量压缩规模,减少参加人员。以党中央、国务院名义召开的会议和举办的活动,应按照批准的方案组织实施。中央和国家机关各部门召开的全国性会议,会期不得超过3天,与会人员最多不得超过300人,未经党中央、国务院批准不得邀请各省区市党委、政府主要负责同志和分管负责同志出席。中央和国家机关各部门不能以地方领导同志是否出席本系统的会议活动作为衡量地方是否重视某项工作的依据。省区市召开的会议,未经批准,也不要邀请中央和国家机关有关部门负责同志出席。各地区、各部门要从严控制举办大规模的群众性活动,少数确需举办的活动经批准后方可举行,并要加强领导,精心组织,周密安排,确保安全。

3. 严格控制会议活动经费。各地区、各部门举办会议活动要认真执行有关财务规定,厉行节约,反对铺张浪费。不得超标准使用经费和摊派、转嫁经费负担;不得借召开会议、举办活动名义发放纪念品;不得组织高消费娱乐、健身活动;不得到中央明令禁止的风景名胜区召开会议和举办活动。需要安排住宿的,要在定点接待的宾馆、招待所,不得安排豪华宾馆、涉外旅游饭店。领导干部下基层要轻车简从,不搞层层陪同,不得超标准安排用餐。财政、审计等部门要严格按照有关规定加强对会议活动经费的控制、管理和审核。未经批准召开的会议,会议经费一律不予报销。各级纪检、监察机关对违反有关规定和纪律的行为要坚决查处。

4. 严格会议活动报批程序。以党中央、国务院名义召开的全国性会议和举行的重大活动,由承办部门提出具体方案,经中共中央办公厅、国务院办公厅审核后报党中央、国务院审批。中央和国家机关各部门召开的全国性会议和举行的重要活动,应事先明确名称、主题、时间、地点、人员范围,经中共中央办公厅、国务院办公厅审核后报批。

二、严格把关,减少请领导同志参加事务性活动

1. 安排领导同志出席会议活动要坚持突出重点、精简务实的原则。为了减少请领导同志出席事务性活动,除因特殊需要外,原则上不邀请领导同志参加剪彩、奠基、首发首映式、颁奖等活动。中央党政军群各部门召开的表彰会、座谈会、研讨会、报告会、周年纪念活动,一般不邀请中央领导同志出席、发贺信和接见会议代表,各种商业性节庆活动不得邀请领导同志参加。省部一级和省以下部门批准兴建的纪念物、建筑物和创办的出版物以及周年纪念等,原则上不请中央领导同志题词、题字。不得请中央领导同志为商业性活动和单位题词、题字。确需领导同志参加的会议活动,要精心组织,讲求实效。

2. 严格请领导同志出席会议活动的报批程序。各地区、各部门举行的会议活动,确需邀请党中央、国务院领导同志出席的,要严格按照规定,经各地区、各部门主要负责同志把关后送中共中央办公厅、国务院办公厅审核报批,不得通过其他渠道直接邀请。

3. 改进领导同志出席会议活动的新闻报道。中央领导同志出席部门举办的会议活动,原则上不做新闻报道;需要报道的,须报经参加该会议活动的领导同志同意。中央领导同志观看

一般性的文艺演出，不做新闻报道。由中央组织或经中央批准举行的有重大影响的会议活动，中央领导同志下基层考察工作、调查研究等活动，新闻报道应从实际工作需要出发，内容要准确、鲜明、生动，播报时间、篇幅要尽量简短，力戒空泛和一般化。不要把中央领导同志是否出席作为报道与否或报道规格的标准。

4. 地方领导同志出席会议活动要从实际出发，不搞层层仿效。中央举办或中央领导同志出席一些必要的会议活动，地方和部门要从实际出发，不要一概仿效举行相应的会议活动。地方领导同志出席会议活动的新闻报道，也要参照中央领导同志出席会议活动的新闻报道原则严格掌握。

三、加强管理，切实精简各类文件简报

1. 大力压缩发文数量。发文应当注重实效，切实解决实际问题，坚持少而精的原则，可发可不发的公文坚决不发，可长可短的公文一定要短。凡是法律法规已有明确规定的一律不再发文，已全文公开播发见报的不再印发文件。对党中央、国务院文件，各地区、各部门要结合实际提出具体贯彻落实意见，不得照抄照搬，层层转发。对现有的简报要清理压缩，该停的停，能并的并。对确定印发的文件简报，要从内容、形式、发送范围、印数等方面拟定具体改进措施。

2. 进一步压缩文件简报报送范围。各地区、各部门的文件简报可以报送党中央、国务院，省部级内设机构和下属单位的文件简报一律不得直接报送党中央、国务院。各地区、各部门需要报送党中央、国务院或中共中央办公厅、国务院办公厅的文件简报，应向中共中央办公厅、国务院办公厅备案，今后凡不在备案之列的文件简报一律不予受理。

3. 严格按照隶属关系和职权范围行文。各地区、各部门向党中央、国务院报文，属于党委职权范围以内的工作以党委(党组)名义报党中央，属于政府职权范围以内的工作以政府或部门名义报国务院。凡本部门发文或几个部门联合发文能够解决的，不得要求党中央、国务院批转或由中共中央办公厅、国务院办公厅转发；未经党中央、国务院批准，中央和国家机关各部门不得向地方党委、政府发文，也不能要求地方党委、政府向本部门报文；部门的内设机构除办公厅(室)根据授权可以对外正式行文外，其他内设机构不得对外正式行文。

4. 下大气力提高文件简报质量。各地区、各部门印发的文件简报既要加强对全局工作的指导性，又要注重在具体工作中的可操作性，切实提高针对性和时效性。要注意改进文风，文件简报要简明扼要，分析问题要切中要害，所提建议要切实可行。

四、加强督促检查，确保收到实效

各地区、各部门要按照党的十五届六中全会《决定》精神和本《意见》的要求，全面清理本地区、本部门的各类会议活动和现有的文件简报，该精简的精简，该取消的取消。各级领导机关和领导干部要切实负起责任，带头转变作风，带头精简会议和文件，带头深入基层调查研究，注重解决实际问题，在狠抓各项工作的落实上下功夫。要充分利用现代化办公手段，推动党政机关信息化建设，切实改进领导方式和工作方法，真正从源头上解决文山会海问题。中共中央办公厅、国务院办公厅将督促检查本《意见》的贯彻落实情况。

问题：

1. 中共中央办公厅、国务院办公厅为什么制定了进一步精简会议和文件的意见？
2. 是不是所有企业都必须严格遵守文件的要求？

二、知识介绍

根据《中共中央办公厅、国务院办公厅关于进一步精简会议和文件的意见》第三条，要求各地区、各部门举办会议活动要认真执行有关财务规定，不得借召开会议、举办活动名义发放纪念品；不得组织高消费娱乐、健身活动；不得到中央明令禁止的风景名胜区召开会议和举办活动。不搞层层陪同，不得超标准安排用餐。这项规定虽然是针对政府机关、事业单位、国有企业的明文规定，必须执行。但事实上，这项规定对于我国的一些私营企业召开会议也有一定的引导和约束作用。由于一些国际会议仍然需要适当地安排一些旅游、娱乐等业余活动，因此本节内容予以保留。

（一）会议期间旅游服务

任何一个成功的会议都需要有休闲活动安排，一方面使会议有张有弛，促进会议成功；另一方面，为与会者增加沟通的机会，加强交流。

1. 会议期间旅游服务内容

与会者常把会议所在地旅游当作参加会议的目的之一，这就要求秘书人员提供必要的服务。

（1）提供当地旅游信息，包括当地历史名胜、风景点、文化事件、影剧院、音乐厅、健身运动场及购物中心等信息，有些信息应具体到各地点的开放时间、天气状况等。最好提供一套当地旅游观光的小册子，给与会者提供方便。

（2）统一安排一次或两次当地旅游活动。一是应把旅游时间表和会议时间表有机结合起来，让与会者在紧张的开会之余能有休息的时间，以便做到劳逸结合；二是做好宣传工作，保证最基本的人数；三是要有详细的时间安排和旅游项目的游览安排，尤其是每一站到达和离开的具体时间；四是需要明确在何种情况下（如天气变化）取消旅游。

2. 会议期间旅游服务类型

一般会议所在地旅游分为两类：

（1）导购旅游

很多与会者到一个新地点参加会议，总要购买一些当地的土特产送给亲朋好友。秘书人员应做好有关导购服务的工作，一般是包租客车，并由酒店提供向导，分期分批将与会者送到各个不同地点。导购服务的信誉很重要，秘书人员应详细向与会者介绍有关商店的特色以及购物注意事项，使他们能用公平、合理的价格买到称心如意的商品，为此行留下美好的纪念。

（2）观光旅游

秘书人员应同会议服务经理沟通，并与旅行社联系，要求提供导游。观光旅游地点一般是历史古迹、风景区、公园、大学校园、民俗住宅区等。

有组织的旅游是一种集体活动。要根据旅游目的，针对与会者的兴趣爱好、年龄特点、旅游时间的长短、经济条件及交通食宿条件等，通盘考虑，确定要去的地方，制订出切实可行的旅游计划。

旅游地类型选择：风景旅游地、古迹旅游地、疗养旅游地、宗教旅游地、体育旅游地、科教旅游地、综合性旅游地。

3. 会议期间旅游活动的组织管理

（1）旅游活动的组织

①制定旅游活动的组织日程

一是确定旅游目的地。会议期间的旅游是休闲放松。选择旅游目的地既要选择会议所在地具有知名度的景区，让与会者增加阅历和知识；又要考虑旅游时间的长短，一般会议常安排半天或一天的游览活动。

二是安排旅游时间表。分配时间的基本原则是有张有弛、先张后弛。

②拟订详细的旅游计划

应与导游员反复磋商，安排好参观游览的线路，并做好出发前的准备和沿途的导游工作。

(2)旅游活动的协调管理

①与餐饮部门的联系

选择环境优雅、风味独特、卫生标准高、服务态度好的餐馆。

②与旅行社的合作

选择信誉好、价格合理的旅行社。

(3)旅游活动的安全管理

注意预防传染病及对晕车人员的关照等，要保证所有人员的安全。人数较多时，事先编组并确定组长，明确责任。

(4)旅游活动的开支管理

旅游费用一般在会议前期做好了安排和预算，计算在会务费或其他会议收费中。所以，应按计划支出，并向与会者讲明，哪些是统一安排，由会务组开支；哪些是自费项目，由个人承担。

(二)会议期间娱乐服务

1. 会议期间娱乐服务项目的选择

会议活动期间适当安排娱乐活动，如观看文艺表演，组织舞会或文艺晚会，安排参观、考察、游览等，可以丰富会议活动期间的业余生活，做到劳逸结合，同时也有助于提高会议效率。

根据会议的一般规律，会议在 3 天左右的，娱乐活动一般不少于 1 次；4～7 天的会议，娱乐活动一般不少于 2 次。会议期间的娱乐活动一般作为固定日程安排在会议日程表中，通常放在下午或晚上。

一般来说，下列项目较为适宜采用：

(1)组织专场电影，大型会议可以由主办单位包场放映，电影内容应当有教育意义或娱乐作用。

(2)组织专场文艺演出的观赏，节目内容必须健康，有益身心。

①音乐欣赏：古典名曲、民族音乐、轻音乐等。

②戏剧欣赏：歌剧、话剧、地方戏、京剧等。

③舞蹈欣赏：现代舞、芭蕾舞、民族舞等。

(3)组织社交娱乐活动，如交际舞会、化装舞会等。

(4)利用会议住地的闭路电视播放录像节目。

(5)组织与会人员的自娱联欢。

(6)时装表演、美容表演、品酒会等其他娱乐活动。

(7)在经济许可的范围内就近参观名胜古迹或各种工作的典型单位等。

大型会议或专业性会议，根据会议的内容和要求，可选择一定的参观项目。秘书人员要搞好参观活动的组织工作，安排好参观的项目。在选择参观项目时，要注意内外有别，注意保密。涉及国家秘密的项目，不宜组织参观游览。如外国客人提出一些不宜参观的项目，应婉拒或托词谢绝。参观项目经领导审定后，秘书人员应立即与被参观单位联系，具体落实参观的项目、时间、地点、人数、交通、食宿和参观程序等事项，便于被参观单位早做准备。参观活动中，陪同人员应随时注意安全和做好服务工作。参观完毕后，要听取和收集参观人员和被参观单位的意见和建议，及时向领导反映。组织参观要注重实效，注意节约；防止追求形式，铺张浪费。

会议文化娱乐安排应注意安排合理、节约开支，不能借口活动，搞变相旅游和吃喝，违反财经纪律。

2. 会议期间娱乐服务内容安排的注意事项

(1)确定娱乐活动的内容和形式

确定娱乐活动的内容和形式要注意以下几点：

①配合会议活动的主题

娱乐活动可分为两类：一类是带有教育性的，另一类是纯娱乐性的。但具体安排时应配合会议活动的主题，以教育性的为主。如纪检监察工作会议期间可安排观看反腐倡廉题材的节目和影片；召开安全生产工作会议时，可以组织参观在安全生产方面的正反典型企业。

②适当照顾与会者的兴趣

娱乐活动在某种意义上说，是对与会者的一种慰劳，适当照顾他们的兴趣和要求也是理所当然的。要根据与会者的兴趣确定娱乐活动的形式，如舞会、电影、体育比赛、文艺演出、参观游览等。

③尊重与会者的宗教信仰和风俗习惯

要特别注意审查节目和影片的内容，避免因政治内容或宗教信仰、风俗习惯等问题而引起与会者的不快。

④体现民族特色和传统文化

国际性会议活动的文艺招待要尽可能选择能够体现主办国民族特色的节目。双边会议活动的文艺招待可适当安排客方国家的民族传统节目，以体现对客方的尊重和友好。

(2)安排具体时间

娱乐活动的时间安排一般应在会议预案中有所考虑，会议开始后可根据实际情况做适当调整。娱乐活动应安排在休会期间(比如晚上)，不应影响会议活动的进行。如安排参观游览活动，要事先确定参观游览的线路和具体时间表。

(3)做好各项组织工作

①参观游览活动的计划确定之后，应及时与接待单位取得联系，以便提前做好接待、介绍工作的准备。组织观看电影、文艺表演活动，要预订座位。自娱自乐的活动要准备好场地、器材等。

②组织外出的娱乐活动应当集体行动，因此要事先统计好人数，安排好来回接送的车辆，并注意上车后清点人数，避免漏接、漏送。

③时间较长的参观游览活动，要安排好食宿。

④准备必要的资金和物品，如摄像机、摄影机、手提扩音机、对讲机、团队标志、卫生急救药品等。

⑤参观游览活动的人数较多时，要事先编组并确定组长，也可为每个小组配备一名会务工作人员，负责具体的事务工作和安全工作。

⑥组织外出考察、参观、游览应当派有一定身份的领导人陪同。必要时应配备导游和翻译。

(4)注意事项

①要统筹安排，避免重复。

②避免格调低下的娱乐活动。

③在观看文艺演出前要做简要介绍，演出若有剧情，可简单介绍情节，演出结束后可帮助

与会者回顾并回答他们的问题。

④注意安全。在大型娱乐场所，应提醒与会者不要走散并注意他们的动向和周围环境的变化，以防不测。

（三）会议期间陪同服务

1. 陪同的意义和作用

陪同的意义和作用表现在以下几个方面：

（1）表达尊重和友好。陪同是一种常见的交往礼仪。在接待过程中，客人外出演讲、观摩、游览、购物、就餐以及参加各种事先安排的活动，由一定身份的主方人员出面陪同，是主人对客人礼貌尊重和热情友好的体现。

（2）便于沟通和交流。陪同客人外出活动时，宾主双方的心情比较轻松。气氛也不像会见和会谈时那样紧张，更容易沟通和交流，正式谈判时的那种紧张气氛和矛盾也往往可以在陪同的过程中得到缓解。

（3）提供方便和保障。陪同也是一种接待服务。通过陪同工作使客人在外出活动期间处处有人照应，事事有人安排，让客人感到放心、称心和舒心，使各项具体的接待任务和活动安排落到实处，确保接待工作圆满完成。

2. 确定陪同规格

陪同的规格是指出面主陪人员的身份高低。具体有以下几种安排方法：

（1）客人身份高于本单位领导身份的，一般应当由本单位领导人亲自主陪；领导人另有公务时，可由副职领导人出面代表正职陪同。

（2）客人身份与本单位领导身份相同的，本单位领导可陪同客人出席一些重要的接待活动，其他一般活动则可由副职出面陪同。

（3）下列情况可派与其身份大体相当或稍低的人员（如秘书）陪同：一是客人身份较低的；二是工作事务性来访；三是客人外出进行私人活动。

3. 落实陪同工作人员

个别客人的来访常常由秘书作为领导人的代表陪同出行，但接待团组来访，除了主陪人员外，还需要配备陪同工作人员，如翻译、导游、秘书等，必要时可成立陪同团，由主陪人担任团长。陪同人员要精干、勤快并熟悉陪同事务和礼仪。

4. 做好陪同准备

陪同准备包括：

（1）了解客人出行的意图、方式、线路、目的地和日程时间安排。

（2）通知有关方面做好各项接待准备，必要时应事先检查。

（3）分析预测陪同过程中可能出现的问题，制定相应的预案。

5. 掌握陪同的方式和要求。陪同的具体方式有陪车、陪行、陪餐以及陪同考察、娱乐等。

（1）陪车。陪同客人乘车时要注意座位次序。小轿车座位的礼宾次序通常为“前下后上、主左客右”，即小轿车的后排为上座，安排主人和客人；后排左位安排主方领导人，客人坐在领导人的右侧。接待人员坐在司机旁的座位。三排座位的轿车，最后一排为上座，中间一排坐翻译或秘书。

秘书如果陪车，应先打开右侧车门，请客人从右门上车，自己从左侧上车，避免从客人座前穿过。遇到客人上车后坐到了左侧，则不必请客人挪动座位。但如果是重要的外宾，车前挂有双方国旗时，则应严格做到主左客右。客人如有行李，秘书应主动接过，在后车厢中放妥。陪车中，秘书应主动与客人交谈，如介绍活动的安排情况、当地的资源环境和风土人情等。到达目的地后，秘书应当先下车，为客人打开车门，用手挡住门框上沿，协助客人下车，并主动提行李。

（2）陪行。主人与客人并行，应走在客人的右侧，边走边做介绍和交谈。遇到别致的风景或有纪念意义的地方，可建议客人拍照留念。

秘书引导客人，应走在客人右侧前2～3步并侧身朝向客人。走路的速度应和客人协调。到拐弯处或楼梯口，秘书要说“请往这边走”“请上（下）楼”，并伸出右手示意。遇到障碍物或上下楼梯时，要提醒客人小心。乘坐电梯时，先告诉客人到几楼，然后上前一步按住电梯的活动门框或按住开门按钮，不让电梯门卡住客人，并请客人先进去，自己最后进入。进入电梯后，立即按楼层按钮。电梯到达后，秘书同样用手按住活动门或开门按钮，请客人先出电梯。然后自己再出来。到达会客室时，秘书先打开门。门如果是向内推开的，秘书先进门，然后站在门的内侧请客人进来。遇到弹簧门秘书要用手挡住。如果门是向外拉开的，秘书应让客人先进，然后自己再进去。

（3）陪餐。陪同过程中的用餐可以随意一些。进餐厅后，秘书应先安排好主陪人和主宾的座位，请主宾坐在主陪人的右边，其他人随意就座，然后开始上菜进餐。如需点菜，一般由主陪人来点。点菜时要询问客人的喜好、禁忌和饮食习惯，也可将菜谱递给客人让其点菜。用餐时劝酒、劝菜要适当，不可勉强。

（4）陪同考察。陪同客人考察、参观、游览先要选定项目。一般情况下，这些项目在客人来访前已经商定，但也有临时提出或安排的。项目选定要考虑客人的兴趣和要求、当地的接待能力和信息安全的因素。会议中如安排考察、参观、游览活动的，要选派身份合适的人员陪同。专业性较强的参观、考察，应当选派既懂业务又有身份的人员陪同。除主陪人和必要的工作人员外，陪同人员不宜过多。每到一处，当地应当派有一定身份的领导人出面接待，表示欢迎并做概况介绍。每参观游览一处，应由解说员或导游人员做具体解说和介绍。介绍情况时，数字、材料要确切。客人为外宾时，应配备翻译。向外宾介绍情况，要避开敏感的政治、宗教问题，保密的内容不能介绍。对外宾不宜用“汇报”“请示”“指示”“指导”“检查工作”等词语。

（5）陪同观看文艺演出。演出的节目可根据客人的要求确定。为客人举行专场演出，要组织好入席与退席。专场演出前，安排其他观众先入场，主宾在开幕前一两分钟由主人陪同进入演出大厅，此时，全场起立鼓掌表示欢迎。宾主按主左客右就座后，其他观众再坐下。演出中，观众不得随意退场。演出结束后，主人和主宾起立向演员热烈鼓掌以示感谢，其他观众也应随之起立鼓掌。主宾在主人陪同下向演员献花篮并合影，其他观众应报以热烈掌声。

三、实用范例

2019年第十五届全国青年管理科学与系统科学学术会议在北京召开

11月2日至3日，由国家自然科学基金委员会管理学部和中国系统工程学会青年工作委员会主办，中国管理现代化研究会青年工作委员会、中国优选法统筹法与经济数学研究会青年工作委员会协办，北京物资学院承办的第十五届全国青年管理科学与系统科学学术会议在北京召开。

本次会议的主题是“智能化时代的管理科学与系统工程创新”。会议包括主会场报告和六个分论坛。中国系统工程学会原理事长汪寿阳，国家自然科学基金委员会管理学部副主任刘作仪，原新华社经济参考报社长、总编辑徐殿龙，武汉大学经济与管理学院副院长方德斌，中国物流与采购联合会大宗商品交易市场流通分会的秘书长周旭等专家做了大会报告。与会专家探讨当前智能化时代的管理科学的理论前沿和社会热点问题，交流各自最新研究成果，整合优秀的学术资源，解决现实问题。

会议期间接待安排如下：

1. 接机服务

1 日下午 1:00 接待人员至机场接机

2. 会议接送服务

2 日和 3 日上午 8:30 至与会人员入住招待所等候

2 日和 3 日下午 5:30 从会场送与会人员至招待所

3. 送机服务

4 日上午 9:00 至与会人员入住招待所等待，并准时送其前往机场

四、实践训练

1. 背景材料

某市有风景秀丽的风景区，邻市 A 公司组织会议参观人员 14 人前来旅游观光，请该市协作单位 B 公司代为办理订购门票、安排住宿等事宜。因是旅游旺季，B 公司费了很大的劲，好不容易才找到某宾馆正好有 7 个房间、14 个床位，就立即预订下来。没想到邻市 A 公司旅游团队傍晚到达时，该市 B 公司负责接待的同志傻眼了！因为带队的团长是一位女同志，其他同志是男同志，根本无法按两个人一个房间的设想安排住宿。再要求增加房间，宾馆已经住满了。

2. 训练要求

(1)教师指定班级两个小组配合，根据背景材料的需要，自设角色，将上述内容演练出来。

(2)教师指定班级的另外两个小组，将上述背景材料中的秘书工作错误之处改正过来，并分角色将正确的场景演练出来。

3. 小结

(1)任何一次成功的会议都需要有休闲活动安排，一方面使会议有张有弛，促进会议成功；另一方面，为与会者增加沟通的机会，加强交流。

(2)秘书在安排旅游活动时要考虑周全，包括车辆、餐饮、住宿等事宜。在活动之前要与相关方确认，以保证旅游的顺利进行。

五、课外练习

1. 2019 年 2 月 20 日，美国某公司约翰逊(Johnson)一行 5 人到你所在城市的 B 公司洽谈业务，请你为此次活动设计 1～2 天的旅游、娱乐活动。

2. 案例分析

考察者为何扫兴而归？

一次，在一著名的海滨城市召开全省旅游工作会议。主办单位特意安排半天时间，组织与会人员到海滩旅游点考察旅游资源。就在参观人员一行按预定计划即将乘车离开海滩之际，突然开来了两辆中巴车，主办单位负责人刚把主宾请上车，当地的一些陪同人员和工作人员就

一拥而上，车子呼隆隆沿着海滩往前开，把主宾的一些主要随员和工作人员晾在海滩上不知所措。而车开出不一会儿，就陷入松软的沙滩前进不了。折腾了10多分钟后，其中一辆车勉强开动，另外一辆却任凭众人如何推，都无法行驶，弄得主办单位负责人很狼狈。原来，他们认为只看一个旅游点不足以展示本地海滩旅游资源，想让主宾乘车沿着海滩多看一看。没想到节外生枝，刚退潮的沙滩是不能行车的，不仅多看的目的没达到，就连回程都困难。无奈，原来分乘两辆车的人，只好都乘一车，挤不上的，只能深一脚浅一脚的在满是水渍的沙滩上步行返回。此次海滩考察着实令人扫兴。

问题：

(1)组织海滩旅游点考察的会务工作人员有无失职之过？

(2)应如何安排陪同人员，以保证最佳的考察效果？

(3)当考察中出现意外情况时，应如何处理？

第五节　会议餐饮服务

一、引导案例

张市长坐哪儿呢?

兴达公司举办周年庆祝会，邀请了市领导和新老客户以及各界的朋友。庆祝会在隆重热烈的气氛中顺利地进行。上午，市政府张市长做了热情洋溢的发言，与会的各界代表也发言表示祝贺。下午，与会代表参观了公司的新厂房、新设备。晚上，按照会议日程，6:00在公司宴会厅设宴款待与会人员。

负责安排晚宴的是办公室赵秘书。她按照与会人员的人数和职务高低，安排桌次座位。赵秘书一共安排了6桌。她根据宴会的惯例，以离门远正对门为尊的原则，安排1号主桌在宴会厅最里面正对门的位置，2号、3号桌为一排紧靠主桌，4号、5号、6号桌为一排靠近2号、3号桌，依次按扇面形由里向门口摆放。主桌和其他桌的座次安排也遵循宴会惯例，中间对门的位置是主人的位置。按照以右为尊的原则，周总经理的右首应该安排张市长，可是听会务组的李秘书说张市长下午有事先走了，晚上可能来不了，赵秘书就把这个位置安排给了周副市长。

为方便来宾入席，赵秘书特地做了桌签和座位名签，摆在相应的桌子上。因为客人较多，为避免混乱，赵秘书还做了卡片，上面写好来宾的姓名席位，让服务员在宴会厅入口处发放，并要求他们做好领位服务。

一切准备就绪，贵宾已在主桌坐好，客人也先后有序地落座。就在宴会即将开始、赵秘书刚想松口气的时候，意想不到的事发生了，张市长来了，老远听到他爽朗的声音："老周，不好意思，紧赶慢赶，总算没有迟到。"

赵秘书呆住了，因为她没给张市长留位置，张市长坐哪里呢？

问题：

1. 赵秘书因为失误在宴会上没给张市长留位置，遇到这样的尴尬局面，怎么解决好呢？

2. 秘书在安排宴会时应该注意哪些问题？

二、知识介绍

（一）会议餐饮服务的内涵

餐饮服务是会议进行阶段服务中不可或缺的组成部分。会议与餐饮相结合常被称为宴会。就餐形式的合理安排有利于促进整个会议的顺利进行，有利于达到会议目标。会议期间的每一次宴会都为与会者提供了增加认识和了解的机会，所以会议餐饮就成为会议期间人们交往不可缺少的活动。

会议组织者在策划用餐形式时从会议自助餐到大型宴会都必须考虑最初的预算。在同酒店洽谈中，应注意到餐饮服务的每一个环节，甚至包括选择菜单的定价。而且，要与酒店餐饮部门反复磋商，如对餐厅的选用、场面气氛的控制、时间节奏的掌握、空间布局的安排、音乐的烘托、餐桌的摆放、台面的布置、餐具的配套、菜肴的搭配、菜肴的命名、服务员的服饰等都要紧紧围绕宴会主题来进行。

（二）会议餐饮服务的种类

会议进行过程中的餐饮服务主要有以下几种：

1. 会议一般用餐

有外单位人员参加的、时间在一天或一天以上的会议，一般要安排会议用餐。会议用餐的伙食标准和收费标准应按照有关规定确定。会议秘书部门应将会议就餐人数及时告诉行政后勤部门，事先安排用餐的场所和就餐的办法。

如果是会中的休息午餐，午餐地点应安排在会场附近，可以让与会者有时间往返于会场所在地。餐饮最好中西餐结合，可以是自助餐，也可以是工作餐，以满足各种人员的需要及要求。要安排好每桌的人员，以免发生混乱。

如果是一天会议结束后的晚餐，应安排在与会者驻地附近，晚餐可较午餐丰盛一些，让与会者有充分的时间去享用食物。晚餐也要遵循午餐中所要注意的事项。

除此之外，如果会议时间在两天以上，还要注意安排早餐。早餐应注重营养舒适，形式较中餐、晚餐可简单一些，通常采用配餐或自助餐的形式。

2. 会议特殊用餐

除会议统一配餐之外，另需特别做出安排的用餐。通常是指符合少数民族饮食习惯的用餐和个别与会人员因身体原因而特别要求的用餐，属会议的特别服务项目之一。接待与会者前，组织者应及早了解与会者的饮食习惯与宗教信仰、特殊要求（如清真、素食、软食、忌食、病号餐等），注意与会者的饮食禁忌，事先安排好部分特殊用餐者的餐饮食谱。

（三）会议餐饮服务的要求

与会者在一起要开 3～5 天甚至更长时间的会议，如果每天都采用一种餐饮形式，肯定会使与会者厌烦、抱怨。作为会议组织者，应考虑适当变换与会者的就餐方式。一般在一个会议期间要根据会议活动和菜谱营养安排的需要灵活安排正式宴会、自助餐、风味小吃等就餐方式，对非正式宴会也可采用套餐、分餐制或火锅等形式，以增强餐饮对与会者的吸引力。

餐饮服务的注意事项：

1. 为了有针对性地准备食物以及配备服务人员，避免出现备餐不足或过多等情况，会议组织者必须提前告知每次餐饮服务中就餐的人数并予以签单担保，如果届时与会者没有按计划数到场进餐，餐厅有权要求会议组织者为他们付费（提前的时间可以从 24 小时到 1 周不等）。

2. 由于与会人员众多,餐饮服务人员很难准确辨认每一位与会者,且与会者在用餐问题上有一定的变动性,会议组织者可以通过发放餐券来控制就餐数。而小型会议中的餐饮服务,只要让与会者彼此结伴或出示会议胸卡就行,不必使用餐券。

3. 餐饮服务是相当复杂的,会议组织者要给餐厅提供详细的特殊餐饮要求清单。餐厅服务人员必须在烹调方式、餐厅安排、服务顺序等方面都要做仔细安排。

4. 对因会议和活动原因导致不能按时吃饭或因患病需吃病号饭的人员,应给予特别的餐饮照顾。

5. 食品与餐具卫生要有严格的检测制度与措施,严防食物中毒。

6. 采用自助餐进餐形式时,服务人员要确保食品及饮料的持续供应,做到及时添加点心、菜肴和饮料,保证有足够数量的盘、碟、叉、勺。服务人员要仔细观察客人的饮食偏好,便于菜单的调整与修改。一般情况下,每25～30位客人配备1名服务人员,管理酒水的服务员1人可负责40～45位客人。

(四)会议的宴会服务

宴会是一种特殊的会议形式。宴会除了以聚餐为活动载体之外,还必须具备以下条件:一是以口头的形式发布特定信息;二是事先确定程序(例如何时开始、何时致辞、何时祝酒、何时答谢、致辞时谁先谁后等)。只有满足上述条件的宴请活动才可称之为宴会。

1. 宴会的作用

(1)礼仪作用。在国内外双边或多边活动中,东道主举行欢迎宴会,为客人接风、洗尘,或在客人离别前举行欢送宴会,为其饯行;而客人则以答谢宴会感谢主人的盛情款待。在宴会上,主客双方相互致辞、祝酒,共叙友谊。可见,宴请也是迎来送往常见的接待礼仪。

(2)沟通作用。宾主双方利用宴会的场合和机会,沟通信息、交换意见、商谈工作、发表演讲,是当前宴会活动的一个重要特点。宴会的气氛比较轻松,具有非正式性。利用宴会来沟通信息,可以对会见、会谈和会议的正式沟通起到一定的补偿作用。正因为如此,宴请活动常常被大量引入接待活动中,出现了诸如早餐会、午餐会、晚餐会等宴会形式,使宾主以及参与活动的来宾之间的交流和沟通更随意、更轻松、更灵活。

(3)招待庆贺作用。宴会也可以作为一种单独的接待形式。比如,遇有重要节日或盛大喜事,无论是官方还是民间,都要举行各种形式的宴会招待庆贺。

(4)融洽感情作用。成功的宴会活动可以起到融合彼此情感、建立相互信任、缓和矛盾、化解危机的作用,从而为达成共识、取得共赢创造条件。

2. 宴会的准备

(1)确定宴会的目的

举行宴会必须"师出有名",其目的多种多样。有礼节性的,如庆祝节日、纪念日;有交谊性的,如接风、送行、告别、答谢等;也有工作性的,如祝贺开工、竣工、开张、谈判成功等喜事、盛事。"师出有名",客人才会乘兴而来、高兴而归。同时,明确了宴请目的,也就便于安排宴请的范围、对象与形式。

(2)确定宴会的名义和宴请对象

①宴会的名义。宴会的名义即由谁出面邀请,一般有两种情况:一是以领导人的名义。以领导人名义举行宴会更具有亲切感。无论是涉外宴会还是国内或者组织内部宴会,都可以领导人的名义举行并发出邀请。二是以组织的名义。如在举行重大会展活动时,可由会展活动的组织机构出面举行宴会,欢迎海内外客人。

②宴请对象。宴请对象是指来访或参加活动的客人。明确宴请对象,就是要了解主宾的身份、国籍、习俗、爱好与忌讳,以便确定宴会的规格、主陪人员及餐式等。并根据既定的邀请范围,草拟出被邀请人的具体名单,其中包括姓名、职务、称呼以及是否有配偶等,都要尽可能准确无误。宴会的名义与宴请对象要相适应。也就是说,宴会出面人与宴请对象的身份要大体相当。宴会出面人身份低,会使客人感到受到了冷落;宴会出面人身份过高有时也无必要。如果客人携配偶一起来访,出于礼节,可邀请客人夫妇共同出席宴会。如主人已婚,可以主人夫妇的名义出面邀请客人夫妇。

(3)确定邀请范围

邀请范围是指宴请对象以外参加的人员,主宾的随行工作人员、主方的陪同人员,与宴请目的有关系的国家、公司、团体的代表都可以列入邀请范围。确定邀请范围要注意以下几点:

①确有必要。邀请范围应当根据宴会的目的以及规模确定,可参加可不参加的就不安排参加。除必要的陪同人员外,主方人员应尽量减少。

②注意平衡。邀请范围一般都应当是同宾主双方关系比较密切的人士,这就要考虑关系的平衡。有时邀请这位而没有邀请那位,会引起猜测和不必要的误会。多边活动的宴请,对政治上相互敌对的国家人员是否同时邀请,要仔细斟酌、权衡利弊。因此,对列入邀请范围的名单要慎重考虑,认真审核,注意平衡。

(4)确定宴会的规格和形式

①确定宴会的规格。宴会的规格高低主要体现在两方面:一是出席宴会的宾主双方的身份高低,身份越高,规格越高;二是宴会的等级,包括饭店的星级、服务的水平、酒水菜肴的质量档次等。涉外宴会尤其讲究规格。确定规格要考虑宴会的目的、宴请对象的身份、宾主的关系等因素。如与客人身份相当的主人不在当地,应由第二主人代表主人出面宴请。

②确定宴会的形式。宴会的形式应根据宴会的规格、规模、经费以及时间安排来确定。例如,举行一般会议可设便宴欢迎与会者;会议规模较大,客人较多时,可举行冷餐会或酒会;如果时间较紧,可举行茶会或工作性会餐;举行签字仪式,双方往往仅以香槟酒举杯相庆。

(5)确定宴会时间

确定宴会时间要考虑以下两点:

①时间安排要适当。例如,欢迎宴会一般应安排在客人到达的当天,最晚不超过第二天。

②照顾客人的习俗。应注意不要选择对方的重大节假日和有重要活动或有禁忌的日子。例如,宴请基督教徒不要选13日,更不要选既是13日又是星期五的日子;伊斯兰教徒在斋月内白天禁食,宴请宜在日落之后举行。

(6)确定宴会地点

确定宴会的地点要注意以下几点:

①规格适当,即设宴的宾馆或饭店是否具有同宴会的规格相适应的星级水平和服务水准。

②交通方便。宴会地点要使客人能方便抵达。

③考虑形式。宴会形式不同,场地安排也可做一些灵活变通。例如,正式宴会一定要在专门的宴会厅中举行,以体现庄重;冷餐会、酒会等也可放在露天举行。

④各方满意。宴请对象可能来自不同国家,具有不同宗教信仰和文化背景,在选择宴会地点时要注意这些问题,要事先了解情况,注意协调,使各方满意。

(7)确定主持人和致辞人

①宴会主持人。宴会主持人由主办方安排有一定身份的人士担任。

②致辞人。致辞人的安排有以下几种方法：

一是大型活动中举行的宴会，由主办方的领导人致辞，对客人表示欢迎或欢送，或者对会议活动或客人访问活动的成功举行表示祝贺，或者对有关方面的支持表示感谢，等等。

二是双边活动中举行宴会，主人和主宾都要致辞，如欢迎宴会由主人致欢迎词，客人致答谢词。双方致辞人的身份要一致。讲话稿可事先交换，一般由主方先主动提供给客方。

三是为庆祝喜事、盛事举行的宴会，除主办方致辞外，可安排若干方面的代表致辞。这些代表可以是合作单位的，也可以是具有突出贡献的人士。

四是如邀请上级领导赴宴，可请其致辞，但必须事先提出请求，让其做好准备，不要搞“突然袭击”。致辞如需翻译，应事先确定译员人选。宾主双方致辞都需要翻译的，译员人选要事先商定。

(8)发出邀请

访问活动或会展活动接待中举行的宴会，一般都在接待日程或会议日程中注明宴会的具体安排，只需提前以口头方式提醒邀请对象即可。单独举行的宴会一般应提前一两周发出请柬，以表示对对方的尊重。已经口头约好的，最好也要补送请柬备忘，可在请柬一角注明“备忘(to remind)”字样。请柬的内容包括宴请的主题、形式、时间、地点、主人的姓名或主办单位名称。请柬应打印精美，书写清晰美观。请柬行文中不用标点符号，其中人名、单位名、节日名一律用全称，中文请柬中不提被邀请人姓名，主人姓名放落款处。请柬信封上被邀请人的姓名、职务要书写准确。需要安排座位的宴会，为了便于事先确切掌握出席情况以便安排，可要求被邀请者收到请柬后给予答复，可在请柬左下角注明“请答复(R. S. V. P.)”。如果仅要求对方在不出席时给予答复，可写明“不能出席者请答复(Regrets only)”，并注明联系电话。也可在请柬发出后打电话询问对方是否出席。较为隆重、正式的宴会，应先排好座位，并在请柬左下角注明桌次号(Table No. ××)，然后再根据反馈的情况调整。大型宴会还要注明与会者的座区和桌次。

(9)拟订菜单

拟订菜单应根据宴请的规格和形式以及预算的经费来安排，既要符合“餐饮适量”的原则，又要看对象、讲搭配、有新意。

①订菜。宴会订菜应该注意以下几点：

第一，要了解客人的喜好与禁忌。与会者来自不同地区、不同民族，其生活习惯差别较大，菜单设计要考虑到民族习俗与地域饮食文化。订菜前要了解客人(主要客人)的饮食习惯、喜好与禁忌。宴会上献上一道客人喜欢吃的菜肴，会使客人感到亲切、温暖。对客人的饮食禁忌要慎重对待，不可马虎。一旦能清楚地了解这些情况，具体的工作便较有把握完成，从而使菜单安排更能迎合顾客的喜好。举行大型宴会要注意不选多数人不喜欢的菜肴。无论宴请哪一种客人，都应事先开出菜单，经领导人批准后再做具体安排。

第二，要有地方特色。宴请活动在某种意义上也是对饮食文化的一种宣传。以地方菜系为主，是宣传饮食文化的最好方法。在尊重、照顾客人饮食习惯的前提下，尽可能安排具有地方特色的菜系，能使宴会活动办得更加成功。

第三，道数与分量。宴会菜肴的道数与分量是指组成宴会的菜肴总数以及其中每一道菜的分量。确定道数与分量要注意三点：一是坚持适中原则，适当的菜肴数量安排往往能使客人满意且回味无穷，过多造成浪费，造成不良印象，过少则不够礼貌。二是看每桌宴席的人数，宴会菜点的数量应与参加宴会的人数一致，人数多，道数与分量应相应增加。三是平衡道数与分量，道数少则每道菜的分量要多一些；反之，菜肴道数多时，每道菜肴的分量可适当少些。在我国，以京、沪、穗、深等大中型城市而言，宾客菜肴数量掌握在每人 400～500 克的范围中，而其他地区则以 500～600 克作为设定范围。

第四，品种多样。准备的菜肴要从荤素、咸甜、凉热、干稀诸方面统筹安排。这包括烹调方法要多样，使菜肴品种丰富多彩；原料选用要广泛，注意营养的平衡和色彩的变化；味道要多种，不能单一化；造型要美观，使每道菜肴都能做到色、香、味、形俱佳。

第五，要有季节特征。宴会的菜色必须与季节密切配合，尽量采用当季的材料或时令菜式，以给人一种新鲜舒适的感觉。一是配合季节特征设计宴会菜肴，既可以反映时节特色，又可以降低食物成本；二是结合季节特征设计宴会菜肴的口味，以迎合季节变化对人的视觉及味觉的影响。如春夏宜推出味道清新而颜色较淡的口味，秋季则偏向辛辣口味，冬季则推出稍油腻且色深的口味。

第六，及时供应。规模大、用餐人数多的会议，设计菜单时应考虑到烹调时间以及菜肴保温和服务准备时间。

②订酒。涉外宴会用酒大致有三类：一类是餐前开胃酒，常用的有雪利、葡萄酒、马丁尼、金酒加汽水和冰块、威士忌加冰块等，一般只在进餐前喝一小杯；一类是席间佐餐用酒，如红、白葡萄酒，也可用其他软饮料代替；再一类是餐后用酒，可上烈性酒，供客人选用。一般的冷餐会和酒会，不分餐前、餐间和餐后。可供应各种酒类和饮料供客人选用。

(10)宴会席位设计

席位即同一桌中的座次高低。宴会餐位安排要求仔细，既不要使就餐的客人感到拥挤，又要便于服务员的迅速服务。宴会服务按 6、8、10 人一桌比用整个长宴会桌要快，服务员的服务范围也好确定，一个服务员可服务几个餐桌。

宴会是一种庄重的社交活动，因此要根据宾主身份安排座次。在排席位之前，要先落实主、客以及有关方面出席宴会的名单，然后分别按礼宾次序排列。一般按面门为主、右高左低、由近而远的惯例排列。

①中餐宴会的座次安排。座次排列体现了来宾的身份和主人给对方的礼遇，所以受到宾主双方的同等重视。礼宾次序和国际惯例是我们安排位次的主要依据。

举办中餐宴会一般用圆桌，每张餐桌上的具体位次有主次之分。宴会的主人应坐在主桌上，面对正门就座；同一张桌上位次的尊卑，根据距离主人的远近而定，以近为上，以远为下；同一张桌上距离主人相同的位次，排列顺序讲究以右为主、以左为次。在举行多桌宴会时，各桌之上均应有一位主桌主人的代表，作为各桌的主人，其位置一般应与主桌主人同向就座，有时也可以面向主桌主人就座。每张餐桌上，安排就餐人数一般应限制在 10 个人之内，并且为双数，人数过多，过于拥挤，会照顾不过来。

②西餐宴会的座次安排。西餐席的座次安排是右高左低。与中餐宴会不同的是西餐宴会一般都是男女宾客穿插入座。

3. 宴会的酒水服务

酒水服务是整个宴会的重头戏，酒水服务是否到位，关系到整个宴会的服务质量。

敬酒、祝酒、干杯是宴会中不可缺少的礼仪，这不仅可增加热烈的气氛，还可让饮酒者从中获得快乐和艺术享受。

(1)酒水的搭配

宴会上或酒席间如果备有多种酒品，一般的搭配方法是：

①低度酒在先，高度酒在后。

②清淡饮料在先，风味饮料在后。

③有汽酒在先，无汽酒在后。

④新酒在先，陈酒在后。

⑤淡雅风格的酒在先，浓郁风格的酒在后。

⑥普通酒在先，名贵酒在后。

⑦甘冽酒在先，甘甜酒在后。

⑧白葡萄酒在先，红葡萄酒在后（甜型白葡萄酒例外）。

除酒相互间的搭配外，还要注意酒水与菜肴的搭配。比如清淡、香气高雅、口味纯正的菜肴，应配色味淡雅的酒；色调鲜艳、香气馥郁、口味杂的菜肴，应配色味浓郁的酒；等等。

凡此种种，都是按照先抑后扬的艺术思想设计的，目的在于使宴会由低潮逐步走向高潮，在完美中结束。

有的客人不饮酒，服务人员应按客人需要提供矿泉水、开水（热水和冷水）、苏打水、蒸馏水、茶水（绿茶、红茶）、果汁等。

（2）斟酒服务

①服务员斟酒时，用左手托稳装有酒瓶的托盘，持一块洁净的餐巾随时擦拭瓶口，右手握住酒瓶的下半部，将酒瓶的商标朝外显示给宾客，让宾客一目了然。

②斟酒时，服务员站在宾客的右后侧，面向宾客，将右臂伸出斟倒。每斟一杯酒，都应更换一下位置，站到下一位客人的右后侧。切忌站在同一个位置为左右两位客人斟酒。

③中餐宴会的斟酒顺序，从主宾开始，按男主宾、女主宾、再主人的顺序顺时针方向依次进行。西餐宴会用酒较多，几乎每道菜跟一种酒，吃什么菜，饮什么酒，习惯是先斟酒后上菜，在客人右侧操作。如果是国家元首，应先斟男主宾，后斟女主宾。一般宾客，斟酒顺序为女主宾、女宾、女主人、男主宾、男宾、男主人，女性处于绝对优先地位。

④在斟软饮料时，要根据宴会所备品种放入托盘，请宾客选择，待宾客选定后再斟倒。

⑤在宴会进程中，宾主都要讲话（祝酒词、答谢词等），讲话结束时，双方都要举杯祝酒。因此，在讲话即将结束时，服务员应用精致的小托盘送上两份举杯用酒，一份请讲话人选取，另一份送给主宾。当主人或主宾逐桌敬酒时，服务员应托着酒瓶跟随其后，以便及时续斟。

⑥在主人和客人互相祝酒讲话时，服务员要停止一切活动，站在适当的位置（一般站立在边台两侧），等待敬酒。因此，每个服务人员都应事先了解宾主的讲话时间，以便在讲话开始时能将服务操作暂停下来。

⑦在宴会正式开始之前的半小时或 15 分钟左右，在宴会厅门口为先到的客人提供鸡尾酒式的酒水服务。由服务员用托盘端送饮料、鸡尾酒，并巡回请客人饮用。

4. 宴会程序

（1）迎宾

小型宴会开始前，主人一般在宴会厅或休息室门口迎接客人。客人抵达时主人应主动与其握手表示欢迎，然后主人引导客人进入休息室休息，宾主寒暄，冬天脱去大衣，稍加整饬。大型宴会，主人只需迎候主要客人，其他客人由第二主人或工作人员迎候。

（2）入场

小型宴会客人到齐后，由主人陪同客人从休息室进入宴会厅，主人和主宾应走在前面，其他人按身份高低的次序依次进入。参加大型宴会的普通客人应提前进入宴会厅。主要客人到齐后，由主人陪同按礼宾次序排列先后进入宴会厅。这时全场起立，鼓掌表示欢迎。主人与主宾入席后，其他人方能坐下，宴会即开始。

(3)宣布宴会开始

举行大型招待会一般先由主持人宣布："××××宴会(或酒会、冷餐会)开始。"

(4)介绍主要来宾

宴会开始后，主持人介绍主人、主宾和其他主要来宾。如相互熟识，可免去此项。

(5)致辞

我国举行的宴会，致辞一般都放在宴会一开始，先致辞、后用餐。国外举行宴会，致辞一般是在热菜之后、甜食之前。冷餐会和酒会的讲话时间则比较灵活。致辞前，主持人应介绍致辞人的身份。欢迎或欢送宴会宾主双方都要致辞，顺序为先主后宾。这里所讲的主是举行宴会的主人，而不是东道主。如中方举行欢迎宴会，中方为主人，外方为客人；而外方在中国举行答谢宴会，则外方为主人，中方为客人。讲稿可事先交换，由主方先提供。

(6)祝酒

宴会中宾主双方相互祝酒(又称敬酒)，以表达美好的祝愿。宴会祝酒有以下方式：一是致辞人宣读事先准备好的祝酒词，然后提议共同干杯；二是在一些便宴中，经主持人同意，参加对象可即兴致辞，然后提议共同干杯；三是主人与客人、客人与客人之间相互碰杯、相互祝愿。

(7)散宴和送别

小型宴会，吃完水果，宴会自然结束。主要客人起身告辞，主人送至门口或车前。大型宴会可以由主持人在发表一番热情洋溢的祝词之后，宣布宴会结束。先请主要客人和领导退席，然后其他客人相互告别离去。

三、实用范例

宏远公司的宴请计划

为答谢公众一年来对公司事业发展的支持，宏远公司定于2019年11月20日举办一次大型联谊会，会后，安排宴请。此次活动将邀请工业局的刘局长、税务局的王副局长、利达公司的李经理等，此外还将邀请媒体记者和公众共约150人。

宏远公司办公室主任对秘书王丽所拟写的以下宴请计划表示满意。

1. 宾客名单与宴请规格。可采用便宴形式：10人一桌，每桌标准2 000元。

2. 确定宴请时间和场所，本次宴请应安排在高级宾馆、饭店举行。

3. 确定菜单。

4. 确定座位。

(1)应将工业局的刘局长、税务局的王副局长、利达公司的李经理等排在主桌。

(2)将工业局的刘局长排在本公司经理的右侧。

(3)将税务局的王副局长排在本公司经理的左侧。

(4)其他人按以主人的座位为中心，按近高远低、右高左低的原则依次排列，而且尽可能让我方陪同人员与客人交叉而座。

(5)席位确定后，将座位卡和桌次卡放在桌子前方或桌子中间。

5. 宴请开始。

(1)安排人员迎接宾客。

(2)引导入席。

(3)请本公司经理致祝酒词。

(4)开始就餐并友好交谈。

(5)宴会结束时本公司经理带领陪同人员与客人握别。

四、实践训练

1. 背景材料

飞腾金属制品公司最近准备开发一个新的生产项目,项目的洽谈已经结束,准备在今天晚上举行一次宴会。3天前已经发出了请柬。参加宴会的有本公司总经理李强及夫人、技术部经理陈伟、公关部经理李芳、秘书杨苗、宏达公司总经理王华及夫人、秘书张阳。

2. 操作指引

(1)教师选择两个小组,一个组扮演酒店的工作与服务人员,负责摆放桌椅、迎宾等工作;另一个小组扮演参加宴会的人员,要求将桌签摆放在餐桌上,席间谈吐与身份相符。

(2)表演结束后,飞腾金属制品公司秘书杨苗谈本次宴会的准备体会。

3. 小结

(1)根据宴请的对象确定宴会的规格和形式。

(2)确定宴请的时间和地点。

(3)印制分发请柬。

(4)布置宴会厅。

(5)拟订菜单。遵循四条原则:主随客好,搭配合理,营养平衡,量力而行。

(6)安排会议座次时要根据客人的身份、地位正确安排。

五、课外练习

1. 民生消费电子(中国)2019年度显示器总代理商会议,定于5月10～13日在重庆乐园度假村举行。重庆民生消费电子有限公司显示器厂负责所有会议事宜。会议开得圆满成功。如果在会议期间举行宴会,而与会人员中又有信奉基督教的教徒,作为会务工作人员,你将如何确定宴会的时间?

2. 华盛公司定于2019年11月20～22日,在总公司俱乐部召开第七届职工代表大会。与会人员共180人。如果你是会议餐饮的负责人,你认为采用哪种就餐形式比较合适。为什么?

3. 星光公司与中国××企业家协会一起举办“第三届中国××资源管理大奖颁奖典礼暨峰会”,在会议最后一天晚上7:00安排了招待晚宴,因组织方事先没有预计到参会人数会达到500人,而只安排了200人的宴会场地,结果造成有近一半的参会者不能参加宴会。因为此次晚宴是部分参会单位联络政府和媒体的重要机会,因而他们感到十分不满。如果你是负责安排宴会的会务工作人员,将会采取何种补救措施?

4. 案例分析

精美菜肴为何难以下咽?

宏远公司于2019年10月10日在北京国际会议中心召开新产品的大型客户咨询洽谈会。参加会议人员280人,特邀有关领导和专家10人,工作人员10人。会期5天,食宿也安排在北京国际会议中心。公司派主抓公关、销售的王副经理负责这次会务工作。在第一次大型宴会上，工作人员事先做了精心准备，定制的菜肴非常精美，色、香、味、形俱佳，又富有浓郁的地方特色。可在用餐时，陪同人员发现个别用餐者面对桌上的猪肉制品皱起了眉头，有人甚至拂袖而去。陪同人员小李忽然想起，在与会人员报到时，有五六个会员在报到单上注明“回族”。他懊悔不已，赶紧报告王副经理，王副经理马上通知有关人员采取了补救措施，但那几位回族会员的就餐情绪还是受到了影响。

问题：

(1)会务工作人员在拟定菜单时有没有疏漏之处？

(2)会务工作人员应如何解决少数民族与会人员的就餐问题？

致辞时有菜端出

某四星级酒店里，富有浓郁民族特色的贵妃厅今天热闹非凡，30余张圆桌座无虚席，主桌上方是一条临时张挂的横幅，上书“庆祝××集团公司成立十周年”。今天来此赴宴的都是商界名流。由于人多、品位高，餐厅上自经理下至服务员从早上开始就换地毯、装电器、布置环境，宴会前30分钟所有服务员均已到位。

宴会开始，一切正常进行。值台员上菜、报菜名、递毛巾、倒饮料、撤盘碟，秩序井然。按预先的安排，上完“红烧海龟裙”后，主人要祝酒致辞。只见主人和主宾离开座位，款款走到麦克风前。值台员早已接到通知，在客人杯中已斟满酒水饮料。主人、主宾身后站着一名漂亮的服务小姐，手中托着装有两杯酒的托盘。主人和主宾简短而热情的讲话很快便结束，服务员及时递上酒杯。正当宴会厅内所有来宾站起来准备举杯祝酒时，厨房里走出一列身着白衣的厨师，手中端着刚出炉的烤鸭向各个不同方向走去。客人不约而同地将视线转向这支移动的队伍，热烈欢快的场面就此给破坏了。主人不得不再一次提议全体干杯，但气氛已大打折扣。客人的注意力被转移到厨师现场分烤鸭上去了。

问题：

(1)在宴会进程中，当主人和客人互相祝酒致辞时，酒店服务员应该注意什么？

(2)会务工作人员事先应向酒店服务员交代哪些注意事项？

(3)如何做好会议的餐饮服务工作？

(4)餐饮服务工作的注意事项有哪些？

第六节　会议交通服务

一、引导案例

大客车少了一辆

2019年，某市召开经济工作会议，安排与会人员参观几家企业，需要8辆大客车。头一天办公室将安排车辆的任务分别落实到个人，可第二天早上参观用车却只到了7辆，而安排车辆的同志人人都说自己安排的车辆已经到位，后经分别追查才得知，原来有两个人落实了同一辆车。这就是工作不细、大而化之造成失误的一个例子。虽然经过补救没有耽误工作，但当时的急忙慌乱可想而知。如果工作能谨慎细致一点，提前将落实好的车辆的车牌号、车主姓名书面核对一下,是完全可以避免这种被动局面的。

问题:

1. 会议交通服务的内容是什么?

2. 会务工作人员如何才能做好会议用车的安排工作?

二、知识介绍

(一)会议交通管理的主要任务

1. 会议交通管理的意义

大型会议与会人员的住地和会场不在一起的,要安排好会议期间的交通。会议的交通保障是一项重要工作,应当尽力做好。会议交通管理是科学调配会议车辆以保证会议用车的工作。它直接关系到与会人员的集体活动、会议组织的工作需要、特殊用车的批准使用,应引起会议工作人员的高度重视,否则就不能保证重点,满足需要,可能贻误会议的正常活动,甚至造成开不成会的严重后果。因此,要根据会期长短、与会人员数量多少等实际情况,本着既保证工作又勤俭节约的原则,做好交通安排。

交通管理的主要任务是车辆组织、用车制度、派车管理、车辆调度、租车管理、用车检查和驾驶人员的管理。组织车辆,应根据需要来安排。如果会议驻地距离会场较远,必须有车辆接送与会代表,就要按与会人数尽可能组织足够的车辆,以保证会议的需要。对于集体活动用车,因为车多人多,必须加强派车管理、用车检查和驾驶员的管理,保证与会人员对号入座、有序乘车。零星用车,必须建立用车制度,规定用车的范围和任务,履行批准手续。至于领导干部用车,则应按规定予以保证。

2. 会议交通管理的主要内容

对会议用车及与会人员交通事项进行管理,以保证会议的顺利进行。其主要内容有:

(1)筹齐会议用车。

如会议主办者车辆不够,可以调用其他单位车辆或租用车辆。

会议车辆的调用(租用)应严格遵循必要和合理的原则。做到既保证会议用车,又符合节俭的原则。

(2)拟定会议用车制度和纪律。

大会用车或大会工作机构用车要提前预订,并履行必要的审批手续。参加会议人员办理与会议无关的公务和私事会议不供车,与会议无关的参观、游览,其交通费由个人自理。

(3)合理调度会议用车,确保会议进程按计划实施。

要根据人员多少安排车辆,一般应配备轿车;如果人员较多,则应当换乘适合规模的旅行车,既要避免人员过挤,也要防止车辆过多。应严格检查所配车辆。

会议秘书部门要会同行政后勤部门安排好会议交通用车,用车能固定的尽可能予以固定,如某一小组乘坐几号大车,哪几个人合用一辆小轿车等,防止差错。交通车辆的安排应以节俭、方便为原则,既要保证与会人员按时到会,又要注意节约和保证行车安全。会议要印发车辆通行证,并应指定专人负责会场周围的交通指挥和管理工作,做到秩序井然,防止交通事故。行政后勤部门要注意听取与会人员对交通安排的意见,及时研究改进。

(4)对驾驶人员的管理。

要把调度一览表发给每一名司机,并且调度人员应该在每天刚上班的时候向司机再宣布一次当日的用车情况,特别是在原有的安排出现变化的时候,一定要当面向司机交代清楚。

如果车上配备了接待人员，司机一般应该听从接待人员的安排。当然，有经验的司机也可以向接待人员提供一些好的建议。只有双方相互配合、相互尊重，才可能圆满完成任务。另外还要合理安排司机的时间，不要任其疲劳驾驶，以免发生事故。

如果是接待外宾，对未接待过外宾的司机还应进行适当的培训。会议租用汽车的随车司机由出租单位发给伙食补助费或夜餐费。

(5)对车辆的维修、保养及汽油供应。

会议租车和主办者调用本单位车辆需支付汽油费。

(6)对意外事故的应急处理措施等。

(二)会议交通安全的管理

会议交通安全的管理工作，任务繁重，责任重大，务必要配合保卫部门努力搞好。特别是大中型会议，停驶集中，交通管理复杂。随着社会主义现代化建设事业的发展，在各种车辆日益增多的情况下，更加不能忽视交通安全的各项管理工作。为了保证交通安全，必须大力做好车辆管理、交通指挥、道路管理和各种人员的教育工作。会场、住地附近，要开设必要的停车场，大车、小车、自行车、摩托车，都必须停放于指定地点，不得随处停车，必要时应设人看管。进出车辆必须服从交通指挥人员的管理，不得争先恐后。必要时应配备交通警察，现场指挥。行车路线必须明确划分，要人车分离、各行其道，不能混行。对机动车驾驶人员，必须开展慢行礼让的教育，不要与人流、自行车争道；对所有人员，都要开展交通制度的教育，不为一时争先而造成伤亡事故。

(三)会议车辆的停放管理

会议交通车辆的停放管理，主要任务是指挥到会车辆的集结与疏散，维护停车秩序，保证行车安全与畅通。秘书要协助相关领导或保安，从以下几个方面做好交通车辆的停放工作。

1. 控制好停车所需场地

执行任务之前，应根据会议的性质和规模，充分估计车辆情况，如车类、车型及数量，有哪些首长、外宾车辆等。预先控制所需要场地，按照分类停放、保证重点、照顾一般的原则，划分停车区域，确定停车办法，制定来去的行驶路线。

2. 确定指挥停车办法

指挥停车，要因地制宜，一般可采取三种形式停车：一是会场门前停车场地宽阔，可指挥车辆进入停车场地停车，客人下车；二是停车场地狭窄，乘车人又需要在会场门前下车，就要指挥车辆在会场门前停车下客，待客人下车后，立即指挥车辆到指定地点停放；三是领导、外宾活动场所门前不便停车，应事先在附近选择临时停车场地，待领导、外宾下车后，指挥车辆到指定地方停放。

3. 车辆停放办法

车辆停放，应坚持五先五后的原则。先外宾，后内宾；先小车，后大车；先重点，后一般；先车队，后单车；先来停近，后来停远的原则。但要注意礼节和重点照顾的车辆安排。车辆停放排列应根据停车场的具体情况，主要有以下五种排列方法：

一是头尾相衔接，纵列依次停放。适用于车辆集中来集中去的各种会议代表乘坐的大车队和领导、外宾活动的小车队或宴会、欢迎会等，利用道路停车这种办法，能够保证车辆在散场时依次离开。

二是齐头平列，单横排停放。适用于集中来、分散走，分散来、分散走的各种晚会、展览会，不仅便于随时调车，保证与会人员分散退场，停车也安全、迅速，便于集结、疏散。有条件的场地应首先考虑采用这种方法。

三是斜排停放。车头向着去的方向斜排停放。适用于停车场地狭长,又紧靠建筑物的场合或在道路两侧停放时使用这种排列方法。有时外宾车队为了美观也采用这种停车方法。

四是方阵停放。车辆横成行竖成列停放,适用于集中来、集中去的大型会议,在车辆多、场地小或场地短而宽的情况下,也采用这种停放方法。

五是主要领导和主宾车辆单排,与一般车辆停放分离,照顾重点、兼顾一般。

上述停车方法应根据情况灵活安排,目的是为了缩短停放时间,争取一次性停好,集结得快,疏散方便,安全畅通,符合礼仪。

三、实用范例

白云公司定于2019年1月20～23日在新京大厦召开新产品发布会。与会人员预计200人。办公室主任安排秘书小李负责会议交通工作,建议小李参考公司以往会议用车处理的方法。

1. 筹齐会议用车

租用空调巴士4辆,7座面包车3辆,5座小轿车4辆。

2. 拟定会议用车制度

(1)大会用车履行必要的审批手续。

(2)与会人员办理与会议无关的公私事务不提供车辆服务。

3. 合理调度会议用车

小轿车、面包车、空调巴士的编号为1～11。拟定乘车名单,编成小组,安排固定的车辆。

4. 确定车辆停放办法

根据停车场的具体情况安排。

四、实践训练

1. 背景材料

2018年首届中国国际进口博览会在上海开幕

2018年11月5日,首届中国国际进口博览会(CIIE)在上海拉开帷幕。举办中国国际进口博览会是中国政府坚定支持贸易自由化和经济全球化、主动向世界开放市场的重大举措,有利于促进世界各国加强经贸交流合作,促进全球贸易和世界经济增长,推动开放型世界经济发展。

中国国际进口博览会不仅是中国为世界各国展示国家发展成就、开展国际贸易搭建的开放型国际合作平台,也是中国为世界各国探讨国际贸易和世界经济重大议题、完善全球经济治理提供的国际公共产品。中国政府诚挚欢迎各国(地区)政要、工商界人士,以及参展商、专业采购商参展参会,探讨合作,扩大贸易。我们愿同世界各国(地区)和国际组织一道,努力把中国国际进口博览会打造成世界一流的博览会,促进世界经济和全球贸易发展,实现共同繁荣。

本届进博会共有来自全球151个国家和地区的3 617家企业参展。按一年计,累计意向成交578.3亿美元。其中,智能及高端装备展区成交164.6亿美元,消费电子及家电展区成交43.3亿美元,汽车展区成交119.9亿美元,服装服饰及日用消费品展区成交33.7亿美元,食品及农产品展区成交126.8亿美元,医疗器械及医药保健展区成交57.6亿美元,服务贸易展区成交 32.4 亿美元。

2. 操作指引

(1)以班级的每个小组为一个会议交通服务小组，将桌子摆放成会议桌的形式，以“如何做好会议的交通服务工作”为题召开 20 分钟的会议，一人做会议记录。

(2)会议结束后，记录人员将本组的会议记录向班级全体同学口头汇报，并将会议记录交任课教师，记为小组平时成绩。

3. 小结

本次会议的交通服务主要内容如下：

(1)筹齐会议用车。可租用旅行车、面包车、轿车等。

(2)拟定会议用车制度。

(3)合理调度会议用车。

(4)把调度一览表发给司机。

(5)拟定意外事故的应急措施。

(6)确定指挥停车办法。

(7)确定车辆停放办法。

五、课外练习

1. 华盛公司召开高新技术成果展示会，与会的客户、同行和媒体人数达 1 000 多人，因人数大大超出了公司的预计，为避免出现停车场拥堵现象，如果你是现场主管秘书，应如何做好车辆疏导工作？

2. 如果会议交通经费有限，与会人员交通往返又需由会议主办单位承担，作为秘书，你将如何压缩这笔费用？

3. 案例分析

公车私用难煞秘书

三江市正在召开招商引资洽谈会，为方便与会的主要宾客用车，会议接待组特意安排了 5 辆小轿车接送客人。会议第二天，与会的万通公司总经理跟李秘书说：“我爱人与孩子明天到三江来，麻烦你联系一辆小轿车，12:00 之前去机场把他们接回来。”李秘书左右为难，会议用车制度有明确规定，与会议无关的私事会议不供车，可拒绝又会伤了和气。对方并无付车费之意，自己掏钱吧，去机场往返一次要 360 元，又有些承受不起。这该怎么办呢？

问题：

(1)如果你是李秘书，请问你将如何处理此事？

(2)请简要说明理由。

综合练习

一、情景题

1. 某石化公司召开了所属企业污水治理问题的专题会议，公司办公室根据上级的要求，在会议期间编发了会议简报。请说明这份会议简报编写的基本要求。

2. 某厂将召开建厂 50 周年庆祝、表彰大会暨厂史陈列馆揭牌仪式，被邀请的来宾有上级领导、同行业代表、本厂职工代表等。请说明安排宴请的程序。

3. 总公司召开全国分公司经理会议，总公司要求秘书组做好接待安排，请问秘书组应该如何开展工作？

4. 某公司将召开产品展示订货会，王秘书协助安排与会人员的餐饮。请你设想他会如何完成此项工作？

5. 某公司召开业务工作会议，出席人数约50人，会期两天。因会场距离住地较远，秘书组特意安排车辆接送与会代表，但因租用的车辆半路抛锚，只好临时联系其他车，致使部分参加会议人员迟到。怎样才能避免此类问题出现？

6. 浙江某公司根据市里关于加快招商引资的指示，准备召开一次大型的招商引资洽谈会，与会人员上千人，你作为负责会议引导服务的工作人员，应如何做好引导就座的工作？

7. 宏达土特产品有限公司创建于1998年，主要经营枸杞、党参、当归等产品。2005年，宏达公司在全国枸杞行业中率先采用中国质量检验协会和枸杞产业管理协会推荐的“ITD900数码防伪系统”，成为该行业中的一枝独秀。8月10日上午10:00，宏达公司决定在现代农业博览会展中心隆重召开新闻发布会，邀请来自全国各地从事枸杞行业的企业、经销商和媒体记者等参加，预计有300余人到会。假设你是会务组工作人员，请你准备一份会议签到表，并说明如何按照礼仪规范引导与会人员及时签到和入场。

二、案例分析题

1. 龙飞公司年底为表示对客户的谢意，召开了客户联谊会，会后共进晚餐。负责接待工作的秘书小王根据上司的指示和宴会惯例，安排桌次座位。这次宴会共设3桌(圆桌)，餐厅正面靠墙为主桌，编1号，靠入口处为2号、3号，摆成三角形，突出主桌。重要客户在主桌。为方便来宾入席，小王特意做了座位名签，并摆放在桌上。但由于这次联谊会时间紧，与会人员确定得晚，小王在抄写时漏了应编在主桌的一位重要客户，结果致使该客户入席时找不到座位，出现了十分尴尬的场面。

问题：秘书小王应如何做好宴请的组织安排工作？

2. 吴天是飞达公司总经理的秘书。星期一上午，总经理让他通知10名部门经理星期三下午2:00到公司会议室开会。这次会议要讨论一份文件(非机密文件)，为了使经理们早些知道文件的内容，以便会议开始后即可讨论，总经理让他把这份文件与会议通知一起发下去，吴天遵命照办。为了避免这些经理开会时忘带这份文件的情况发生，他特意在会议通知上注明：开会时请务必带上这份文件，切勿忘记。星期三下午1:55，这10位经理都来开会了，但其中有2名经理忘了带这份文件，他们就问吴天是否有多余的文件？吴天很有礼貌地告诉他们这份文件只印了11份，没有多余的。吴天的话音刚落，这2名经理不仅不做自我批评，相反却很不高兴地大声指责他没有准备必要的备用文件。

问题：吴天应如何做好会议文件资料的发放工作？

3. 海天公司总经理办公室的刘爱丽由于字迹清秀而被安排承担会议记录工作。小刘很高兴，她觉得自己受领导信任才被委以如此重任。但是办公室主任在检查了几次会议的记录后就很直截了当地批评了她：因为她的记录不完整，有许多重要的话没记上，会议中跑题的内容却记上了。主任告诉她可以采用速记方法，会后再做整理。可是小刘从未学过速记，就想了个自以为聪明的方法：用录音机录，然后再依据录音整理会议记录。没想到第一次用就闯了祸：那次会议内容是董事会研究部门负责人的职务调整，董事长一见小刘带着个录音机，就让办公室主任立即换人记录。小刘弄不明白，为什么自己被换掉了呢？

问题：从会议信息的保密性要求来看，小刘被换掉的原因是什么？

4. 2019年夏，在西安市召开了一个关于电子信息技术的学术交流会。部分与会人员乘坐的火车到达时间恰在夜间。与会人员出站后按会议通知所说的接站标志来回找了好长时间都没找到。正在焦急之时，几名出租车司机走上来说："你们是参加电子信息会议的吧？上我们的车吧，大会的接站车都撤了。"大家虽将信将疑，但左等右等不见接站车的踪影，只好无奈地坐上了出租车。后来才知道，大会临时雇用的接站车辆经常故意躲起来，以便能够从合谋的出租车司机处收取好处费。这样一来就给与会者带来了诸多不便。

问题：你如何评价该学术研讨会的接站报到工作？如果你是负责会议接待的秘书人员，你将如何应对这种情况？

5. 宏达公司的新产品发布会即将开始，总经理秘书沈红正站在会议大厅的入口处，她一边做着最后的检查，一边等着嘉宾的到来。她发现主席台上放置的名签有问题，一位董事因故不能前来，名签却没有撤掉，而另一位嘉宾刚刚来电话说要来参会，但这位嘉宾的名签还未准备好；这时她的手机响了，原来是接电视台记者的汽车在路上抛锚了，重新派车已经来不及了。

问题：沈秘书应如何解决记者所乘车辆抛锚这一问题？

6. 盛达办公设备公司举办产品洽谈订货会的时间正值国庆前夕，一些与会者顺便带着家属来北京游玩，大家对组织方能够专门为参会者安排一次怀柔燕栖湖的游览非常满意，但是没想到的是在游览过程中因参加的人员较多，工作人员照顾不过来，有一对夫妻没有按时返回乘车地点，被丢在了游览地，两人费了很大的周折才回到会议驻地，路上还被黑车司机勒索，经济上蒙受了一定的损失，回来后，两人与会议的组织人员发生了激烈的冲突，此次事件对会议整体目标的实现产生了十分不良的影响。

问题：请分析事件发生的原因，并提出预防措施。同时，对该次事件应如何解决提出建议。

知识结构图

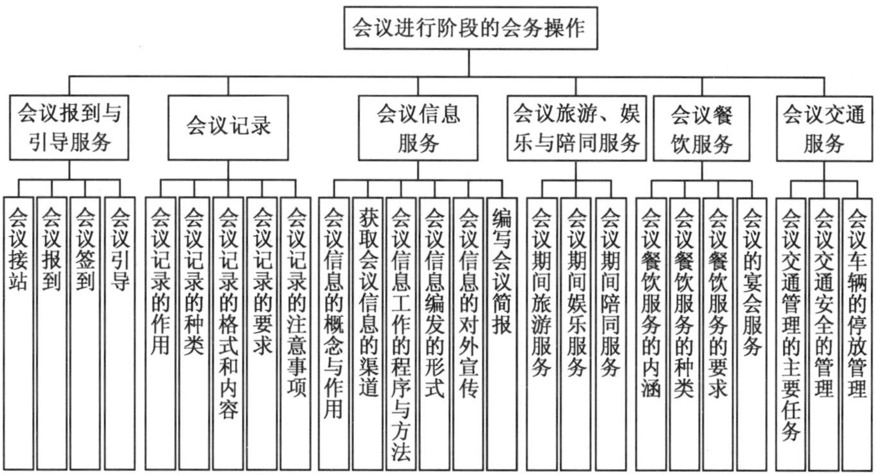

第五章　会议结束阶段的会务操作

学习目标

通过本章学习，你应能够：
处理送别会议代表的相关事宜；
清理会场，结清相关费用；
收集整理会议文件与资料，并分类、立卷、归档。

第一节　送别会议代表

一、引导案例

上海市高校体育论文报告会送别安排

2019 年 11 月 13 日，上海市高校体育科学论文报告会在××大学报告厅隆重举行。会议闭幕后，承办方××大学体育学院与校长办公室有关人员共同协作，分头做好安排与会人员离场的各项工作，顺利完成送别会议代表各项任务。具体工作如下：

1. 体育学院秘书小金和学校财务处工作人员小梁负责同与会人员结清会务费用，开具相关发票。

2. 校长办公室主任让秘书小林负责安排车辆将与会人员送至学校附近轻轨站。

3. 学校分管体育的副校长、校长办公室主任、体育学院院长等在与会人员上车离校前与他们握手告别。

问题：

1. 是不是会议结束了，会务人员的工作就结束了呢？

2. 送别会议代表时需要注意的事项有哪些？

二、知识介绍

送别会议代表是会议结束阶段工作中的一个重要环节，这一环节如果处理得不好，就会使整个会议的总体效果在与会人员的印象中大打折扣，会使先前的工作努力和成果前功尽弃。因此，要使整个会议完整有序、有始有终、完美无憾，就一定要认真、周到地做好送别会议代表的各项工作，切不可掉以轻心或疏忽大意。秘书人员应该根据与会人员的要求，提前将为其预订的回程票发放，结清会议费用，安排足够的车辆送站。

送别会议代表的主要工作有：结清包括餐费、住宿费、交通费等在内的会务费用；分发回程票，包括火车票、机票、船票等；安排车辆送站，可使用小面包车、普通中巴车、大巴车、旅游客车等；安排领导、专人送客，握手告别，送至大门外、电梯口或车门口。

（一）结清会议费用

会议通知上一般均会提示与会人员参加会议时准备好会务费，会议结束后，会议主办方应及时安排与会者结算会务费用，同时向缴费者提供相关发票，以供与会者回单位后报销。

（二）发放回程票，安排人员送站

会议结束时，应通知与会人员到会务组领取代为预订的回程车（机）票，同时提前安排车辆和人员根据与会人员离去时间组织送站。会议组织者应根据车辆的承载量安排合适的车辆为与会人员送行。如果在炎热潮湿的地区使用车辆，可考虑安排空调车。在多尘或吵闹的地区，空调设备也可以使与会者感到舒适。在送离与会客人时，应提醒客户携带好个人物品，不要有遗漏。这样既可以减少与会者匆忙回头寻找遗落物品的可能，又可为自己省去保管遗落物品，甚至送递和邮寄的麻烦。如有必要，还可以安排有关领导或专人为与会者送行。有时，因工作需要，有些与会者必须暂时留下来，这就需要做好滞留代表的食宿安排。

三、实用范例

大学语文教材建设与教学研讨会

20××年5月14日，南京大学、南京师范大学和外语教学与研究出版社在南京华东饭店联合举办了“大学语文教材建设与教学研讨会”，会议由南京大学主办，南京师范大学协办，外语教学与研究出版社承办。参加会议的有来自全国各高校从事大学语文教学的教师100多人。

会上，外语教学与研究出版社社长蔡剑峰，全国大学语文研究会会长齐森华教授，南京大学文学院院长、博士生导师董健教授，南京大学丁帆、徐兴无教授，南京师范大学朱晓进教授，常熟理工学院丁晓原教授等分别对大学语文课程设置、《新编大学语文》编写的“新经典原则”、教材的篇目构架、配套资料包内容及使用、教材古典文学部分篇目的选择新原则等进行了介绍与评论，探讨教学理念和方法。各高校的大学语文教师代表共同参与了研讨。

送别会议代表安排：

1. 会议邀请函标明“与会者的往返交通费用及研讨会期间的食宿费用由承办方承担”。故会议结束当天晚餐后会议承办方派专人在酒店206号客房同与会代表结算交通费用，具体以与会代表由出发地至南京华东饭店的单程票价的双倍费用向与会代表支付。

2. 因为华东饭店附近有方便到达南京火车站的公交线路，所以第二天早餐后会议承办方代表在华东饭店门口送别与会代表。

3. 对于因私需在南京再滞留几日的与会代表，承办方也热情地为他们重新做了住宿安排，当然费用由他们自己支付。

四、实践训练

训练一：结算会议费用

1. 背景材料

2019 年 8 月 20～21 日，东海师范大学召开“都市文化建设与研究研讨会”，来自全国各地从事都市文化研究的专家、学者共 40 人参加了会议。会议通知指出，与会者需支付会务费 400 元，其中会议资料费 50 元，食宿费 350 元。交通费则由主办方东海师范大学提供。

2. 训练要求

(1)以小组为单位，分角色完成此项任务。

(2)操作中需要使用的物品，要求学生课前准备或制作。如用纸绘制发票、钱币、各类汽车票、火车票、机票、船票等作为道具使用。

3. 操作指引

(1)根据背景材料，制作会务费用结算单。

会务费用结算

姓　名		工作单位	
单程路线		会议资料费	
总票价(含回程)		食宿费	
合　计			
大　写			
付费单位			

(2)以与会者提供的单程路线及票据为依据结算交通费用并由会议主办方支付，与会者根据会议通知要求向会议主办方支付会务费用并索取相关发票。

4. 小结

结算会议费用必须以会议通知中的相关内容为依据，一般不宜随意另收其他费用，同时要注意票据齐全。

训练二：发放回程票，安排人员送站

1. 背景材料

2019 年 6 月 15 日，北京捷达汽车有限公司在北京公司总部举行业务推广会，该公司分布于全国各地的汽车销售业务员 45 人参加了会议。推广会结束后，公司总部派陈秘书向与会人员发放了回程票，并派专车将有关人员送往北京火车站或北京机场，公司张林和李珍副总经理亲自将有关人员送上专车。

2. 训练要求

(1)小组分角色演练以上场景。

(2)模拟制作回程票，以标牌方式替代专车、北京火车站及北京机场位置。

3. 操作指引

轮换角色演练，体验不同角色的言行、表情和心情。

4. 小结

回程票必须发放至与会人员本人手里，不能由其他人代领，以免出现差错；送客者需注意送客时应面带微笑，态度热情，以给与会人员留下美好印象和愉快回忆。

五、课外练习

1. 以小组为单位。自选背景材料，模拟一次会议费用结算过程，写一篇不少于 600 字的会议费用结算演练体会。

2. 向自己周围的人如父母、亲戚、老师等了解参加市内外各类会议的会务结算及离会细节，要求将所了解的内容做一份详细记录。

第二节　会场的善后工作

一、引导案例

助理小魏清理会场

2020 年 1 月 14 日，华锐公司与立达公司在君悦大酒店举行项目合作签约仪式。会议厅主席台的背景上布置着“华锐公司与立达公司合作签约仪式”的会标，主席台上有麦克风、手提电脑、公司双方领导层人员名字席卡、饮用水、鲜花等。台下的会议桌上放着出席仪式的双方职员代表的名字席卡和介绍双方公司情况的资料。酒店大厅及过道里摆放着本次会议的易拉宝及方向标志。

签约仪式结束后，会议主办方华锐公司总经理助理小魏与酒店服务人员一起整理会场。小魏先将手提电脑装进电脑包，然后再将席卡及会议资料收集归类，分别装进纸箱及资料袋，准备带回公司。服务人员则协助将会标、麦克风、鲜花、饮用水、易拉宝、方向标志等撤走。麦克风和鲜花归还至酒店，会标、易拉宝、方向标志等予以销毁，未喝完的饮用水根据垃圾分类规则处理。

会场整理完毕后，酒店服务人员切断了电源，关闭了会议厅。接着秘书小魏与酒店结清了租借会议厅的开支费用，带着电脑、席卡、资料等开车返回了公司。

回公司后，小魏将会议记录整理打印交总经理过目后复印，分发至双方公司领导层人员，自己做了分发记录的备份。

问题：

1. 会场的善后工作主要有哪些？

2. 会议用品哪些需要保存？哪些应该销毁？

二、知识介绍

会场善后工作是把会议的讨论决定布置下去贯彻执行的先决条件。要做好清理会场、归还会议所借物品、结算会议开支费用等工作。

如果是内部会议，会场的善后工作就简单得多。如果是外借会场，则需与租借方结算会议开支费用，归还会议所借物品，清理会场，将会场中公司自带的东西拿走，包括会标、通知牌和方向标志等物品。

（一）清理会场

1. 拿走通知牌和方向标志

在会议结束后，通知牌和方向标志失去了其必要性，应及时拿走，恢复场地的原有模样，以便归还租借的场地。一次性说明标志或通知牌应予以销毁，对于可重复利用的应统计、归类、入库，以便下次使用。这样做有利于节约材料、资源，节省人力、物力。

2. 清理会场内其他物品

如果在会议结束后有宴会，秘书或服务人员要为客人做好向导，随后要注意清理会场，要撤去会场上布置的会标等宣传品，要把会议上使用的幻灯片、手提电脑、席卡等东西收拾好。如果发现会场有遗失物品，要妥善保管，并同失主联系。要认真打扫收拾，使会场恢复原样。

在会议结束后，会产生大量的废弃纸张。这些纸张或是草拟的文件或是会议的资料或是财务报表，会议结束后秘书人员首先要收回所有应该收回的会议资料，要将所有纸张进行整理、清点、归类，找出有用的资料，不能再利用的纸张要销毁。会议都有其保密性，会议结束后的剩余文件也要注意避免泄密。在清理文件时要对文件的密级分类并及时销毁，这是会后秘书工作中最重要的一个环节，切不可麻痹大意。

3. 通知配电人员和服务人员

会场清理完毕后要通知配电人员切断会场不需使用的电源，关闭会场。

（二）归还所借物品

会议结束后，要及时归还从公司内部其他部门或其他单位借用的相关物品，归还前要检查是否完好，如果损坏要按约定予以赔偿。不需赔偿的，归还时要特别说明或修好后再归还。

（三）结算会议开支费用

如果是外借的会场，会议结束后，秘书人员应及时与会场出租方结清会议的各项费用，主要包括会议室租借费、会议中借用设备的使用费、开会期间的其他相关费用。

三、实用范例

2019 年数据安全峰会会场善后工作

6 月 29 日，由中共浙江省委网信办、浙江省大数据发展管理局、中国保密协会和中国网络空间安全协会共同指导，杭州市西湖区政府、浙江省网络空间安全协会和华途联合主办的“2019 年第二届数据安全峰会”在云栖小镇国际会展中心召开。

16:00　会议结束后，与会人员有序地离场，乘坐会场外等候的专车返回驻地。

17:00　与会代表回到驻地。由工作人员安排晚餐并统计归返人数。

17:30　会场工作人员整理会场（撤去易拉宝和指示标志，整理物品，切断会场电源）。

19:00　关闭会场。

20:00　会议主办安排与会代表陆续驱车赶往机场或车站。

两天后秘书处上报剩余纸张的销毁情况和感谢信的寄发情况。

5 天后，秘书处向大会主席上交会议记录，请求审批。次日，分发会议记录。

四、实践训练

1. 背景材料

为切实做好 2019 年安全生产工作，坚决杜绝重特大事故发生，确保全省粮食和物资储备行业安全生产形势持续稳定好转，4 月 3 日，××省粮食和物资储备局召开了 2019 年全省粮食和物资储备系统安全生产工作会议。会议强调，安全生产事关人民群众福祉，事关改革发展稳定大局，事关我省粮食和物资储备行业的健康发展。当前安全生产形势依然十分严峻，安全生产不容忽视，各市、各单位要深刻认识到做好安全生产工作的重要性，确保全系统生产安全无事故。

会议主席台正中及前面的地板上放着鲜花，主席台后的背景墙蓝色丝绒布上布置着会议的巨幅字标，主席台及下面的会议桌上均放着席卡、会议资料、圆珠笔、记录纸、矿泉水等。

会议厅在二楼，二楼的过道里有会场方向标志，底楼门口放置着一块会议通知牌。

2. 训练要求

(1)以小组为单位讨论“如何清理此会场”，一人做记录。

(2)由记录人员口述该会场的清理内容，并将书面讨论记录交任课教师，记为小组平时成绩。

3. 操作指引

(1)撤去通知牌、方向标志、会标、席卡等，归类入库。

(2)会议用鲜花可移至他处摆放，以物尽其用；若是租来的，则应及时归还并结清费用。

(3)整理、清点会议资料，归类存档。

(4)饮用过的矿泉水瓶，清理进垃圾箱；若有未启封的，则妥善装箱保存，以备下次会议饮用。

4. 小结

会议用品大致有通知牌、方向标志、会标、席卡、麦克风、手提电脑、幻灯片、银幕、鲜花、会议资料等，会议结束后要根据需要妥善处理。

五、课外练习

1. 湖南正泰公司在碧虹影剧院举行公司成立 20 周年庆祝大会，来自各分公司的负责人、科级干部和职工代表共计 685 人参加了庆祝会。设想庆祝会结束后有哪些善后工作要做，书面进行说明。

2. ××市民政局于 2014 年 11 月 16 日召开各区民政局局长会议，会议由市民政局局长李春强主持，秘书张帆做记录，各区民政局局长共 10 人出席了会议。会议要求各区民政局组织基层群众捐款捐衣被，向云南地震灾区人民献爱心。如果你是秘书张帆，你该如何制发会议记录？

第三节　整理会议文件

一、引导案例

汇编会议文件

2019 年 1 月 24 日，东川商学院举行 2018 年科研与教研教改课题及论文报告会，会上宣读了经学校审批通过结题并获奖的课题 11 项、论文 17 篇。其中有 2 项课题获科研成果一等奖，3 项课题获二等奖，4 项课题获三等奖；有 1 篇论文获教研教改成果一等奖，3 篇论文获二等奖，5 篇论文获三等奖，8 篇论文获鼓励奖。东川商学院院长分别向获奖教师颁发了获奖证书和奖金。

秘书小王知道，汇编会议文件可以是综合汇编，可以按专题汇编，也可根据内容、篇幅或需要按不同标准汇编。所以她采取以下两种方法汇编上述会议文件：

(1)将会议宣读的课题和论文按科研和教研教改分成两部分，分别汇编成《东川商学院 2018 年科研成果汇编》《东川商学院 2018 年教研教改成果汇编》。

(2)将会议宣读的课题和论文汇编成一卷:《东川商学院2018年科研与教研教改成果汇编》。

问题:

1. 如何整理会议文件?

2. 汇编会议文件的方法有哪几种?

二、知识介绍

会议文件是提请会议讨论和审议事项的文书材料。它是一种非正式文件,有些是供会议讨论审议用的,有些是会议进程中形成的,有些是为保证会议顺利进行而制作的。

(一)整理分发会议记录

将完成的会议记录,经会议主席修改确认后,按单位规定发送给相关人员。

会议结束后要打印出会议记录,送会议主持人审查,审查通过后要精心编排。复制会议记录要切实做到完整准确。分发会议记录时要以从上到下的准则发送,保证相关部门联系的完整性并要留有副本。分发到各部门后,要督促抓紧学习会议精神并反馈信息,使领导部门及时了解到会议布置的工作落实情况。秘书的手中要留有分发记录的备份。

(二)形成大会决议、简报或纪要

根据会议主题、议题及会议记录,形成大会决议(简报、纪要),根据单位规定,发送有关人员。

(三)写总结向上级汇报会议情况

将会议自筹备到结束的情况写成书面材料,向上级汇报。

(四)收全会议材料,汇编会议文件,并分类、立卷、归档

将会议自筹备到结束的所有文件、材料包括文字材料、重要照片、录音录像、论文集等收全,分类整理归档,以便核查及以后类似会议参考。

会议上形成的领导讲话、工作报告和以红头文件颁发的两份文件都应该归档。尽管它们基本内容相同,但仍有区别,不能视为重份文件剔除。

会议中的领导讲话,大多为"白头文件",它是在会议准备过程中形成的,与会议通知、议程、工作报告、会议总结等组成成套会议材料,真实记录一个会议的全过程,反映会议的基本情况,对日后的工作有一定的参考价值。领导讲话与其他会议材料之间存在着必然的联系,立卷时,应将一个会议的材料组为一卷或几卷,保持其有机联系。

有些单位,在召开会议之后,为使会议的精神尽早落实,往往将会议中的重要材料——领导讲话、工作报告——以红头文件的形式下发,并在颁发通知中,对如何贯彻实施做一些具体的安排。这种文件,尽管其主要内容与会议材料完全相同,但它的重点是颁发通知,其中的内容反映会议以后的工作活动和实施过程,有一定的查考价值,应属于归档范围。这类文件在立卷时,内容综合的一般与本单位的工作计划、工作总结组合在一起,内容单一的与相关的专题类文件组合在一起。保存会议材料需要一定的空间和相应的管理工作,这两项都需要成本。一般的做法是保留所有的会议资料,但是最好根据将来用到的可能性合理取舍。

目前汇编会议文件一般可分为两种:一种是档案工作资料需要的汇编,这种汇编是将会议所有文件,包括会议通知、会议名单和分组名单、会议须知、会议正式文件和参阅文件、会议简报、会议发言材料、领导讲话、会议总结等都收集起来,按照先后顺序装订成册,以备查考。这种汇编要求文件齐全。另一种汇编是供学习用的,是将会议正式的报告、讲话要点等汇编,如

《中国共产党第十二次代表大会文件汇编》。

日常工作会议文件，可按时间（一年、半年）为单位，将这段时间内的同一类型会议文件、参考资料等按顺序汇编，或专题汇编。

许多会议承办者都会保留会议资料，以便将来参考使用，如可以在以后的会议中采用类似的程序，选择以前的服务提供商等。虽然承办者在以后会议中并不能完全套用以前的做法，但这些材料还是具有很高的参考价值的。

三、实用范例

华南建筑工程公司职工代表大会

2019 年 4 月 10 日，华南建筑工程公司召开职工代表大会，审议讨论《华南建筑工程公司股份制改革方案（草案）》和《华南建筑工程公司总部迁址方案（草案）》。会议由公司工会主席孙俊龙主持，公司职工代表 102 人参加了大会。

大会结束后，公司根据会议主题编发了简报，将审议修改并表决通过后修订的《华南建筑工程公司股份制改革方案》和《华南建筑工程公司总部迁址方案》作为正式文件下发至各部门并付诸实施，同时将会议通知、参会代表名单、会议现场照片、简报、文件资料等组卷存档。

四、实践训练

训练一：形成大会决议

1. 背景资料

2019 年 1 月 11 日，深圳瑞金公司召开职工代表大会，审议讨论《深圳瑞金公司 2018 年工作总结》《深圳瑞金公司 2019 年工作计划》《深圳瑞金公司 2018 年财务决算报告》和《深圳瑞金公司 2019 年财务预算报告》。会议由公司工会主席李云主持，公司 12 个部门共 76 名代表参加了会议。

经分组讨论，审议修改了以上文件中的部分内容，最后表决通过了以上报告。

2. 训练要求

（1）以小组为单位，共同演练以上场景。

（2）形成大会决议，模拟编写简报或会议纪要发至相关部门。

（3）书面说明上述会议需要收集整理的资料及如何整理归档。

3. 操作指引

（1）模拟相关文件资料作道具。

（2）编写简报或会议纪要要注意格式规范。

4. 小结

注意收集整理会议进程中形成的各类资料，如会议通知、会议议程、会议日程、分组名单、文件资料、相关照片、会议记录、会议简报、会议纪要等。归档的方法有两种：一种是将以上所有资料组成一卷，便于以后召开类似会议参阅；另一种是将次要的资料，如会议通知、会议议程、会议日程、分组名单等舍去销毁，不再保留，而将相对较重要的资料如文件资料、相关照片、会议记录、会议简报、会议纪要等与该公司以往的同类资料分别组在一起。

整理会议文件应根据单位的需要进行，会议简报、会议纪要、正式文件等由秘书编写完毕后须交单位负责人审核，经审批通过后才能正式下发至相关部门或人员。

训练二：送交审批会议记录，复制分发

1. 背景材料

2019年1月12日上午，天津锦江动力厂召开科级干部会议，传达公司计划工作会议精神。会议由动力厂党委书记陈刚主持，厂长张新江传达公司精神，厂办秘书黄虹做记录，副厂长王宏明、吴辉在主席台就座。

会议在全文传达了公司总经理方志强在广西分公司2019年计划工作会议上所做的《求真务实、强化管理，抓住机遇、加快发展》的报告后展开了座谈讨论。与会同志认为：方总经理的讲话对2018年公司全体职工在公司正确领导下，在生产经营、基建、安全等工作中所取得的成绩进行了实事求是的总结，指出了2019年公司生产经营所面临的6个方面的困难和4个方面的有利条件、在管理上需要注意的9个问题、2019年创新项目，以及对各单位创新工作的提示与要求。报告对各单位完成2019年的生产经营任务，确保公司2019年生产、经营目标的实现有着十分重要的意义。作为车间、科室的管理人员，回去后一定尽快将公司计划工作会议精神传达到每一位职工，为做好2019年的各项工作打好基础。

2. 训练要求

(1)小组分角色演练以上场景。

(2)补充演练送交审批会议记录，复制分发的场景。

3. 操作指引

(1)会议记录整理打印后请会议主持人审核签字。

(2)复制分发会议记录时，做分发记录备份。

4. 小结

会议记录必须送交会议主持人审核签字后才能复制分发；会议记录必须分发至参会人员本人手中，不能由他人转交，以确保会议精神准确、及时地传达。

五、课外练习

1. 2019年3月26日，武宁分公司召开会议传达井下作业公司领导干部会议精神，来自该公司各单位负责人、机关全体员工参加了会议。公司党委书记徐建传达了井下作业公司领导干部会议精神，通报了分公司2019年一季度生产经营情况，对近期工作做了部署。徐建总结了武宁分公司2018年质量、安全、环保方面的工作，安排布置了该公司2019年质量、安全、环保工作，并结合钻井大提速提出了要求：一是安全工作要大提速，强化安全生产；二是认真抓好设备的维护和修保工作，确保设备随时处于待命状态；三是加强生产信息的收集，加强生产的组织、指挥和协调工作；四是要转变观念，牢固树立后勤保前线的思想，要转变服务态度，严把质量关。

要求：根据上述材料编写一份简报或会议纪要。

2. 2019年1月20日，海丰机电工业学校召开班主任工作研讨会，到会的36名班主任代表在会上畅所欲言，交流自己在工作实践中的体会、经验及相关建议。会议结束后，与会班主任向校学生处递交了相关论文36篇。请汇编此次会议文件。

第四节　会议评估

一、引导案例

开会成本分析制度

日本太阳工业公司为提高开会效率，率先实行开会成本分析制度。每次开会时，总是把一个醒目的开会成本分析表贴在黑板上。成本的算法是：会议成本＝每小时平均工资的3倍×2×开会人数×会议时间（小时）。平均工资乘以3，是因为劳动产值高于平均工资；乘以2是因为参加会议要中断经常性工作，损失要以2倍来计算。因此，参加会议的人越多，成本越高。有了成本分析，大家开会的态度就会慎重，会议效果也会明显。开会总是时间和人力的耗费，所以应该计算成本。如果每次会前都计算成本并由会议组织者支付的话，可能会议次数会大大减少。即使不得已开会，也要尽量减少开会人数，压缩会议时间。

问题：

1. 为什么要计算会议成本？
2. 为什么要进行会议评估？

二、知识介绍

（一）会议评估概述

评估就是收集与特定目标相关的信息及类型的活动。有时人们把评估与调查混同起来，但两者是具有很大差别的。它们在概念上的主要区别在于评估的目的是找出发生了什么，而调查则着重于为什么事情会发生。每一个会议都需要某种形式的评估。但是很少有会议需要调查。如果会议需要调查，最好把这项工作委托给外部的专业公司来完成。

1. 会议评估的意义

通过评估，可以发现会议实施与策划之间的关系，了解会议目标是否实现、核算会议的成本与效益情况、与会者满意情况以及不足之处等内容，可以为以后提高会议效果找到相关依据。总的来说，就是评估会议进行得如何，以及与会者从会议中得到了什么收获。如果会议是以培训为目的，就应该设定某种行为指标。不过，这并不意味着一定不需要评估，相反评估这些会议可能比评估有特定行为指标的会议更为困难。

2. 会议评估的实施者

经常主办会议的组织常常在自身内部由专人或专门的部门来负责会议评估的工作。公司雇主可能把这项工作交给自己的人力资源部门负责。主办者也可以把会议评估工作外包给专业公司，不过这样做成本比较高。为了有效地完成评估工作，外部专业公司可能需要从策划阶段开始参与会议的整个过程。会议评估也需要在会议过程中做一些现场工作。

3. 会议结束后进行后继工作的意义

进行后继工作的原因和方法有许多。进行后继工作的一个原因与会议评估有关，运用评估结果是进行后继工作的一种方法。例如，关于会议地点的评估结果可能会对策划另一个会议很有用。

有效的后继工作可以对与会者产生激励，因为虽然正式的会议在特定的时间已经结束了，但仍旧可以鼓励与会者在此后参与一些与该会议有关的活动。后继工作对以后的会议将产生一定的作用。而对这一次会议没有什么影响，那么会议承办者为什么要将这些工作的成本纳入本次会议的预算中呢，这些政策性问题应在研究预算的时候与会议主办者协商决定。

虽然评估和后继工作要在会议结束后才能进行，但是相关的策划却要与会议的策划一同开始。

微型案例

西方国家使用的会议评估和后继列表

评估策划：

——以前的会议是否评估过？

——是否要评估这次会议？

——评估哪些内容？

——谁将参与评估？

——谁负责策划整个评估方案？

——评估和后继工作需要多少预算？

——谁负责发放评估表格？

实施评估：

——评估什么时候进行？

——评估使用什么方法？

——在会议期间用什么方法鼓励与会者对会议做出评估？

评估应用：

——谁负责监督评估数据的分析？

——谁将得到评估的结果？

——分析采用哪种形式？

——谁负责监督评估结果的应用？

后继工作：

——会议结束后是否要向与会者发送一些补充材料？

——如何收集和记录人们对未来会议好的建议？

——是否要提及下一次会议？

——是否要保留会议的所有资料？

（二）会议评估的内容

评估会议的所有因素将耗费大量资源，而且结果也往往得不偿失。表 5.1 列出了可以评估的各种因素。会议承办者应该根据具体的会议决定最后的评估内容。

表 5.1　可以进行评估的会议因素

· 承办者	· 预算
· 策划委员会	· 发言人
· 指导委员会	· 交通
· 秘书处	· 展览
· 主题相关性	· 注册
· 目标明确性	· 与会者手册
· 整体策划	· 娱乐活动
· 相关活动	· 休息
· 会议地点	· 招待会
· 市场宣传	· 陪同人员
· 公共关系	

总的来说，对于会议任何部分进行评估时都要关注哪些进展顺利，哪些进展不顺，哪些需要在将来的会议中进一步改善，以及此次会议带来了哪些新的想法。

评估的结果如表 5.2 所示。

表 5.2　评估表

回答者评估项目	策划委员会	指导委员会	与会者	发言人	参展商	秘书处	承办者	会议地点工作人员	服务供应商
承办者									
策划委员会									
指导委员会									
秘书处									
主题相关性									
目标明确性									
整体策划									
相关活动									
会议地点									
市场宣传									
公共关系									
预算									
发言人									
交通									
展览									
注册									

续表

回答者评估项目	策划委员会	指导委员会	与会者	发言人	参展商	秘书处	承办者	会议地点工作人员	服务供应商
与会者手册									
娱乐活动									
休息									
招待会									
陪同人员									

（三）会议评估的常用方法

1. 定量和定性评估

多年来，大多数会议评估都强调定量的一面或数字处理。定量评估将各种数字进行运算和统计分析，从而建立各种方式（方法、中介、模型），用以比较或深层分析。毫无疑问，任何评估都要包括定量操作的部分，而计算机的使用更促进了人们使用定量方法。

最近，人们对定性方法给予了更多的重视，出现了更多收集和处理数据的新方法，但是要开展定性评估依旧比较困难。定量研究比定性研究更容易设计、操作和分析。不过，两种方法都有其各自的优势和局限，在进行会议评估策划的时候应充分考虑到。

2. 问卷调查评估

问卷，就是根据研究课题的需要而编制成的一套问题表格，由调查对象自填回答的一种收集资料的工具，同时又可以作为测量个人行为和态度倾向的测量手段。设计问卷需要一定的技巧，而不是简单地提几个问题。问卷是最常见的评估方法。问卷在使用之前必须经过测试，以保证上面的问题都清楚了，而且回答者可以很容易地作答。

问卷的类型主要有以下三种：

(1)开放式调查问卷，即对问题的回答不提供任何具体的答案，而由被调查人自由回答的调查问卷。开放式问卷的优点是可以使调查得到比较符合被调查者实际的答案，缺点是有时意见比较分散，难以综合。

微型案例

1. 您认为本次会议的不足之处是：________________________________。

2. 您对下一次会议的期望是：________________________________。

(2)封闭式调查问卷，是指答案已经确定，由调查者从中选择答案的调查问卷。封闭式调查问卷的优点是便于综合，缺点是有时答案可能包括不全。因此，使用封闭式调查问卷时，必须要把答案给全。

(3)半开放式问卷，是指通常给出主要部分答案，而将未给出的答案或用其他一栏表示，或留出空格，由访问员（被调查者）自行填写。

微型案例

1. 您觉得李成运用PPT汇报新产品性能需要改进的地方是(　　)。

A. 普通话　B. PPT内容　C. PPT形式　D. 演讲水平

E. 其他＿＿＿＿＿＿

2. 您参加此次会议最重要的目的是(　　)。

A. 学习提高　B. 推介公司　C. 寻找机会　D. 结交朋友　E. 其他＿＿＿＿

3. 资料的收集与处理

收集数据的方式必须与数据处理或分析的方式相适应。计算机可以出色地处理问卷中的定量数据,但是在处理开放型问卷时就不是很有用了。不过,如果各类数据收集得都很多,还是应该考虑使用计算机。

小型会议可以用问卷或采访的方式从所有的回答者那里收集数据,但是对于大型会议的评估者来说,要采访所有的与会者就不大可能了,所以在这种情况下应该运用一些取样技巧。大型会议可以用问卷来收集数据,但是在分析结果中应该显示出回收的问卷与全体评估人群之间的比例。

在会议期间采用适当的方法鼓励与会者对会议做出评估。对于公司雇主主办的会议,参与会议评估可能是命令性的,但是对于协会组织主办的会议和公众大会来说,必须给予与会者一些鼓励,才能吸引他们参与评估。要鼓励与会者提供评估数据有几种办法。各场会议的介绍者或会场管理者可以经常提醒与会者填写评估表格,这应该在各场会议结束时进行,并给予与会者留出几分钟时间当场填写表格,然后再离开会场。

收集评估表格的过程应该尽量简单。在小型会议中,可以安排一名或几名会场管理者或志愿者等候在会场的各个出口,当与会者退场时收集评估表格。另一种方法是在会场或大厅中设立回收箱,但是这样做能够收回的问卷不如前一种方法多。

有时,也可以向与会者提供一些激励,鼓励他们填写并交还评估表格。例如,与会者可以在交还表格的时候得到抽奖彩票,会议结束的时候将举行抽奖。在使用这类激励的时候应该谨慎。因为可能有一些与会者填写多份评估表格,或者只对某一类型的与会者具有激励作用,最后使评估结果受到扭曲。

4. 资料的分析

评估数据的分析是一项极其重要的工作,而不是简单地将数据相加,然后写份报告完事。会议承办者或其他负责人必须阅读并解释所有的数据,从中了解到人们对会议、与会者、市场宣传以及其他各个方面的看法。

承办者可能并不是开展数据分析的最佳人选,因为他本身也是评估的对象之一。这样说并不是出于不信任,但是任何被评估的人在做出判断时都难免受到影响,承办者也不例外。不过,会议评估从来都没有严格到一定不能让承办者开展数据分析的地步。

(四)会议评估报告

会议承办者应该考虑分析接收者的兴趣水平和详细的需求。非正式的分析甚至不需要被总结成书面报告,不过有一份书面记录通常还是有好处的。至少承办者应该写出一份基本的评估数据陈述。如果评估使用定量的方法，可以用表格或图表来反映结果。定性数据可以用描述性的报告来表现。一些阅读报告的人只对大致的结论感兴趣，而另一些人则希望得到相关的细节，所以在设计报告结构的时候要考虑到两类受众的需求。可以在报告的开始总结性地提出评估结论，然后再详细展开说明。

要制作一份好的报告需要各种资源，所以应该把这项工作纳入预算范围(除非承办者愿意负担这部分费用)。报告可以制作得比较简单，因为它一般不需要漂亮的封面和彩色印刷。非营利性公众大会的主办者可能必须在评估报告上比其他类型的会议主办者投入更多的时间和精力，因为会议可能是由几个不同的组织赞助的。赞助者想看看自己的投入得到了什么结果。

评估的设计者应该同时考虑如何使用评估结果。往往人们在对会议做完评估之后，就把结果放在一边，不再采取任何相关的行动了。

会议评估结果的两个主要用途就是总结本次会议，以及为今后的会议提供参考。评估结果可以由各类回答者共同分享，不过这并不意味着他们每人都要得到一份评估报告。例如，如果分析关于会议地点的数据并没有得出任何显著的结果，就没有必要给会议地点邮寄评估报告了。对评估结果最重要的使用在于今后的会议，有关的负责人应该确保有这方面需要的人都能得到评估结果。会议结束后，向与会者发送的评估问卷的回收率是不同的。为了鼓励与会者提供反馈信息，有些会议在问卷中还附带了一些会议发言的讲稿、全套会议发放的材料或讨论组的报告。有些会议会把这些材料发表或出售，但是通常会免费给与会者邮寄一份。

收集和记录人们对未来会议好的建议。在策划会议的时候，承办者和策划委员会常常有一些好主意，但是由于不适合当前的会议而被否决了。应该建立一个系统来记录这些想法，以便人们以后举办会议时参考。

在会议进行过程中，作用显著的想法应该引起人们的格外重视，并记录下来作为以后会议的参考。从与会者和其他人提供的评估信息中也可能有一些很好的想法，这些想法也应该记录下来为以后的会议提供参考。

三、实用范例

[例 1] 会议评估问卷

××会议评估调查问卷

亲爱的参会朋友：

您好！为提高本公司的会议服务水平，提高会议成效，现在正对会前筹备、会中接待服务、会后宣传等方面进行评估，希望能够得到您积极配合和大力支持！您的评估就是对我们工作上的一种肯定与支持，同时也是对我们工作的监督和指导，感谢您的参与，我们将根据您的需求和意见及时对会议的安排做出补充完善和改进。

本调查问卷不需填写个人姓名，答案没有正误之分，您只需将自己的真实想法在合适的答案上划"√"，或在空白栏填上适当内容即可。

谢谢您的配合！

1. 迎送工作

	很满意	满意	基本满意	不满意	很不满意
您对接站服务	□	□	□	□	□
您对送行服务	□	□	□	□	□

	是	否
2. 您认为报道注册是否方便、快捷	□	□
3. 您认为报道注册表的版面设计和语言表达是否满意	□	□
4. 您认为会议主持人控制会场的方式是否科学	□	□
5. 您认为会议文件与资料数量是否适中	□	□
6. 您认为会议记录是否详细与周全	□	□

7. 您对在会议期间的文体活动、参观游览活动安排是否满意(没有参与则不填)

□ 很满意　□ 满意　□ 基本满意　□ 不满意　□ 很不满意

8. 您对会议安保工作是否满意

□ 很满意　□ 满意　□ 基本满意　□ 不满意　□ 很不满意

9. 您认为会议时长是否适中

□ 太长　□ 适中　□ 太短

10. 餐饮安排工作(没有参与则不填)

	很满意	满意	基本满意	不满意	很不满意
您对食宿的安排	□	□	□	□	□
菜品的数量	□	□	□	□	□
菜品的质量	□	□	□	□	□
餐饮的环境	□	□	□	□	□
餐饮整体服务	□	□	□	□	□

11. 游览服务方面(没有参与则不填)

	很满意	满意	基本满意	不满意	很不满意
您对游览项目	□	□	□	□	□
您对导游讲解	□	□	□	□	□
您对车辆质量	□	□	□	□	□

12. 会场引导、咨询和指示系统

	很满意	满意	基本满意	不满意	很不满意
您对会场指示标志	□	□	□	□	□
您对会场工作人员	□	□	□	□	□
您对咨询服务	□	□	□	□	□
您对会场饮水	□	□	□	□	□
您对茶水服务	□	□	□	□	□
您对茶点质量	□	□	□	□	□

13. 您是通过何种渠道获得会议举办信息的

□ 报刊广告　□ 邀请函　□ 朋友介绍　□ 互联网　□ 电话

14. 请您对会议服务工作提出建议

____

最后,祝您身体健康,合家欢乐。谢谢!

［例 2］ 会议评估报告

某集团公司会议评估报告

某集团公司 2018 年度工作总结大会已于 2018 年 12 月 30 日圆满结束。为了总结办会经验，特对此次会议进行评估。现将会议评估情况报告如下：

一、会议基本情况

（一）会议名称：某集团公司 2018 年度表彰和总结大会

（二）会议主题：总结 2018 年工作，表彰先进员工

（三）会议时间和会期：2018 年 12 月 28～30 日，会期 3 天

（四）会议场所及住宿地点：昆明市联勤大酒店

（五）参加会议人数：130 人

（六）会议餐饮：统一就餐 10 次，会间茶点 3 次

二、对会议管理工作的总体评估

（一）会议计划周全、细致

会议计划考虑了时间、地点、会期、人员、会议通知、会议回执、经费预算、会议议程、会议日程表、代表注意事项、代表签到、代表证、会议交流材料、会场布置、展位安排、现场观摩及户外活动衔接、欢迎词、开幕词、闭幕词、上级领导讲话、照相、住宿房间安排、票务、代表接送、车辆安排、医务、保卫、会议纪要、会议纪念品等方方面面的工作，尽可能做到万无一失。

（二）会议内容紧凑，会议结果圆满

在 3 天的正式会期中，合理排定了日程表和会议议程，包括经验交流、现场观摩和参观活动。4 家分公司在会上做了经验交流发言；会议正式代表观摩了公司新的汽车维修基地；参观了钢材物流中心。完成了会议议程，达到了预期目的。

（三）会议经费控制有效

此次会议每人收取会务费 800 元（不含代表住宿和往返交通费），总计收入 12.4 万元。会议支出共计 12.15 万元，包括文件资料费、会议办公费、会议场租费、伙食费、参观门票费、纪念品费、会议交通费等。经费结余 2 500 元，退回财务。

（四）会议场所满足会议所需

此次会议安排在联勤酒店所属的礼堂。礼堂可容纳 200 人左右，有专门的主席台，桌椅、音响、投影设备齐全。同时，礼堂入口处有 500 多平方米的空地，满足设备展出需要，且会场与展场联系紧凑，距离适度，方便了交流，提高了会议效率。

（五）住宿条件优越

此次参加会议的代表多为分公司各部门的负责人，此酒店为四星级酒店，硬件和软件条件较好，满足了代表和厂商进餐、通信、商务谈判、休息、娱乐、安全等各方面的需求。

（六）参会人员较多

此次会议参加人员共 130 人。其中有来自全省 16 个州市分公司的领导 32 人，设备生产商和经销商代表 15 人，先进员工代表 65 人，公司领导 6 人，上级领导和主管部门的有关人员 6 人，工作人员 6 人。

（七）会议预订工作有效

为了做好会议的服务工作。会前，根据回执，向酒店预订了客房，向旅行社订购了代表返程机票和船票；按照每一餐不同的饮食要求，会前全部做了预订，并提前一天最终落实餐饮的

预订情况。

（八）会议室布置合理

会议设置了主席台、正式代表席、设备生产商和经销商代表席。主席台的座次按参会人员的职务规格排序，并在桌前放置了代表座签。主席台上方悬挂了会标，会场两侧悬挂了烘托气氛的标语。主席台前摆放了鲜花和绿色植物。同时，按照会议所需，设置了专门用于交流的发言席和新产品演示的投影仪和投影幕布。

（九）会议餐饮丰富

会议安排在大酒店用餐4次，另外，安排了会间茶点2次，专门采购了水果，分送到代表住宿的房间。

（十）会议纪念品受欢迎

经多次市场调查，并经领导确定，此次会议向每人赠送了一盒价值200元的精装水晶象棋作纪念品，并在包装盒封面制作了会议字样，既有纪念意义，又有实用价值和文化内涵，代表普遍感到满意。

三、对会议主持人的评估

（一）会议制订了详细的主持人计划

会前，明确了会议的总目标和子目标，对会议内容、会议议题、会议进行步骤和会议环境及如何最有效地利用时间做了充分的准备，在得到领导确认后，进行了全面督办、检查、落实。同时对会议期间有可能出现的问题做了充分的考虑，拟出了备用方案，以确保整个会议的顺利进行。

（二）采取有效手段控制会场气氛

此次会议安排的内容较多，时间排得非常紧凑，且会议第一天要完成90%的议题。为此，主持人做了充分准备，提前到达会场。会议开始后，向代表们宣读了会议的议程、日程安排和注意事项，引导会议按议程排列正常进行，并根据临时变化情况，及时调整会议议程的顺序。比如，代表合影本来是安排在上午会议结束后、就餐开始前进行，但因上级领导讲完话后要离开会场，于是将代表合影内容调整到了上级领导讲话完毕后进行。

四、对会议工作人员的评估

此次会议设置了会务组、票务组、设备布展组、医务组。工作人员只有6人，人员非常精简，但效率非常高。会议开始之前，工作人员就进驻酒店，直至代表全部离开才撤出酒店，他们以热情的态度、务实的行为和熟练的业务水平，向各位代表提供了优质的服务，受到代表们的高度赞扬。比如，工作人员虽然事前进行了分工，但大家把维护组织的形象放在第一，做到既分工又协作，保证各项任务总能按时完成。由于人手少，会务组的同志工作量相当大，每天只能休息四五个小时，但大家总是以饱满的热情投入工作，保证每一位代表在会议期间身体健康，心情舒畅，工作愉快。有的代表购买返程票后又要换票，有的代表购买了大量物品需要邮寄，工作人员都想方设法，全力帮助解决，使与会代表非常满意。

五、会议中值得注意的问题

（一）餐饮中菜品的口味问题

因代表来自全省各地，不太适应昆明甜咸口味。如以后再举办全国性的会议，要多下功夫考虑各种菜品的口味均衡搭配问题。

（二）客房预订的问题

会前，会务组是按照参会代表回执预订的房间，全部为标准间。但个别代表报到时提出要住单人间，会务组不得不采取紧急措施与酒店经理协调，但因客房紧张未能解决。这个问题在今后的办会中要多加注意，会前适当预留一些其他类型的房间，避免客房紧张，到时无法调剂。

四、实践训练

训练一：会议进行阶段评估

1. 背景材料

2019 年 3 月 18 日，惠民公司召开职工代表大会，由公司财务处长沈晓明宣读《惠民公司 2018 年财务决算报告》，职工们对此反应不一，原先平静的会场似乎不再平静……

2. 训练要求

对会议进行阶段进行评估。

3. 操作指引

可设计相关表格用于评估：

会议进行阶段评估表

<table>
<tr><th colspan="3">满意度事项</th><th>满意</th><th>比较满意</th><th>不满意</th></tr>
<tr><td colspan="2" rowspan="5">会议的开始</td><td>自我介绍的清楚程度</td><td></td><td></td><td></td></tr>
<tr><td>与会者介绍的清楚程度</td><td></td><td></td><td></td></tr>
<tr><td>主持人开场白</td><td></td><td></td><td></td></tr>
<tr><td>相关资料准备介绍的清楚程度</td><td></td><td></td><td></td></tr>
<tr><td>会议引入正题的顺利程度</td><td></td><td></td><td></td></tr>
<tr><td rowspan="10">主持人</td><td rowspan="4">发言</td><td>主持人打断他人发言情况</td><td></td><td></td><td></td></tr>
<tr><td>主持人发言时间的控制程度</td><td></td><td></td><td></td></tr>
<tr><td>主持人发言内容的组织性</td><td></td><td></td><td></td></tr>
<tr><td>主持人发言表达顺利程度</td><td></td><td></td><td></td></tr>
<tr><td rowspan="6">控制会议的能力</td><td>对与会者发言时间的控制</td><td></td><td></td><td></td></tr>
<tr><td>对与会者情绪的控制状况</td><td></td><td></td><td></td></tr>
<tr><td>应对反对意见的态度</td><td></td><td></td><td></td></tr>
<tr><td>对反对意见的控制状况</td><td></td><td></td><td></td></tr>
<tr><td>对会议破坏者的控制状况</td><td></td><td></td><td></td></tr>
<tr><td>对行为控制者的控制状况</td><td></td><td></td><td></td></tr>
<tr><td colspan="2" rowspan="4">会议整体决议状况</td><td>与会者提出的观点</td><td></td><td></td><td></td></tr>
<tr><td>与会者提出的观点的整合度控制</td><td></td><td></td><td></td></tr>
<tr><td>决议内容</td><td></td><td></td><td></td></tr>
<tr><td>决议结果</td><td></td><td></td><td></td></tr>
</table>

4. 小结

会议进行阶段是会务工作的重点阶段，对这一阶段的评估是整个会议评估工作的重点。对会议进行阶段的评估主要根据会议主持人、会议发言人的表现情况，以及会议议程进行的情况来进行。

训练二：会议的成本评估

1. 背景材料

为贯彻落实市人才工作会议精神，诚佳公司召开了人才工作会议，公司所属各单位班组长以上管理人员、机关全体工作人员、中层管理人员共 450 人参加了会议。会议由公司副总经理秦剑峰主持。会上，公司党委副书记、工会主席陈玲传达了省、市人才工作会议精神。陈副书记简要介绍了市人才工作会议概况并归纳会议精神，她认为此次会议有五个方面的内容：一是统一了思想，推进本市发展新跨越，必须加快人才资源向人才资本转变；二是确立了一个思路，加快人才资源转变必须以市场为基础配置和转化人才资源；三是出台了一套政策，市政府出台了《关于加快人才资源向人才资本转变的实施意见》及配套文件；四是推出了一批经验，总结交流了一批成功做法和典型经验；五是强化了一个共识，做好新时期的人才开发工作，必须坚持党管人才的原则，形成在党委统一领导下，组织部门牵头抓总体，党委有关部门各司其职、密切配合人才工作新局面。

2. 训练要求

根据背景材料，假定该公司就在你所处的城市，模拟对该会议的成本评估。

3. 操作指引

(1)估算该会议的时间成本。调查了解会议的安排时间是否最佳，是否因开会影响了一些本该按时完成的重要工作，是否使某些与会者因此放弃参加更重要的会议。

(2)估算该会议的直接成本。包括场地费、设施租用费、现场布置费、餐饮费、文件费、车辆使用费等。

(3)估算效率损失成本。调查了解管理人员离开自己的工作岗位去开会后，是否使公司整体的管理效率下降。

4. 小结

组织任何会议都应进行成本核算，这是对单位管理者的一般要求，更是会议组织者的重要责任。如果没有经费预算、不计投入成本的会议，即使效果再好，也会造成一定的浪费，这种不良做法是必须加以纠正的。

五、课外练习

1. 2019 年 12 月 23～24 日，华夏大学与中国台湾育青大学在上海联合举行“海峡两岸学术论文报告会”。报告会上，两校各有 8 位学者交流了自己在学术方面的见解。会议气氛融洽，两校双方互赠了礼品。

要求：根据背景材料设计一份会议评估表。

2. 根据自己所在班级召开的一次主题班会，进行一次会议评估。评估可采用问卷和采访相结合的形式，根据评估情况和结果写一份评估报告。

综合练习

1. 2019 年 4 月 23～25 日，华浦商贸有限公司在兴旺大酒店举行业务洽谈会，来自全国各地的业务员 78 人参加了会议。会议租用了酒店二楼会议厅，并安排与会人员在酒店住宿和用餐。会议向与会人员收取会务费每人 600 元。作为会议的主办方，华浦商贸有限公司该如何进行此次会议结束阶段的会务操作？具体需做哪些事？由谁做？如何使会议尽可能结束得圆满？

2. 合庆化工厂于 2019 年 2 月 16 日召开职工代表大会，讨论并审议通过了《合庆化工厂 2018 年财务决算和 2019 年财务预算报告》《合庆化工厂职工培训报告》和《合庆化工厂 2019 年机构人事综合改革方案》。出席此次会议的正式代表有 65 名，列席代表 20 名，特邀代表 12

名。会议由厂工会主席李纲主持，主席团成员由 8 名职工代表组成。会议分三个阶段：第一阶段，8:00～11:00，全体代表分别听取陈新、张莉、金鸿明三位分管领导所做的相关报告；第二阶段：12:30～15:30，代表们分成三组就本次大会内容进行讨论，充分发表意见和建议，修改报告有关内容；第三阶段：15:30～16:00 大会表决，形成决议通过报告。请就上述会议内容起草一份简报或会议纪要。

3. 2019 年 7 月 3～4 日，临海市物理学学会学术会议在金峰理工学院隆重举行，有 45 位物理学学会的专家、学者参加了会议并宣读了自己的学术论文，发表了各自在物理学术方面的独特见解。请就此次会议设计一份会议评估表。

知识结构图

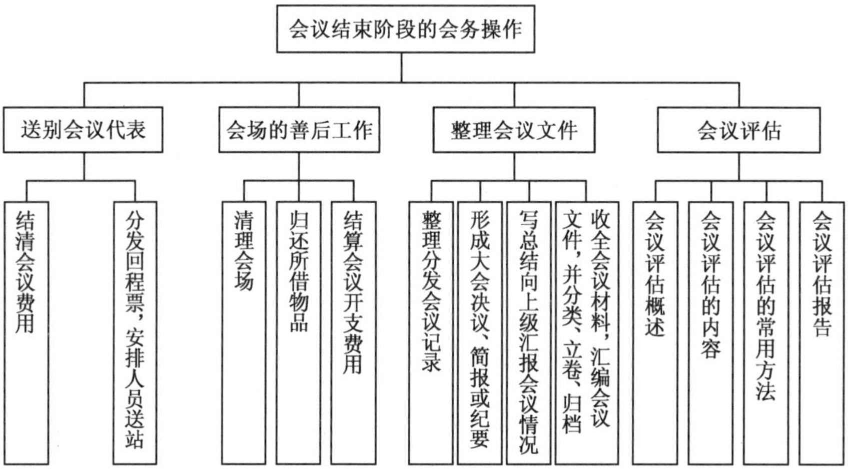

参考文献

1. 葛红岩:《新编秘书实务》,高等教育出版社 2019 年版。

2. 葛红岩:《新编秘书实训》,高等教育出版社 2015 年版。

3. 黄桐华:《秘书工作实例评析》,广西人民出版社 1997 年版。

4. 劳动和社会保障部中国就业培训技术指导中心组织:《秘书国家职业资格培训教程》,海潮出版社 2004 年版。

5. 罗烈杰:《会议实务》,海天出版社 2003 年版。

6. 伦纳德·纳德勒、泽西·纳德勒著,刘祥亚、周晶译:《成功的会议管理——从策划到评估》,机械工业出版社 2003 年版。

7. 孙荣、陆瑜芳等:《秘书工作案例》,复旦大学出版社 2005 年版。

8. 苏文才:《会展概论》,高等教育出版社 2004 年版。

9. 天虹:《会议管理实务》,中国纺织出版社 2005 年版。

10. 王首程:《会议管理》,高等教育出版社 2003 年版。

11. 惟言:《宾馆酒店会议经营管理》,中国纺织出版社 2004 年版。

12. 向国敏:《现代会议策划与实务》,上海社会科学院出版社 2003 年版。

13. 张大成:《组织会议和活动》,中国人民大学出版社 2002 年版。